子育て支援と心理臨床

vol. 15 June 2018

監修◎子育て支援合同委員会
編集◎『子育て支援と心理臨床』編集委員会

福村出版

目次

◉特集
発達障害の心理臨床と多職種連携

特集にあたって――菅野信夫　4

総論　発達障害の心理臨床と多職種連携――菅野信夫　6
幼稚園・保育所での支援
―保育コンサルテーション――清水里美　10
児童相談所・発達支援センターでの支援
―巡回相談・アセスメント・診断・療育――岡崎達也　18
言語聴覚士による支援――原　由紀　26
作業療法士による支援――灘　裕介　32
理学療法士による支援――平工実奈子　39
臨床心理士による支援――千原雅代　45

［特別寄稿］
震災が私たちに残したものは、なんだったのか？
―子育て支援の限界と子育ち支援――菊池信太郎　51

次号予告
◉子育て支援の地域実践モデル＠横浜市旭区
保育所における臨床心理系インターンシップ協働支援事業

NYすくすく会―海外育児支援グループの取り組み――関　久美子　113
ニューヨーク日本人教育審議会・教育相談室
―日本語での教育相談の重要性――バーンズ亀山静子　119
「日本語を育てる絵本」を探して――竹永浩之　122
［霞ヶ関ニュース］
小学校・中学校の新学習指導要領の改訂について――秋田喜代美　124
［子育て支援と全国の臨床心理士会］⑨　香川県臨床心理士会
香川県臨床心理士会における子育て支援活動――竹森元彦　126
［心理カウンセリングのツボ］⑥
カウンセリングのツボ――吉川眞理　128
［親和性社会行動と親子支援］②
哺乳類の親子の協力とコンフリクト――白石優子・黒田公美　130
［発達障害児の愛着と共感の発達支援］④
幼児のさまざまなストレスと自己の育ち――廣利吉治　136
［子どもの発達と向き合う］④
障害がある子どもたちの放課後――石井正子　140
［チェックリストの紹介］⑬
育児不安尺度―3歳児の母親用モデル――吉田弘道　145
［家庭科教育列島リレー］⑪
地域とのつながりの中で考える子育て―「やってみないとわからない」「やってみたらおもしろい」――中山栄美子　148

旭区保育所を活用した養育支援強化事業―臨床心理系インターンシップ協働支援事業の概要――横浜市旭区子ども家庭支援課 60
保育所インターンシップで学んだこと――佐藤亜矢子 70
保育所での心理職インターンシップに参加して――岸本由有希 72
研修生とともに育んだ保育のチームワーク――横浜市立保育所保育士 75
臨床心理士の研修生を受け入れてみて――石川陽子 77
保育臨床の学びを通して、チーム保育を創造する――青木紀久代 80
前横浜市旭区長　池戸淳子氏に聞く――84

◉小特集
子育て支援と臨床心理士――保育現場との出会い
横浜市の子育て家庭を取り巻く状況――宮本正彦 90
保育の現場で起きていることと支援の課題――上村初美 96
社会的養護の子どもたちの保育における保育カウンセラーの役割
――横浜市旭区の実践から――増沢　高 100
臨床心理士と子育て支援の取り組み――髙橋幸市 105

◉特別企画
海外在留邦人の家族と子育て支援事情
グローバル時代の子育て支援――小野善郎 110

［スポットライト 子育て支援の現場から］⑩
「遊び力」・「子ども力」支援の実践成果――早川たかし 151

公開セミナーのお知らせ・投稿のご案内

全国子育て支援ひろばMAP
宮城県　NPO法人ベビースマイル石巻 158
東京都　NPO法人せたがや子育てネット 160
高知県　地域子育て支援センターぐりぐらひろば（いの町立） 162

［子どもと表現］⑭
嗅覚（におい）と子どもの表現――奥　美佐子 164
［親子をつなぐ絵本］⑮
『いいから　いいから』――瀬川未佳 166
［おすすめの本］ 168
［ESSAY　気になる周辺の話］⑮
「超高齢社会の子どもたち」へ(5)　学習指導要領改訂――工藤由貴子 170

編集後記

◉表紙の作品――「ふわふわのひつじさん」

ふわふわしたもののイメージを子どもたちはどのように持っているのでしょうか。雲？　それとも動物さんの毛？

絵本からもふわふわのイメージを広げて、素材もふわふわした毛糸を使いました。４歳のこの子どものイメージは「ひつじさん」。毛糸を貼るのに苦労したようですが、カラフルで楽しいふわふわの表現になりました。

（奥　美佐子）
＊協力園　京都市共栄保育園

特集にあたって

『子育て支援と心理臨床』vol. 15 特集責任編集者
天理大学教授／本誌編集委員
菅野 信夫

今回は、「発達障害の心理臨床と多職種連携」というテーマで特集を組んでみました。本誌ではこれまでも「子育て支援とコラボレーション（1号）」「乳幼児健診と子育て支援（5号）」といった特集を組み、保育者や教師、あるいは小児科医、小児歯科医、保健師、管理栄養士などの他職種と臨床心理士との協働について紹介してきました。

本号では発達障害の支援を中心に据え、支援に関わっているさまざまな専門職の実践活動を紹介しながら、臨床心理士との連携・協働の今後の可能性について考えてみたいと思います。

発達障害の支援では、幼児や児童生徒が生活の場とする家庭、そして初めての社会となる幼稚園・保育所や学校で、彼ら彼女らが自己発揮し生きやすくなるために、支援に関わる専門職が保護者や保育者・教師と知恵を出し合っていかに協働していくかが鍵となります。そのためには、専門職がそれぞれの所属する機関で具体的にどのような実践を行っているのかをまず知り、支援の全体像を理解したうえでより有機的な連携を図っていくことが必要となります。

特集にあたって今回取り上げた専門職は、言語聴覚士、作業療法士、理学療法士、臨床心理士です。各領域で実践を続けておられる中堅からベテランの方々に執筆をお願いしました。臨床の現場はそれぞれ、幼稚園・保育所、行政機関としての発達支援センター（児童相談所）、総合病院のリハビリテーション科・言語外来、支援者の派遣を中心とする民間組織、そして大学付属の相談室などさまざまです。

それぞれの専門職については、各論を読まれたら分かりますように、事例も含め詳細な活動が紹介されています。また他職種との連携についても言及され、特に行政機関である支援センターからは、連携そのものをサポートするための具体的な方策が報告されています。支援は一つより複数の方がより有効ですが、なかでも支援する側をバックアップするという後方支援は、阪神淡路大震災や東日本大震災での被災者支援でその重要性が指摘されたように、発達障害者支援においても大切なポイントになると思います。

この特集から、読者がそれぞれの状況に見合った連携のヒントを見つけ、そして多方面からの支援が可能となるようなネットワークの構築ができたら、と願うものです。

特集

発達障害の心理臨床と多職種連携

総論　発達障害の心理臨床と多職種連携

菅野信夫◉天理大学大学院臨床心理学研究科教授／本誌編集委員

二つのエピソードから

１９８０年代の話になりますが、こんなエピソードがありました。小学校で授業を観察していたときのことです。1年生の男の子でしたが、落ち着きがなく、授業中に立ち歩いたり、座っていても体を揺する、足をぶらぶらさせるといった行動が目立ち、担任がその対応に困っていました。午後に先生方と話し合いを持ったとき、保健室の先生から「椅子の高さが合っていないようなのでまず椅子を替えてみてはどうでしょう」という提案がなされました。足がしっかりと床につく高さの椅子です。できることは試してみようと思っていたので、早速椅子を替え、様子を見ると、果たして足のぶらぶらが減り、体を揺することもだんだんと減っていったのです。そのことで担任の注意が減り、立ち歩きも少しずつですが目立たなくなっていきました。

現在なら、この事例は注意欠陥多動性障害（ＡＤＨＤ）の可能性も考えながら対応するだろうと思います。体幹を安定させるために椅子の高さを合わせる、感覚過敏に対しては気が散らないよう外的刺激をできるだけ少なくする、見通しが持てるように絵カードなどの視覚情報を使う……といった環境調整をし、そのうえで二次的障害を減らすための工夫を教師や保護者に助言し、信頼関係の構築を当面の目標として働きかけていくでしょう。関係機関（他職種）との連携も図っていくだろうと思います。

今でこそ「発達障害」に対する理解が深まり、支援のためのさまざまなアプローチも開発されてきました。しかし当時、その理解のなかった筆者は、臨床心理士の立場から二者関係の成立を目指した関係作りを目標とし、プレイセラピー的な接近を試みながらも、なかなか顕著な改善が見られないまま悪戦苦闘していました。このときのエピソードから筆者が学んだことは、まったく異なった視点からのアプローチでした。もちろん関係作りは臨床心理士にとって最も重要なアプローチであり間違ってはいないのですが、今なら併用を考える他職種の技法・ツールを当時はあまり持ってなかったという反省があります。

２０００年代を迎えて、アスペルガータイプも含めた自閉症スペクトラム（ＡＳＤ）や注意欠陥多動性障害（ＡＤＨＤ）、学習障害（ＬＤ）など、知的な遅れの伴わない一群を「発達障害」と呼ぶようになりました。「発達障害」という言葉が人口に膾炙し始めたのは２００５年の発達障害者支援法の施行からでしょうか。ちなみに、文部科学省が特別支援教育との関連から発達障害を定義したのは、２００７年のことです。

もう一つ、保育所の2歳児クラスでの経験を紹介します。7～8年前になりますが、保育士から「ミルクと白ご飯しか食べない子ども」についての相談がありました。観察に行くと、体格は普通で、視線は合い、言葉も出ていますが、全体的な遅れと認知面での弱さが気になりました。ミルクと白ご飯しか食べないのは園だけでなく、家でも同じとのこと。かかりつけの小児科医からは、「身体の発達は今のところ問題はないので、しばらく様子を見ましょう」と言われていました。そんな折に作業療法士と話す機会があり、その子の話をしたところ「一度その子をみさせてもらえますか」ということになり、保護者と相談し、その作業療法士のいる療育機関を紹介しました。結果は口腔内、顎関節付近の感覚過敏、手と口の発達性協調運動障害が認められ、そのための訓練が始まりました。先の事例と同様に、これもやはり発達障害圏内の事例だと想定されます。ただ、以前と違ってこの時点では発達障害についての理解があり、作業療法の感覚統合訓練についても知っていたので、そちらに繋ぎ、最終的には言語聴覚士も加わって三者協働での支援が可能となりました。

多職種連携

先の事例で、異なった視点からのアプローチと書きましたが、この事例も含めて言うと、それは主として「身体」の側からのアプローチです。臨床心理でも動作法のように身体からのアプローチはありますが、やはり主流となるのは言葉やイメージ、子どもの場合は遊びを介してであり、身体に直接働きかける方法はあまり多くありません。これに対して、今回紹介する理学療法（ＰＴ）では姿勢も含め身体の基本的な動き、作業療法（ＯＴ）では日々生活していくうえで必要な動作（作業）、そして言語療法（言語聴覚士：ＳＴ）では言葉でのコミュニケーション（発声、発語、言葉の遅れ、聞こえ）といったように、言語機能の回復や改善が目標となり、いずれも身体への働きかけが中心となります。

もちろんそこには治療する側と受ける側の人間関係が前提となります。そしてこの関係作りにおいてこそ共感し、受け入れ、寄り添っていくという臨床心理士の果たす役割があるのだと考えます。しかし、精神科での臨床心理士と作業療法士、あるいは小児科・耳鼻咽喉科での臨床心理士と言語聴覚士の連携などを除くと、これまで両者がそれぞれ得意とする分野を繋ぐ架け橋があまりなかったのではないでしょうか。発達障害はその支援にさまざまな専門職の連携を必要とする、と言えるかも知れません。

特集の構成

今回の特集で取り上げた各論について簡単に紹介します。

はじめの2本は現場からの報告です。臨床心理士の立場から、清水は幼稚園と保育所での活動について、「気になる子」をキーワードにアセスメントとコンサルテーションを中心に論じています。早期発見のためのアセスメント、そのアセスメントに基づいて保育者を支え（保育コンサルテーション）、子どもを日常の保育のなかで支援していくことの意味について述べ、保育現場で活動する臨床心理士の重要な仕事と

菅野信夫（かんの・しのぶ）――京都大学教育学研究科博士課程単位取得退学、天理大学大学院臨床人間学研究科教授。臨床心理士。【主な著書】『学校教育相談』（ミネルヴァ書房、２００２）、『保育臨床相談』（北大路書房、２００６）、『四天王寺カウンセリング講座８』（創元社、２００８）、『臨床心理学』（ミネルヴァ書房、２００９）、『子育て支援基礎講座』（創元社、２０１０）など。

して、このアセスメントとコンサルテーション、そして三つめとして他機関との連携を挙げています。

その連携について、岡崎は所属している児童相談所・発達支援センターの業務の柱として「みつける」（早期発見・早期支援のシステム作り）、「ささえる」（関係機関への支援）、「つなぐ」（関係機関同士の連携のサポート）の3点を挙げ、具体的な内容について紹介しています。発達障害については間接支援（環境整備のための支援）が重要となり、医療モデルから生活モデル型支援への転換が求められているとのこと。活動としては情報提供、研修、コンサルテーションなどを通した地域の連携関係機関のバックアップを挙げていますが、有機的な繋がりを持った支援システム（拠点型・ネットワーク型）を構築していくためには、情報共有やコーディネートのあり方がこれからの課題になると指摘しています。

次に各専門職の実践内容について、掲載順に追ってみましょう。

言語聴覚士の原は、親が最初に訴えてくるのは「ことばの遅れ」であることが多く、発達障害もその例外ではない、と述べています。ここでは、持ち込まれる問題が言語も含めた全体的な発達の遅れから、吃音、構音障害、聞こえ、言語以前の段階のコミュニケーションといったようにその幅が広く、対応はまず「言葉の発達の評価」（アセスメント）から始まります。その結果によっては、小児精神科医、保健師、臨床心理士と連携し、支援にあたる場合も多いようです。発達障害については自閉症スペクトラム、学習障害、注意欠陥多動性障害と分け、それぞれについての具体的な対応が書かれています。これらの対応のなかで、特に自閉症スペクトラムへの関わり方は臨床心理士の配慮とも共通し、教師や保育士など他職種の支援者にとっても参考になりそうです。

作業療法士である灘は、作業療法を「困っていることの作業・活動を分析し、どのような原因（運動要素、感覚要素、認知要素、環境要素など）が考えられるかを考察し、苦手となっている要素を取り入れた作業を通して支援していく」方法としています。

具体的には、対人間でのコミュニケーション手段となる言語よりも身体と感覚を重視し、体感を通して気づきを促す、そして個々の感じ方を整理し、言語表出の手助けをしていく、とのこと。その際、関係性における相互交流を大切にするとしていますが、これは支援に関わる他の専門職でも共通して言われる重要なポイントです。作業療法ならではの特性として、姿勢や運動、手先の操作性、そして視覚や聴覚の感覚評価が他職種との連携では求められることが多い、と述べています。

論文の後半では、活動の実践例として2歳11か月の男児への対応が紹介され、そこからは、姿勢や感覚、運動に細心の注意を向けながら治療者が介入し、それに合わせて男児の変化していく様子が生き生きと伝わってきます。

平工は、リハビリにおいては作業療法や言語療法のイメージが強く、理学療法の認知度はまだ低いのではないかとしながらも、地域の療育現場や病院で発達障害の子どもたちとの関わりが増えてきたと述べています。治療に関わり始めた頃は作業療法士に行動特性や認知特性について相談し、課題提示の仕方や環境整備を工夫していったとのこと。

ここでは小学生の女の子の事例について、1歳1か月から始まった支援の内容が詳しく報告されています。歩行の獲得（3歳）前から関わり、姿勢の変化が不安を誘発する（姿勢不安）子どもに対してどう支援していくのか、という身体面からのアプローチが具体的に示され、読んでいて参考になることが多々ありました。

「嫌にならない環境作り」「安心して取り組める簡単な課題から」「やりたいと思ったとき」といったヒントは、先の原の報告にもあった「指示は短く簡潔に」「短時間でできる課題」「頻回にほめてフィードバックする」と同様、障害の有無にかかわらず、子ども支援に関わる者すべてにとって役立つ助言となるのではないでしょうか。

冒頭の論文で、臨床心理士の清水が保育現場でのコンサルテーションとアセスメントの重要性を指摘しましたが、特集の最後の論文では、同じく臨床心理士である千原が一対一の心理療法による支援についてまとめています。ＡＳＤの子どもを対象とした遊戯療法とその母親面接の事例について、力動論的立場から詳細に検討しています。遊戯療法では、治療者との関係性を通して融合、分離を体験し、他者が現れてくる、そしてその他者が体験世界を共有し意味づけてくれることで、主体としての自我が誕生し、外的世界のなかに位置づけられる（二者関係の成立）、というプロセスが事例に即して示され、子どもの内的世界の変化を読み取ることができます。

保護者面接について、千原は「保護者の抱えている苦しみに寄り添い、自分のことも含めて目の前の我が子に必要なことはなんだろうか、と考えていかれる過程」とし、それを支援するのが臨床心理士の仕事である、と述べています。

ここでは力動論的なアプローチを取り上げましたが、発達障害の支援にはこのほかにもさまざまなアプローチがあります。そこで千原が指摘しているように、その子にとってどれが適しているのか、専門家として自ら提供できる方法が目的とマッチしているのかを保護者と一緒に考えることが求められます。また他職種との連携が可能なのかを検討することも専門家としては大切な仕事になります。

おわりに

発達障害の支援を巡っては、臨床心理士をはじめ言語聴覚士、作業療法士、理学療法士などが中心となり、教育の場としては幼稚園や保育所、小学校から中学校、高校・大学、あるいは特別支援学校（学級）において、そして地域支援では保健所や児童相談所・発達支援センターや医療・療育機関などで、さまざまな専門職がその支援に関わっています。ここに保育者や教師、保健師、管理栄養士、医師なども加わって多方面からの支援が展開されています。その選択には支援を受ける当事者はもちろんですが、支援する側にとっても、他職種の支援についての情報や知識が必要な状況となっています。

本特集では、各専門職が具体的にどのような実践を行い、またそれぞれの専門機関においてどのような支援が行われているのかをまず知り、支援の全体像について理解することを目指しました。この特集で読者がさまざまな情報に触れ、有機的な連携や協働のためのきっかけやヒントが得られたとしたら、編者としては望外の喜びです。

幼稚園・保育所での支援
——保育コンサルテーション

清水里美◉臨床心理士、平安女学院大学短期大学部教授

はじめに

近年、幼稚園や保育所において、いわゆる「気になる子」の増加が指摘されています。この「気になる子」とは、障害の診断が確定されているわけではなく、また全般的な知的発達に遅れはないけれども、感情や行動をうまくコントロールできない、他児とのトラブルが多いなど、集団適応上の問題がみられる子のことをさします（本郷、2005）。とくに保育所においては、養育困難な家庭の子どもたちも入所しており、発達の問題であるのか、育ちの問題であるのか、その境界もあいまいで、対応の方針を定めにくいケースが増えています。

このような「気になる子」への支援に関わって、臨床心理士による巡回相談や保育カウンセリングへのニーズが高まっています。ここでは、幼稚園、保育所、および認定こども園を合わせて「保育現場」、幼稚園教諭や保育士らを「保育者」、そのような場での臨床心理士による支援活動を「保育コンサルテーション」、と呼ぶことにします。保育コンサルテーションでは、保育者からの主訴を整理し、保育観察を通して主訴に関連するアセスメントを行い、保育者や場合によっては保護者との面談の場で具体的な支援内容を考えます。参考までに、図1に京都府幼稚園連盟による「キンダーカウンセリング」、図2に京都市保育園連盟による「障害児保育巡回相談」のスケジュール（例）を示します。保育現場への訪問頻度や保育観察の時間、1回の相談件数などは地域の実情によってさまざまです。しかしながら、いずれにしても保育や幼児教育とは異なる専門性を持つ臨床心理士が、「気になる子」の理解やその子どもに合った保育内容、保護者支援などについて、保育現場と共に考えるといった内容が含まれています。

本稿では、保育コンサルテーションに関わって、まず保育現場における「気になる子」の現状と臨床心理士に期待されている内容について整理してみます。次に、保育コンサルテーションにおけるアセスメントの留意点と検査結果の活用、および発達障害特性のアセスメントについて述べます。最後にまとめとして、保育現場に臨床心理士が入ることがどのような意味を持つのかについて、改めて考えてみたいと思います。

保育現場における「気になる子」

本郷・吉中（2012）によりますと、保育

に関わる巡回相談の場に、前述の「気になる子」が登場するようになったのは、２０００年前後からということです。これは、池添他（２００４）が京都市保育園連盟による障害児保育巡回相談（以下、京都市巡回相談とする）の報告で、「集団場面で気になる子」についての相談が多くなってきたと指摘している時期と一致しています。郷間・郷間（２００７）による京都市巡回相談利用園に対する調査からは、保育上の困難や問題を有する「気になる子」のうち、診断を受けていない子は、診断を受けている子の約３・５倍であることが明らかとなりました。診断を受けていない「気になる子」は、診断を受けている子に比べ、対処の仕方がわからない、保護者対応が難しい、他機関や就学時の教育機関との連携の問題が大きい、と指摘されています（郷間・圓尾・宮地・池田・郷間、２００８）。

時間	一日の流れ（例）	キンダーカウンセラーの動き
8：30	登園	
9：15		打ち合わせ
9：30	自由遊び	観察
10：20	設定遊び	必要に応じて保護者面談（予約制）
12：00	昼食	昼食時も観察
14：30	降園	コンサルテーション
16：00	終了	

図１　京都府私立幼稚園連盟による「キンダーカウンセリングのスケジュール」（例）

時間	一日の流れ（例）	巡回相談員の動き
8：30	登園	
9：30	設定遊び	
9：45		打ち合わせ
10：00		観察
11：30	給食	給食時も観察
13：00	昼寝	コンサルテーション
15：00	おやつ	終了

図２　京都市保育連盟による「障害児保育巡回相談のスケジュール」（例）

　ところで、診断を受けていない「気になる子」は、医学的に何らかの診断名がつくのでしょうか。実際のところ、子どもの初期の発達は非常に多様なため、「臨床医や研究者であっても、定型発達の範囲なのかどうかを決定することが難しい場合がある」（Chawarska, Klin, & Volkmar, 2008 竹内・荒木、２０１０）と述べられています。したがって、専門機関を受診してもらったとしても、確定診断が得られるかどうかはわかりません。また、たとえ確定診断が得られたとしても、それだけで明日からの支援方針が明確になるとは限らないでしょう。さらに、療育機関に繋がっても、日常の大半をこれまでの集団のなかで過ごすことに変わりはありません。したがって、「気になる子」については、診断の有無に関わらず、日常の保育のなかで実行可能な支援を検討することが求められるのです。

臨床心理士に対する保育現場の期待

　保育現場は、発達障害の支援に関して、臨床心理士にどのような期待を寄せているのでしょうか。武田（２０１３）は保育現場の立場から、心理の専門家に支援を求める理由を三つ挙げて

清水里美（しみず・さとみ）――平安女学院大学短期大学部教授。修士（情報学）。関西大学大学院総合情報学研究科総合情報学専攻（博士課程後期課程）在学中。臨床心理士、学校心理士、特別支援教育士スーパーバイザー。京都市児童相談所心理判定員、京都市若杉母子通園心理治療員などを経て、２０１１年から平安女学院大学短期大学部勤務。K式発達検査研究会所属。新版K式発達検査２００１および発達障害の要支援度評価尺度（Multi-Dimensional Scale for PDD & ADHD：MSPA の講習会に関わっている。【主な著書】『新版K式発達検査２００１年版――標準化資料と実施法』（共著／ナカニシヤ出版、２００８）、『新版K式発達検査法２００１年版　発達のアセスメントと支援』（共著／ナカニシヤ出版、２０１２）など。

います。すなわち、①保育者が保護者に助言しても専門性や経験の問題からうまくいかないことがあること、②年々増えてきている「育てにくい子」「気になる子」に対する最善の育ちを保障するために専門家のアドバイスがほしいこと、③そのような子どもたちと日々関わり、疲弊し、保育の楽しさを失いかけている多くの保育者によきアドバイスをしてもらいたいこと、です。渡辺（２００８）は保育所長の立場から、巡回相談を受けることで保育全体を見直し、その子どもなりの成長を確認することができ、保育士が保育に対する自信や意欲を持つことに繋がる、と述べています。

鶴（２０１３）や小川（２０１４）による巡回相談やキンダーカウンセラー活動に関する先行論文の分析からも、保育現場は臨床心理士に対し、発達支援に関わる役割を期待していることがうかがえます。具体的には、巡回相談員やキンダーカウンセラーには、子どもの発達や集団適応に関わるアセスメントと助言、保護者相談、保育者支援などが求められています（山本・辻河・辻河、２００９など）。また、訪問頻度の少なさが課題として挙げられているようです（大日方・薪崎、２０１０）。しかしながら、一定期間をおいて訪問するからこそ客観的に観察でき、子どもの変化や成長に気づきやすいというメリットもあるでしょう。いずれにしても、与えられた時間のなかで的確なアセスメントと助言を行うことが要求されているといえるでしょう。

ところで、京都市巡回相談利用園に対する調査結果から、保育所は巡回相談員に対して「関係機関との連携」についても期待していることがわかりました（清水・馬見塚、２０１５）。保育コンサルテーションに携わっている臨床心理士は、保育者よりも地域の関係機関の情報を把握していると認識されているのではないでしょうか。だからこそ、相談内容に応じて必要な専門機関を紹介したり、保育現場と専門機関との連携の橋渡しをしたりすることができると期待されているのでしょう。このような期待に応えるためには、日ごろから地域の専門機関に関する情報収集を行い、ネットワークの形成と強化に努めることが望まれます。

保育コンサルテーションにおけるアセスメントの留意点

保育現場における「気になる子」への支援を考えるうえで、まずはアセスメントが重要となります。保育場面で「気になる」行動の要因を探るために、その子どもの発達状態、集団の状況および現在の支援内容について、保育観察を通して把握します。「気になる子」については、集団場面での行動観察だけでなく、個別に働きかけたときの様子も保育の妨げにならない範囲内で観察できれば、より多くの情報が得られるでしょう。また、保育コンサルテーションでは、「気になる子」だけでなく、その子どもがおかれている人的・物的環境との相互作用もアセスメントの対象に含まれます。そのうえで、明日からの支援のためにすぐに活用できる資源を環境のなかから見つけることが重要となります。保育現場で短時間にそのような観察を行うには、自分なりのアセスメントの手段を持っておくことが望まれます。

保育観察の際に、もう一つ心がけたいことがあります。発達障害特性のあらわれ方は個人によって、また環境によって大きく異なるので、保育者からとくに訴えのなかった子どもにも注意を払うということです。例えば、受動型で自己主張が乏しい子どもの場合、性格や育った環境、経験不足の問題と捉えられ発達的な問題に気づかれにくいことがあります。川越・鈴木・郷間・郷間（２０１７）は、保育のなかで発達障害特性が目立たないために、問題に気づかれにくい子どもについても目を向け、支援を検討する必要があると述べています。発達障害特性の見落としによる不適切な対応は、後に二次的な問題を引き起こすかもしれません。したがって、保育観察では、保育者から訴えのあった子どもだけでなく、集団全体をできる限り観察するよう努めたいものです。子どもたち一人ひとり、全員の表情を観察するだけでも十分意味があるでしょう。保育のなかでの子どもの表情は非常に重要なサインとなるからです。このような試みにより、見逃しのない発達支援に繋げることが目標となります。

保育コンサルテーションにおける検査結果の活用

保育コンサルテーションで、活用される可能性のある、就学前児用の主な検査を表1に挙げます。保育現場で実際に個別検査を実施する機会は限られているかもしれません。しかし、専門機関で受けた発達検査などの結果を示され、その捉え方について相談されることはあるでしょう。その際には、検査報告書などから検査場面での反応を推測しなければならず、自分で実際に検査を行うよりも難しいといえます。一般的に、保護者向けの検査報告書に書かれている表現は、平易なものになります。その表現から検査場面の様子や検査プロフィールを推察することができれば、「気になる子」の発達についての理解が深まります。そのため、検査内容だけでなく、多くの子どもたち（とくに定型発達の子どもたち）の反応について熟知していることが役立つでしょう。

個別の検査結果について、保育者や保護者に正しく理解してもらうことは、発達支援の目標を設定するうえで重要です。子どもによっては、検査場面のように刺激が統制されていれば、日常場面と異なる反応を見せることがあります。そのような検査結果の解釈を伝えるだけでも、対象児の発達理解に役立つと考えられます。また、検査結果をもとに「気になる」行動の背景にある問題を探ることもできます。例えば、絵本の読み聞かせ場面で「落ち着きのない」様子が目立つという訴えのあった子どもについて、検査により発達全般の遅れが明らかになれば、生活年齢集団で読まれている絵本の内容がその子どもにとっては難しすぎて興味が持てないのではないかということが考えられます。どのような内容の絵本であれば理解できるのかを探り、発達に見合った内容のものをどのような形で提供すればよいかを考えることが必要でしょう。また、検査結果から、発達に偏りがあり、操作課題であれば年齢相応の達成度を示すのに対し、聴覚情報のみでは処理が難しく、注意が持続できないことが明らかとなるかもしれません。そのような場合には、読み聞かせ時間の長さ、座る位置や絵本の形体なども考慮することが求められるでしょう。

検査項目の発達的な順序を理解していれば、保育場面の行動観察の際に、検査項目にあてはめて発達状態を推定することが可能です。例えば新版K式発達検査2001（生澤・大久保、2003）から、円の模写は3歳1か月頃に、正方形の模写は4歳10か月頃に、三角形の模写は5歳10か月頃に、ほとんどの子どもができるようになる（75％通過年齢）ということがわかります。このような知識があると、保育場面で子どもの描画や運筆の様子を観察するだけで、大まかな発達のアセスメントができるでしょう。

検査のなかには保護者や保育者に回答してもらうことで評定するタイプのものもあり、必要に応じて活用することができます。これらの検査では、対象児についてだけでなく、関係者が対象児の発達に関連する行動についてどれだけよく把握しているかもつかめるという利点があります。複数の関係者の協力が得られる場合は、結果を突き合わせることで対象児の「気になる」問題に対する捉え方の一致、不一致が把握でき、コンサルテーションにあたっての有効な情報となるでしょう。

発達障害特性のアセスメント――MSPAの活用

「気になる子」のアセスメントにおいては、全般的な知能の発達やその偏りとは別に、発達障害特性の強弱についての判断も求められるでしょう。ここでは、保育コンサルテーションで活用可能なツールとして、発達障害の要支援度評価尺度（Multi-Dimensional Scale for PDD & ADHD 以下、MSPA）を取り上げます。MSPAは、発達障害診断よりも特性理解が実際的な支援に結びつくということから、医療現場で開発され、有用性が検証されています（Funabiki 他、2011／船曳、2012

表１　就学前児用の主な検査

名称	適用年齢	実施方法	わかること	発行所
新版Ｋ式発達検査2001	０歳３か月～成人	個別直接観察	全体および領域（姿勢・運動、認知・適応、言語・社会）別 発達年齢・発達指数	京都国際社会福祉センター
DENVER Ⅱデンバー発達判定法	０～６歳	個別直接観察と聴取	発達の一次スクリーニング 下位項目は、個人-社会、微細運動-適応、言語、粗大運動	日本小児保健協会
WPPSI-Ⅲ知能検査	２歳６か月～７歳３か月	個別直接観察	２歳６か月～３歳11か月 全検査IQ、言語理解指標 知覚推理指標、語い総合得点 ４歳０か月～７歳３か月 全検査IQ、言語理解指標 知覚推理指標、処理速度指標 語い総合得点	日本文化科学社
田中ビネー知能検査Ｖ	２歳～成人	個別直接観察	（14歳未満） 精神年齢（DIQ）と知能指数（IQ）	田研出版
KABC-Ⅱ心理・教育アセスメントバッテリー	２歳６か月～18歳11か月	個別直接観察	認知尺度 継次尺度・同時尺度 計画尺度・学習尺度 習得尺度 語彙尺度・読み尺度 書き尺度・算数尺度	丸善メイツ
PVT-R絵画語い発達検査	３～12歳３か月	個別直接観察	語いの理解力	日本文化科学社
DAMグッドイナフ人物知能検査	３～８歳６か月	個別・集団検査	知能年齢など聴覚・言語・情緒面に障害がある児童にも適用可能	三共房
津守・稲毛式乳幼児精神発達診断法	０～７歳	養育者・保育者記入の質問紙	発達年齢および領域（運動、探索、社会、生活習慣、言語）の発達プロフィール、発達年齢	大日本図書
KIDS乳幼児発達スケール	０歳１か月～６歳11か月	養育者・保育者記入の質問紙	総合および領域（運動・操作、理解言語、表出言語、概念、対子ども社会性、対成人社会性、しつけ、食事）の発達プロフィール、発達年齢、発達指数	発達科学研究教育センター
CHADY幼児用発達障害チェックリスト	４歳～６歳	保育者が保育観察により記入	保育者のためのチェクリスト。解説書とセットで用いることで対応がわかるようになっている。社会的コミュニケーションの困難さ、こだわりと過敏性、注意散漫、多動・衝動性、理解・判断の困難さの分野がある。	文教資料協会
Vineland-Ⅱ適応行動尺度	０歳～	養育者から聴取	適応行動（コミュニケーション、日常生活スキル、社会性、運動スキル、不適応行動）の発達水準	日本文化科学社
ASEBA子どもの行動チェックリストCBCL／CTRF	１歳６か月～５歳	CBCL：保護者記入の質問紙 CTRF：保育者記入の質問紙	適応機能、行動上の問題、情緒的問題、社会的問題などを包括的に評価	京都国際社会福祉センター
S-M社会生活能力検査	乳幼児～中学生	養育者・保育者記入の質問紙	社会生活能力の発達をとらえる。下位項目は、身辺自立、移動、作業、コミュニケーション、集団参加、自己統制	日本文化科学社
SDQ（Strengths and Difficulties Questionnaire）	４～15歳	養育者・保育者記入の質問紙	行動スクリーニング 向社会性・多動性・情緒面 行為面・仲間関係	http://www.sdqinfo.com/（SDQホームページ）＊

PARS－TR（親面接式自閉スペクトラム症評定尺度）	3歳以上	養育者から聴取 短縮版あり	自閉症の諸特性（対人・コミュニケーション・こだわり・常同行動・困難性・過敏性）の 強弱	スペクトラム出版社
MSPA（発達障害の要支援度評価尺度）	2歳以上	複数の関係者記入の事前アンケート 本人および関係者から聴取 （年少児は行動観察）	発達障害の特性別支援度 （下位項目は本文参照）	京都国際社会福祉センター
LCスケール 増補版 言語・コミュニケーション発達スケール	0～6歳	個別直接観察	全体および下位領域（言語表出・言語理解・コミュニケーション）の言語コミュニケーション年齢と言語コミュニケーション指数	学苑社

＊評定については国立精神・神経医療研究センター児童・思春期精神保健研究部のサイトも参照

／船曳他、２０１３）。ＭＳＰＡでは、発達障害特性について、「コミュニケーション」「集団適応力」「共感性」「こだわり」「感覚」「反復運動」「粗大運動」「微細協調運動」「不注意」「多動性」「衝動性」「睡眠リズム」「学習」「言語発達歴」の14項目から多面的に検討し、その強度を9段階で評定します。要支援度による重症度分類は、ＤＳＭ－５における重症度分類と同等の基準となっており、診断に直結すると同時に、公平な社会支援の基準となると考えられています（船曳、２０１６）。また、各項目における結果をレーダーチャートにまとめることで、発達障害の特性や支援の必要なポイントを視覚的に捉えられるようになっています（図３）。ＭＳＰＡの評定は、発達障害の特性別に質問項目が示されている事前アンケートと面談を通じて行われます。面談では本人や複数の関係者から、発達障害特性に関連する生活歴上の具体的なエピソードを聴取し、諸特性のどの項目に該当するのかとその支援度について検討します。ＭＳＰＡは現在の適応状態ではなく、生得的な発達障害特性について評定するものなので、環境によって生じている二次的な問題と生得的な発達障害特性とをできる限り切り分けて理解することが求められます。

　ところで、保育現場における発達支援では、診断名よりも特性理解が有益であることはいうまでもありません。ＭＳＰＡは、「気になる子」の「気になる」問題について特性理解という観点から整理し、支援のポイントを明確にすることができるので、保育コンサルテーションでの活用が期待されます。

　また、就学前機関では、移行支援の内容についても検討が求められます。発達に偏りのある子どもの場合、支援がうまくいくと適応はよくなります。しかしながら、環境が変われば（例えば進級、進学すれば）、再び適応が悪くなるといったことも起こりえます。したがって、現在の適応がよいからといって、特性が軽減された（発達障害が治った）わけではないことに留意しておくべきです。現在の適応のよしあしではなく、諸特性の強さについて把握しておくことで、移行支援において重視しなければならない内容が明確化できるでしょう。

　保育コンサルテーションでは、診断のためにＭＳＰＡの評定を行うというよりも、「気になる子」の特性理解に必要な情報を収集し、関係者間で理解を共有するという目的で用いることが勧められます。例えば、筆者らは、集団行動観察においてＭＳＰＡの評定を意識することで、効率よく対象となる子どもの全体像をとらえることができました（清水・馬見塚、２０１７）。保護者の協力が得られたケースでは、事前アンケートを保護者と保育者双方につけてもらい、結果を比較しながらコンサルテーションを行いました。事前アンケートの結果から、家庭と保育集団での対象児の「気になる」姿の違いや保護者の困りごとが把握でき、互いの認識のずれが解消できたのです。このように、保育コンサルテーションの場では、MSPAの評定を厳密に行わなくても、その概念を活用して情報収集を行ったり、得られた情報を整理したりすることができます。また、事前アンケートを活用することで、保護者がわが子をどのように捉えているのかが理解でき、保護者の視点に寄り添った支援に繋がるのではないかと考えられます。MSPAの14項目からなる特性理解に関する多面的な視点は保育者にも伝わりやすく、診断を待たずとも「特性理解」から支援が可能であることを実感してもらえるでしょう。

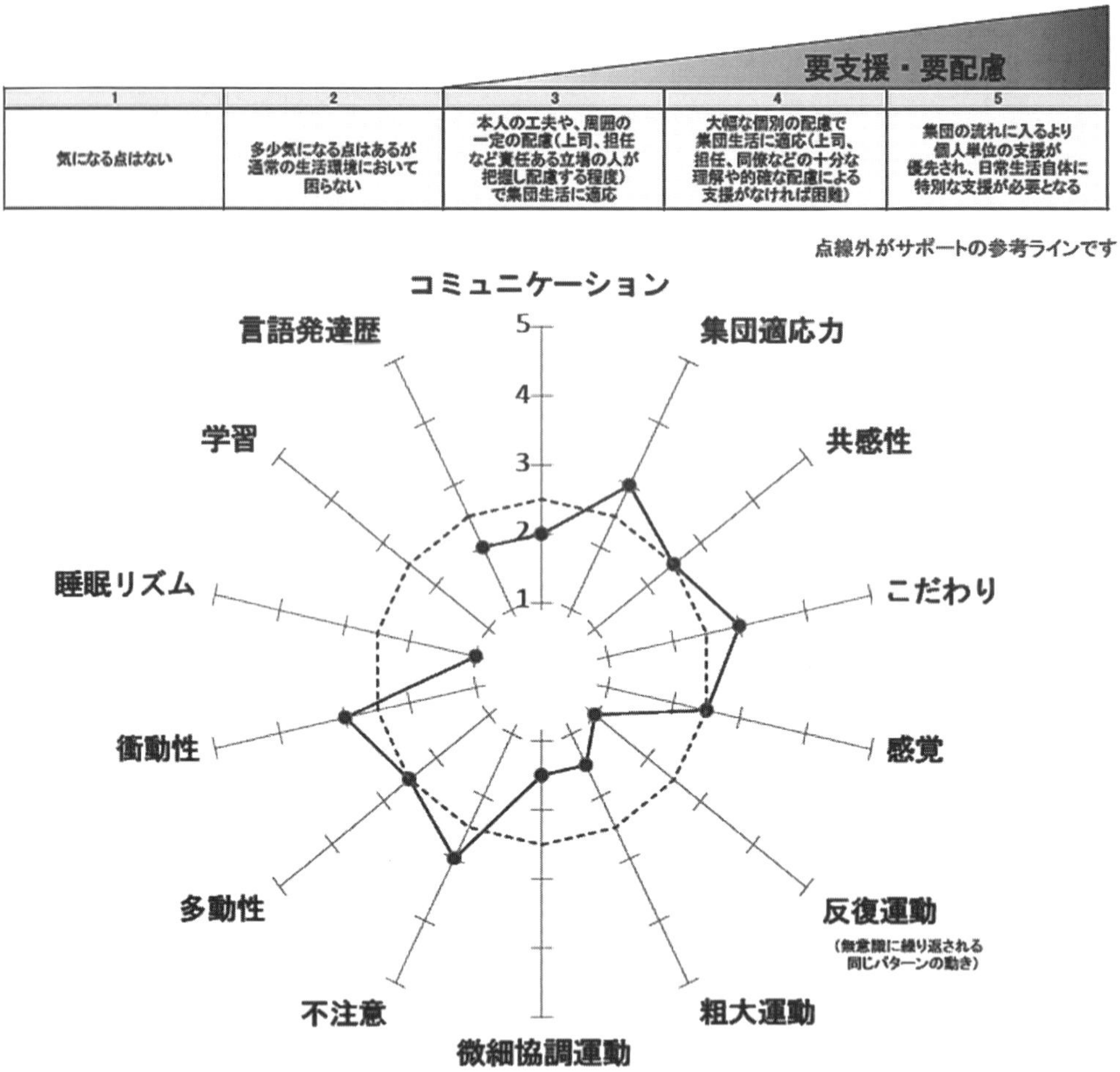

1	2	3	4	5 要支援・要配慮
気になる点はない	多少気になる点はあるが通常の生活環境において困らない	本人の工夫や、周囲の一定の配慮（上司、担任など責任ある立場の人が把握し配慮する程度）で集団生活に適応	大幅な個別の配慮で集団生活に適応（上司、担任、同僚などの十分な理解や的確な配慮による支援がなければ困難）	集団の流れに入るより個人単位の支援が優先され、日常生活自体に特別な支援が必要となる

点線外がサポートの参考ラインです

コミュニケーション　集団適応力　共感性　こだわり　感覚　反復運動（無意識に繰り返される同じパターンの動き）　粗大運動　微細協調運動　不注意　多動性　衝動性　睡眠リズム　学習　言語発達歴

図３　MSPA 特性チャートの例：就学前では「学習」は評定しない

保育コンサルテーションにおける臨床心理士の専門性

保育現場での発達支援における臨床心理士の専門性とは何でしょうか。医療や教育の専門家と臨床心理士では、どのような違いがあるのでしょうか。

保育コンサルテーションにおいて、「気になる子」の問題を周囲がどのように捉えており、どのように対応してきたのかを知るために、臨床心理士が行う面談は、まさに保育者や保護者など関係者への心理支援にあたると考えられます。発達のアセスメントでは必ず成育歴を尋ねますが、そのなかで関係者がどのような思いを抱き、工夫をしてきたのかについても、心を寄せて聴くことが重要です。日常場面では「気になる子」の周囲が困る行動に着目してしまいがちですが、臨床心理士が丁寧な聴き取りを行うことで、関係者はその子どもの育ちの全体像を捉えなおすことができるのではないでしょうか。

また、成育歴の聴き取りの際に、情報が十分得られないこともあるでしょう。そのような折に、情報が得られない事情を理解することにも意味があると考えられます。

これまで述べてきたことをまとめますと、保育コンサルテーションの目標は、「気になる子」の発達について、その子どもを取り巻く関係者の思いに寄り添いながら、互いの共通理解を促していくことにあるといえるでしょう。とくに保育者は、臨床心理士とのやりとりを通じて、対象となる子どもの強みを見つけたり、自身の配慮の効果に気づいたりすることでしょう。そして、保育のなかでの自らの役割を認識しなおすことができるのではないでしょうか。

臨床心理士の専門性は、人間の可能性や成長する力を信頼し、それを生かせるよう支援することにあります。保育コンサルテーションの場でも、そのような専門性が発揮されることに期待が寄せられていると考えられます。

参考文献

・池添素・伊谷晶子・清水里美・張貞京・森和子・渡辺美也子「現代の子育て支援と巡回相談の役割」『ともに育ち合う喜び　障害児巡回相談からの報告―その11』社団法人京都市保育園連盟106　3－15　2004

・生澤雅夫・大久保純一郎「『新版K式発達検査2001』再標準化関係資料集」京都国際社会福祉センター紀要「発達・療育研究」別冊　21－63　2003

・川越奈津子・鈴木万喜子・郷間安美子・郷間英世　幼児期における「気になる子ども」の行動特徴　京都教育大学特別支援臨床実践センター年報第7号93－101　2017

・大日方重利・薪崎清子「キンダーカウンセリングの実践と課題―幼稚園・保護者・カウンセラーの連携」神戸学院大学人文学部紀要（30）　173－183　2010－03

・小川恭子「キンダーカウンセラー活動の現状―研究動向と今後の課題について」花園大学心理カウンセリングセンター研究紀要　第8号　41－49　2014

・尾崎康子・三宅篤子（編著）『知っておきたい　発達障害のアセスメント』ミネルヴァ書房　2016

・郷間安美子・郷間英世「保育園における気になる子とその対応の必要性」『障害のある子どもを支えるとりくみ　障害児巡回相談からの報告―その12』社団法人京都保育園連盟　117　35－41　2007

・郷間英世・圓尾奈津美・宮地知美・池田友美・郷間安美子「幼稚園・保育園における「気になる子」に対する保育上の困難さについての調査研究」京都教育大学紀要　113　81－89　2008

・清水里美・馬見塚珠生「保育コンサルテーションにおける新版K式発達検査2001の活用―保育園の巡回相談事例から」京都国際社会福祉センター紀要「発達・療育研究」別冊　15－25　2015

・清水里美・馬見塚珠生「保育コンサルテーションにおけるMSPA（発達障害用要支援評価スケール）の活用」日本保育学会第70回大会発表要旨集　703　2017

・武田健「子どもたちの生涯にわたる人格形成の基礎を培うための専門職との連携」発達、№136、63－67．ミネルヴァ書房　2013

・Chawarska, K., Klin, A., & Volkmar, R.F. (2008). *Autism Spectrum Disorders in Infants and Toddlers Diagnosis, Assessment, and Treatment.* The Guilford Press. 竹内謙彰・荒木穂積（監訳）『乳幼児期の自閉症スペクトラム障害　診断・アセスメント・療育』クリエイツかもがわ　2010

・鶴宏史「保育所・幼稚園における巡回相談に関する研究動向」帝塚山大学現代生活学部紀要　第8号　113－126　2012

・Funabiki Y, Kawagishi H, Uwatoko T, Yoshimura S, Murai T. (2011) Development of a multi-dimensional scale for PDD and ADHD. *Res Dev Disabil.*, 32 (3), 995-1003.

・船曳康子「発達障害者の特性別適応評価用チャートの開発に関する研究」厚生労働省科学研究費報告書　2012

・船曳康子・廣瀬公人・川岸久也・大下顕・田村綾菜・福島美和・小川詩乃・伊藤祐康・吉川左紀子・村井俊哉「発達障害者の特性理解用レーダーチャート（MSPA）の作成、及び信頼性の検討」児童青年精神医学とその近接領域　54（1）、14－26　2013

・船曳康子「研修　MSPA『発達障害用の要支援度評価スケール』」児童青年精神医学とその近接領域57（4）481－485　2016

・平成26年度採択研究開発成果実装支援プロジェクト「発達障害者の特性別評価法（MSPA）の医療・教育・社会現場への普及と活用」（社会技術研究開発センターWebサイト）http://www.ristex.jp/implementation/development/26funabiki.html（アクセス日2017年12月1日）

・本郷一夫「『気になる』幼児とは」言語34　42－49　2005

・本郷一夫・吉中淳「保育の場における「気になる」子どもの発見―発達の「ズレ」と集団適応との関係」本郷一夫（編）『シリーズ子どもの発達への発達支援エッセンス第3巻、認知発達のアンバランスの発見とその支援』金子書房　2012

・山本麻実子・辻河昌登・辻河優「大阪府立幼稚園におけるキンダーカウンセラー活動に関する調査研究」心理臨床学研究　27．1．88－94　2009

・渡辺幸江「保育の場における多動な子どものための環境調整と保護者支援」本郷一夫（編）『子ども理解と支援のための発達アセスメント』有斐閣　2008

児童相談所・発達支援センターでの支援
――巡回相談・アセスメント・診断・療育

岡崎達也◉京都市児童福祉センター発達相談所発達相談課　総合支援担当係長

京都市児童福祉センターについて

ここでは児童相談所・発達支援センターといった組織が発達障害児の支援に関して、どのような機能を果たしているのかについて、説明させていただきます。

京都市においては、平成29年度より子ども若者はぐくみ局が発足し、その一組織として児童福祉センターが位置付けられています。児童福祉センターは１９８２（昭和57）年に設置され、児童相談所を中心とする児童相談部門と発達相談所を中心とする発達相談部門により構成されています（図１参照）。児童相談所は京都市の児童相談（障害関係相談を除く）を担当し、虐待をはじめとする養護関係の相談や不登校・非行問題の相談等の対応に追われています。

私の所属する発達相談所発達相談課では発達相談や障害児の支援施策の相談を担っています。

発達障害をめぐる現状

市内の発達障害に関わる相談がこの10年余りで急増しています。平成14年度年間５００件程度であった発達障害関係の相談が、平成27年度末には４５００件を数えています。この結果、心理検査や児童精神科初診待機が長期化する傾向にあり、市民の方々のニーズに迅速に対応できない結果を招いています。

発達障害の課題は前述したような量的な問題だけではなく、質的な課題も明確になってきました。発達障害そのものに起因する発達特性の課題だけではなく、子どもを取り巻く生活環境や人間関係により二次障害（行動障害等）に課題が進展したり、保護者自身も子育てそのものにつまずいたり、こじれると虐待問題に発展するケースは後を絶ちません。近年こうした傾向が顕著になってきました。したがって発達相談課と児童相談所が共にケースワークを担当するケース（共管ケース）が増えています。こうした事態は、他の自治体においても同様に見られる現象であると思われます。

発達相談所の相談の流れ

さて、私が所属する発達相談所の業務について説明させていただきます。発達相談所は発達相談課と診療療育課により構成されています。発達相談課は18歳未満の児童の障害相談を担当する部門（本来は児童相談所業務の一部）と18歳以上の知的障害者の相談部門（知的障害者更

岡崎達也――（おかざき・たつや）京都市児童福祉センター発達相談所発達相談課　総合支援担当係長。香川大学教育学部養護学校教員養成課程（障害児心理学専攻）・国立障害者リハビリテーションセンター学院卒（聴能言語専門職員養成課程（現在は言語聴覚士養成課程））。1983年より京都市児童福祉センターに勤務、センター内において療育部門、児童相談所判定係、発達相談課インテーク相談員、2011年より現職。発達障害児支援に関する地域支援・地域連携を担当。

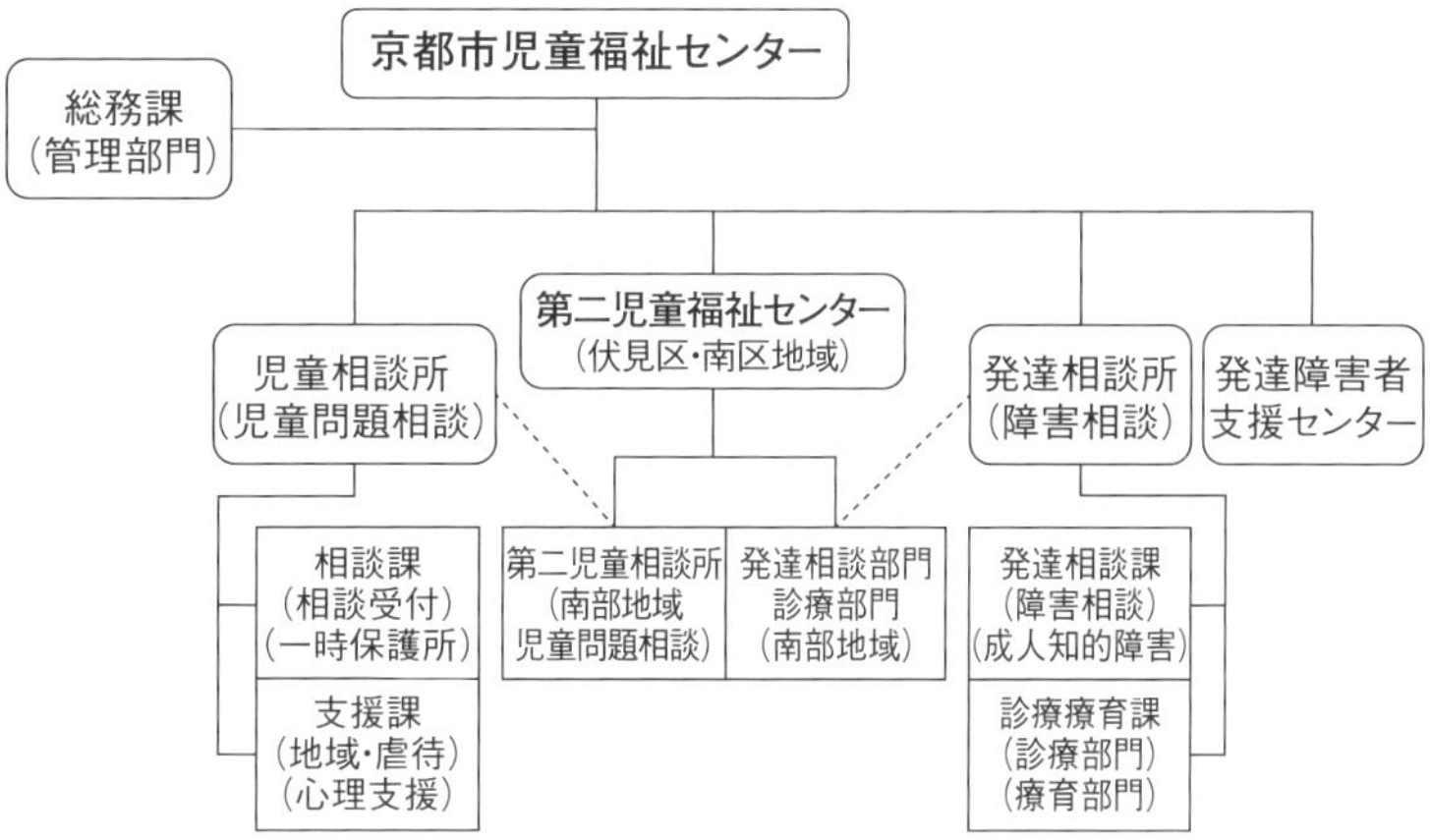

図１　京都市児童福祉センター組織図

表１　京都市児童福祉センターにおける相談内容の所管

相談種別		所管課
障害相談	言語発達障害等相談 自閉症相談・発達障害相談	発達相談課
	知的障害相談・重症心身障害相談 肢体不自由相談・視聴覚障害相談	
育成相談	性格行動相談	就学前：発達相談課
		就学後：児童相談所
	不登校相談・適性相談・しつけ相談	児童相談所
養護相談	養護相談（虐待相談を含む）	
非行相談	虞犯行為等相談・触法行為等相談	
保健相談		
その他の相談（里親関係、その他）		

生相談所業務）を持っています。ここでは児童の相談を中心に相談の流れを見ていきたいと思います。

相談は、保護者自身が子どもの発達に困りを気づき、自ら相談（電話もしくは来所）される場合と区役所の子どもはぐくみ室（子どもの健診業務・相談業務）などの関係機関から紹介される場合があります。寄せられた相談はインテーク担当相談員により受け付けます。インテークでは相談内容を判断し、相談内容（表１参照）によっては、児童相談所の相談に紹介する場合もあります。受け付け後、インテークは相談ケースとして立ち上げ、本格的に相談業務が開始されます（以下の相談の流れは図２参照）。

第２段階として児童福祉司（ケースワーカー）が保護者から社会調査を実施し、情報収集（来所面接・家庭訪問・電話相談等）を行います。この社会調査により子どもの生育歴・現在の状況・生活環境とともに、保護者の思いや家族状況も把握します。児童福祉司は相談の方向性を見極め、必要なアセスメント（心理検査・言語相談・診察等）を設定します。

第３段階では実際のアセスメントを行います。心理検査では、児童心理司が新版Ｋ式発達検査２００１を中心に、年齢や発達状況によりＷＩＳＣ－Ⅳ、ＰＦ－Ｓｔｕｄｙなどのテストバッテリーを組み、子どもの発達評価を実施します。

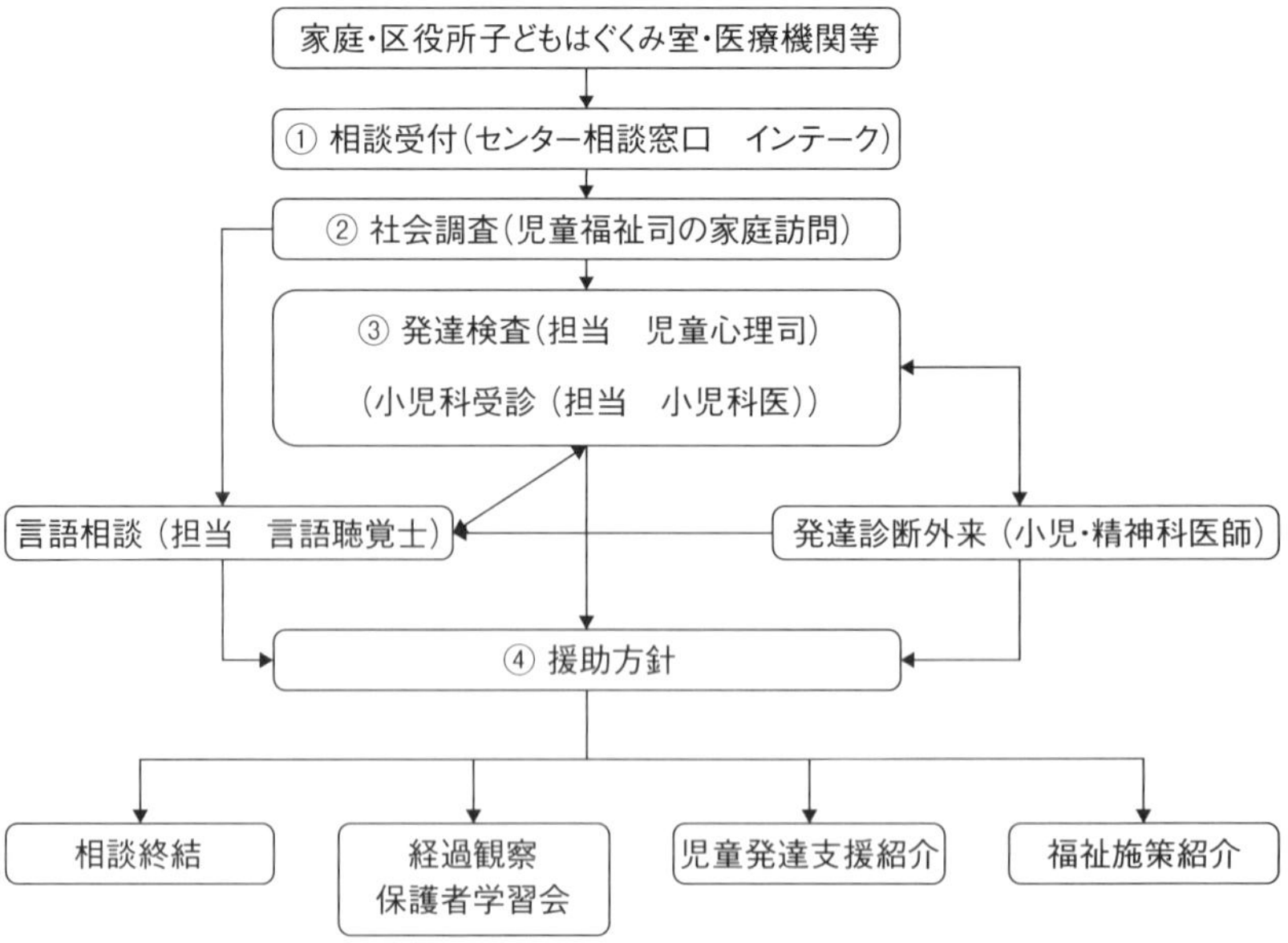

図２　発達相談課における発達相談の流れ

言語相談では、言語聴覚士が構音検査・絵画語彙発達検査・質問応答関係検査等により、子どもの言語コミュニケーションの評価を行います。必要な場合には、子どもの医療的な評価（運動発達の遅れ、神経学的疾患等）を行うために小児科診察に紹介する場合もあります。なお保護者が発達障害に関する診断を希望する場合には発達診断外来（初診）の紹介を行います。

第４段階として、以上のアセスメントを通じて、ニーズを踏まえながら、相談ケースに対する援助方針を検討します。児童発達支援等の療育支援への紹介、療育手帳などの福祉施策の紹介、発達の推移を見極める経過観察（再相談）、保護者支援としてペアレントトレーニングの学習会の紹介、そしてケースの通園（通学）先の保育園・幼稚園・学校や関係機関との連携等の支援を実施します。

総合支援担当係の業務について

発達相談の基本的な業務や流れについて説明させていただきましたが、各自治体においても形態は違うものの、同様な相談機能はあると思われます。

さて、本特集は連携のあり方がポイントになっていることを踏まえ、私の担当する業務について述べていきたいと思います。

発達相談は、相談ケースに対する直接支援の一つです。しかし発達障害支援では、子ども本人に対する支援はもちろん重要ですが、生活環境の整備が重要な要素を占めています。ご承知のように発達障害児の特性そのものというよりは、生活環境との関係のなかで子どもの困り感が現実化するため、その環境整備は発達障害児支援にとって欠かせません。環境整備のための支援を間接支援と言いますが、私が担当している総合支援担当係は、その間接支援を主任務としています。本来このような業務は発達障害者支援センターが担うのですが、京都市の場合、発達相談所に属している発達障害者支援センターは成人の相談・発達障害診断後の保護者学習会や特性評価プログラム・社会啓発などに特化しているため、総合支援担当が発達障害児の間接支援を担うことになっています。体制は係長（言語聴覚士）および係員（心理士）により構成されています。その業務の概要については図３に記しています。係の業務の柱は「みつける」（早期発見・早期支援のシステムづくり）「ささえる」（関係機関への支援）「つなぐ」（関係機関同士の連携のサポート）の三つですが、この業務の柱に沿いながら説明させていただきます。

「みつける」（早期発見・早期支援のシステムづくり）

子どもに発達上の課題が認められる場合に、できるだけ早期に支援することが大事であることは言うまでもありません。ところが発達障害の場合には、子どもの特性や困りが行動の現象として現れるため、保護者（場合によっては支援者も）にとっては、子育て上のやりにくさを感じても、それを発達上の課題と認識することはむずかしいと思われます。特に最近、明確な発達の遅れを示さない高機能タイプのケースや医学的に診断外ではあるが微妙な特性（支援の対象として認識され始めた）を示すケースが多くなると、さらにその傾向が強まることになります。

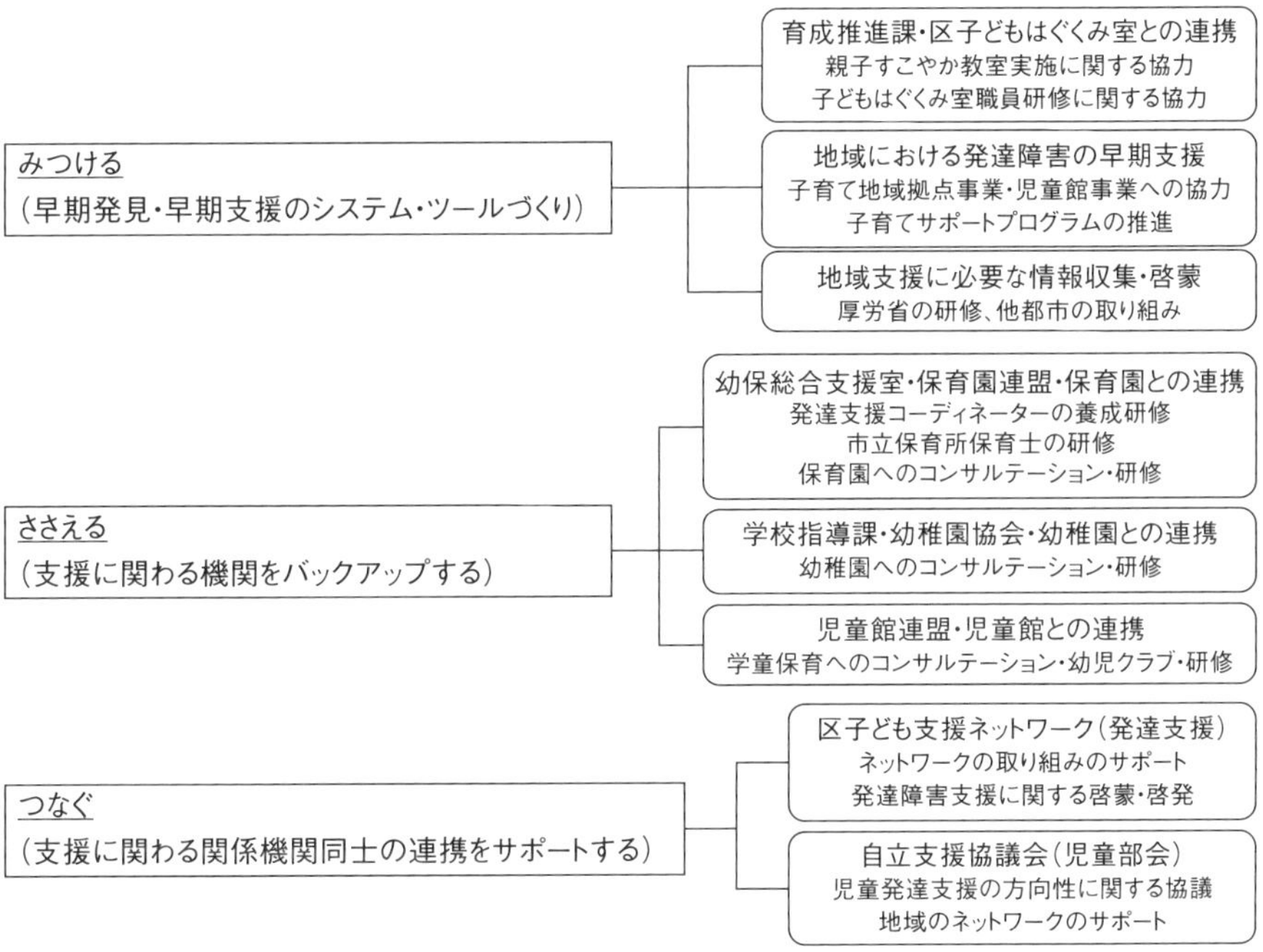

図３　総合支援担当係の業務

愛知県豊田市の子ども療育センター所長を務めておられた高橋脩先生が述べておられるように、1980年代に全国の各自治体において、医療機能・療育機能・相談機能を兼ね備えた総合療育センターが各地で設置されてきました。図4に示す医療モデル型支援は発達上の課題の早期発見から早期支援に繋げる流れを目指していました。この当時は自閉症児も含めて、子ども人口の約1%を想定し、システムが構築されました。しかし近年、特に発達障害者支援法が制定され、支援対象の幅が広がるなかで、発達障害児（あるいは発達特性のある人たち）が多く存在することが認知されてきました。支援対象が1%から10%に拡大して支援システムを再検討する必要が出てきました。また前述したようにその発達上の課題が捉えにくいわけですから、医療モデル型支援だけでは対応しきれない事態が生じてきました。

このような状況を踏まえ、図4に示している生活モデル支援のシステムへの転換が求められています。子どもを取り巻く地域から支援を始めるシステムに変えることです。

そのためには地域の子育て関係機関に、発達支援の観点を取り入れ、一次的支援を担っていただくことが必要となります。発達支援の視点を特別と捉えず、一般的な子育て支援のなかに位置づけることが大切です。早く専門機関に繋

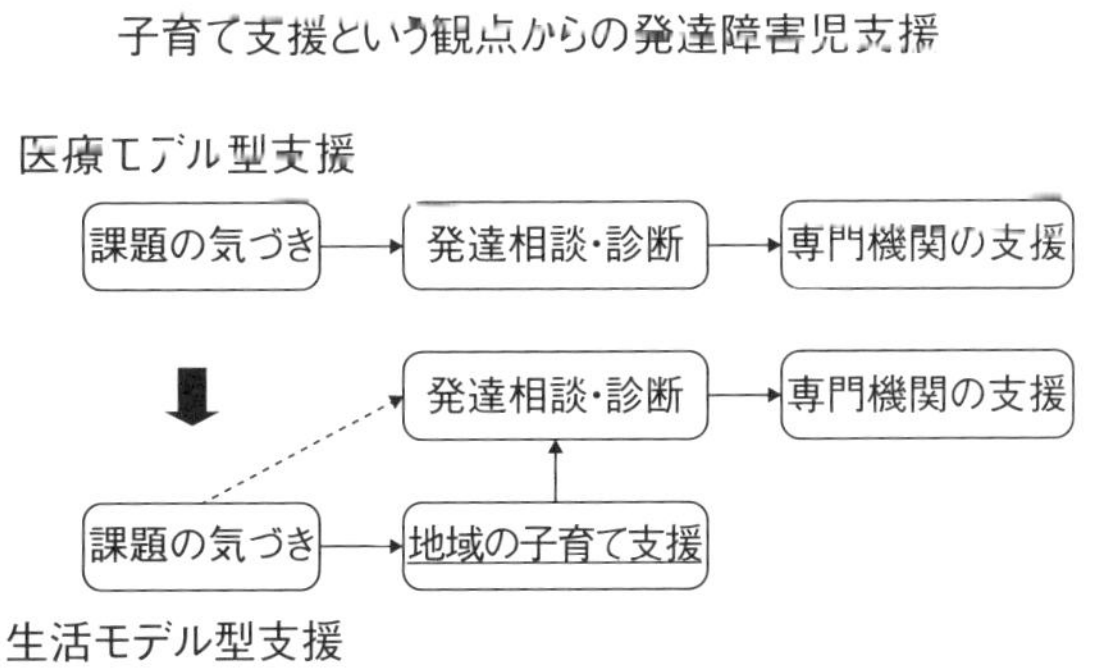

図４　医療モデルから生活モデルへ

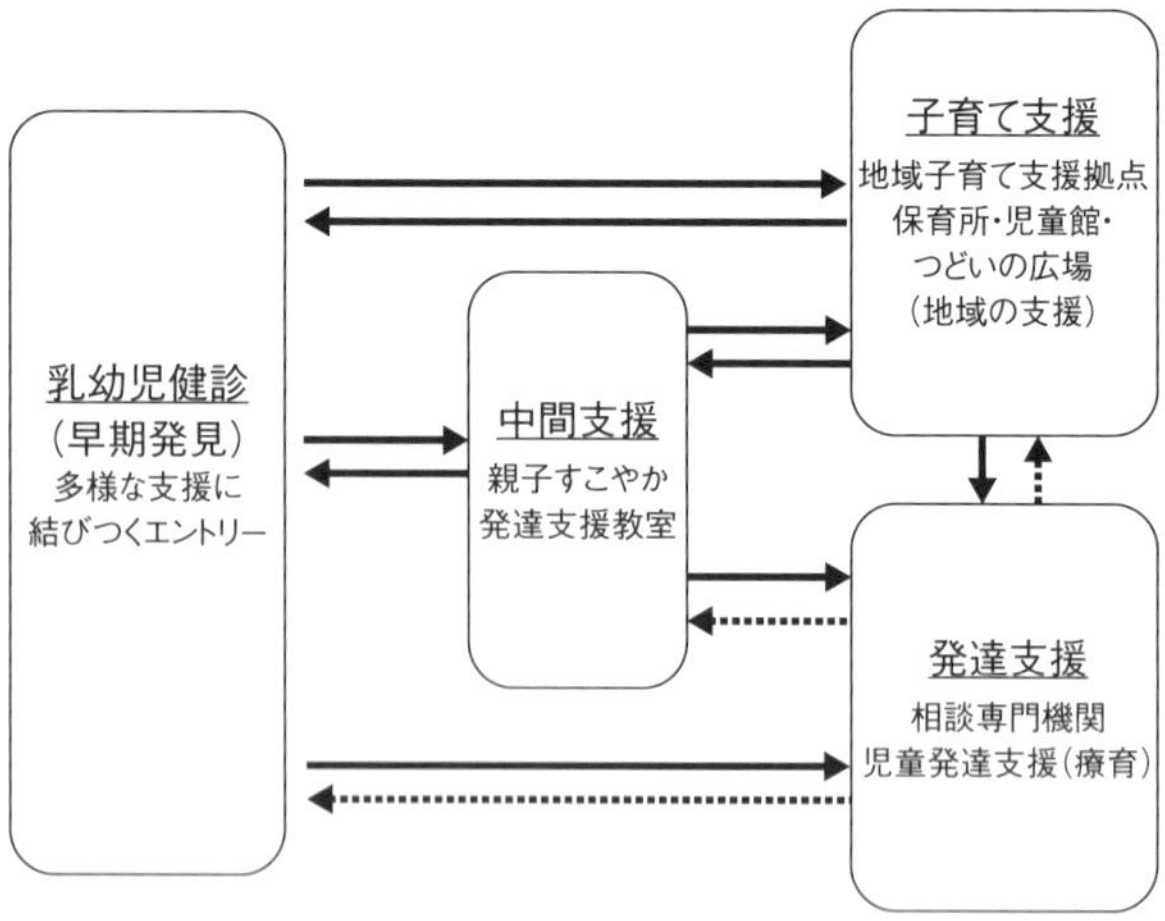

図５　子育て支援と発達支援

げることだけが目標ではなく、保護者の子育てによりそい、適切な対応を粘り強く継続することが、二次障害（子ども自身の行動障害や保護者の虐待）の抑止に繋がります。

地域の子育て支援のシステムについては図５に示しています。ここでは、身近な地域の児童館や保育園等の一般の子育て支援関係機関において、発達支援の視点を持った身近な子育て支援を実施していただくことにより、広範な支援を展開することが可能になります。保健センター（京都市では子どもはぐくみ室）の健診やその後のフォローアップとしての親子教室（中間支援）は、発達支援を要するケースのスクリーニングの場として中心的な役割を果たしますが、保護者にとっては「子どもの課題を指摘された」という被害的な意識を持ちやすい場になりがちです。生活型支援モデルでは、地域の子育て支援の場がつなぎの支援として大事な役割を果たします。子育て支援の場を形成することについては、「支援を担当する職員の確保」「連携（情報共有）のあり方」「支援方法」の３点に取り組む必要があります。京都市内には区役所子どもはぐくみ室のスタッフと公立保育所の子育て支援地域拠点事業（地域支援）の保育士が連携して、支援に重要な役割を果たしています（図６）。これらの職員が地域の児童館などの機関に働きかけ、支援の場を確保し、さまざまな形態の子育て支援に取り組みます。図５はその支援の取り組みを示したものです。総合支援担当は発達支援にかかわる技術的協力（保護者の相談担当・子育て講座の講師・保護者支援プログラムの提供）を行っています。

次に保護者支援プログラムの取り組みをご紹介しましょう。厚労省の発達障害児者の支援施策のなかでも、保護者支援は重要な事業となり、具体的取り組みとしてペアレントトレーニング（とりわけペアレントプログラム）を推奨しています。ご承知のようにペアレントトレーニングは応用行動分析を利用して行動変容を目指すものですが、地域支援で利用するのには専門性が高すぎるため、目標を「子どものよいところに視点を向けること」に絞ったペアレントプログラムが紹介されています。京都市では２０１４年から、総合支援担当と本庁の関係各課・発達障害者支援センターとプロジェクトチームを

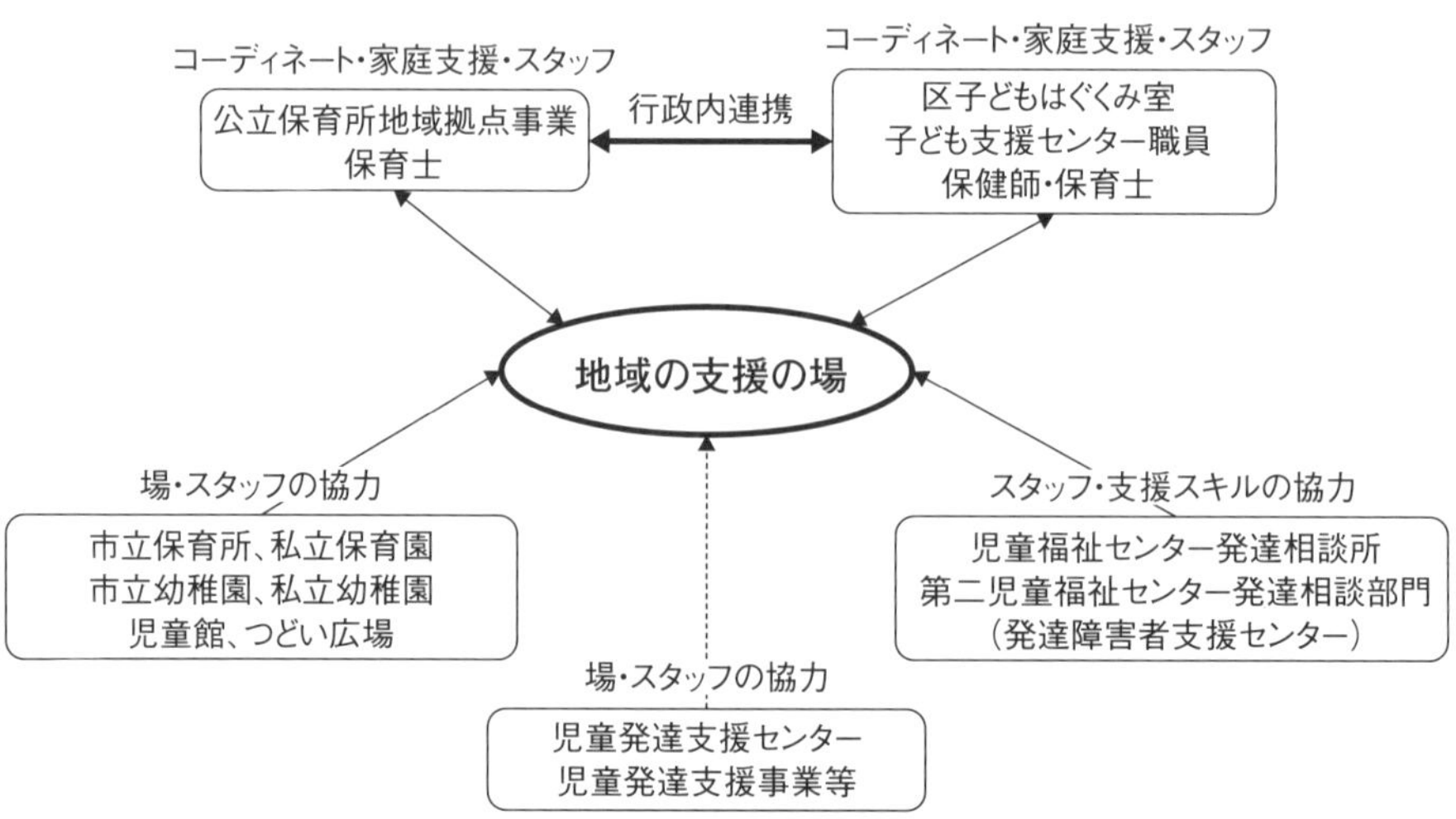

図６　地域の発達支援における関係機関連携

構成して、プログラムを検討しました。２０１５年にはプログラム「みんなはなまる」を完成し、支援者研修を開始しました。２０１６年から、このプログラムによる市内の各地で保護者学習会が行われています。地域の保護者支援では「みんなはなまる」のほかに、保護者懇談会・遊びの広場（相談日に自由来所しての個別相談）・子育て講座（学習会と個別相談）等の多様な支援が実施されるようになりました。また支援を要する保護者・子が複数の地域の支援の場を利用することが多く、担当職員間の情報共有が重要です。ただし、区により取り組み方に差があり、全市共通のシステムといえない側面もあります。

総合支援担当しては、地域へのサポートを行うことで、地域支援力をボトムアップさせ、多くの保護者・子の支援が拡充されるように取り組みを進めています。

「ささえる」（関係する機関をバックアップ）

前項でも述べたように、地域の支援者の人材育成をはじめとする関係機関への支援は、地域支援の充実させるために不可欠です。相談に来られたケースを児童発達支援のような療育に繋げることができたとしても、その子どもが在籍する保育園・幼稚園などの集団生活のなかで理解を得なければ、支援の効果も半減してしまいます。

関係機関の支援には、「ケースを通じての連携による支援（コンサルテーション）」「その機関全体に対する職員研修」「人材育成のための研修コース」の三つのスタイルがあります。

表２　発達支援コーディネーター養成研修会の内容

研修1「発達支援コーディネーターとは」	講師　児童福祉センター総合支援担当職員
研修2「発達障害概論」	講師　児童福祉センター児童精神科医
研修3グループワーク「疑似体験をしてみよう」	
研修4「乳幼児のコミュニケーション発達」	講師　児童福祉センター総合支援担当職員
研修5「保護者とのおつきあい」	講師　児童発達支援センター職員
研修6「いい行動の育み方」	講師　児童福祉センター総合支援担当職員
研修7グループワーク「行動の見方・とらえ方」	講師　発達障害者支援センター職員
研修8「過ごしやすい環境づくり」	
研修9グループワーク「支援グッズを作ろう」	講師　児童福祉センター総合支援担当職員
研修10「地域で支える仕組み」	講師　児童福祉センター総合支援担当職員

1番目のケースを通じての連携は、児童福祉センターに相談されたケースのうち、保護者もしくは所属する集団からの要望により、総合支援担当職員が園を訪問するものです。園訪問では子どもの行動観察・保育環境の視察・担当職員に対する相談経過や発達特性について説明や助言を行います。特に行動観察は、その子どもが生活のどの場面で困りやすいかを捉え、周囲の環境との相互作用を検討します。ここでは応用行動分析と発達障害特性という二つの視点が重要なポイントとなります。また、担当職員の方に具体的にわかりやすく説明する能力も要求されます。集団と保護者の関係や園の保育方針も考慮に入れて助言する必要があります。関係機関への訪問支援は一日がかりになりますが、当該ケースのみならず、助言した内容が同じ集団に在籍する別の子どもに対する支援のヒントになるなどの副次的な効果が期待できます。

2番目は関係機関から発達支援に関する研修を、機関全体として取り組みたいとのオファーから実施します。保育園・幼稚園をはじめとして、学童保育に関わる児童館、放課後デイサービス等、多岐にわたります。研修の内容も事例検討を主体にする場合と発達障害支援に関わる基本情報の研修する場合があります。

3番目は研修コースを設定して、必要な内容を連続して研修する場合です。総合支援担当では本庁の保育担当部局・民間保育園連盟と協議して、発達支援コーディネーター養成の研修コースを立ち上げました。園内支援および関係機関の連携のキーパーソンとしての役割を担うことを目的とした研修です（表2）。この研修コースを開始して、市内の民間保育園全園の60%までにコーディネーターの配置が進みました。また、前項で触れた公立保育所の地域拠点事業担当保育士・公立幼稚園教諭・地域型保育施設職員まで研修の対象を広げています。なお、発達支援コーディネーターは養成研修のみならず、現任者のスキルアップとして多様なテーマでスキルアップ研修会や地域別にコーディネーター同士の情報交換会を定期的に実施しています。

　また学童保育においても、発達特性を持った子どもたちが多数在籍し、職員がその対応に追われている実情があるため、京都市児童館学童連盟が主催する研修コースに講師を連続的に派遣する形で協力しています。児童館は学童保育・乳幼児の子育て支援・子どものたちの居場所づくりの三つの重要な機能を持ち、それぞれ発達障害の課題に関係している現状があります。現在は学童保育をメインとする研修ですが、今後前項で述べた地域の乳幼児期の子育て支援の担当者（児童館職員・つどいの広場職員）の研修に拡充していきたいと考えています。

「つなぐ」（関係機関同士の連携をサポート）

　前項では関係機関に対する支援を記しましたが、これらの機関が相互に連携しなければ、支援はバラバラになり、支援が混乱・停滞してしまう結果を招きます。特に京都市のような政令市では、さまざまな専門機関が集中していますが、それらを有機的に結ぶシステムが構築されていないと、連携はかえって難しくなります。私自身も厚労省の発達障害地域マネージャー養成研修を受講したり、実際に他都市の実情を調査し、専門機関の少ない人口規模の小さな自治体の方が、連携がスムーズな例を多く見てきました。小さな自治体ではキーパーソンが機能しやすいことや部局同士が顔の見える関係になりやすいことが、その背景にあると思われます。逆に大都市では、部局の規模が大きいため、関係者が連携するためには、その仕組みを作らなければなりません。信州大学の本田秀夫先生がお話しされているように、関係機関を結ぶラインを形式的に図式化しても、実際に連携の方法・担当者の動き・カンファレンスの持ち方などが具体化されていないと、絵に描いた餅になってしまいます。そこには情報共有の方法・ルールやコーディネートのあり方が問われます。私自身も仕事のなかでも、この難しさを感じることが多くなっています。

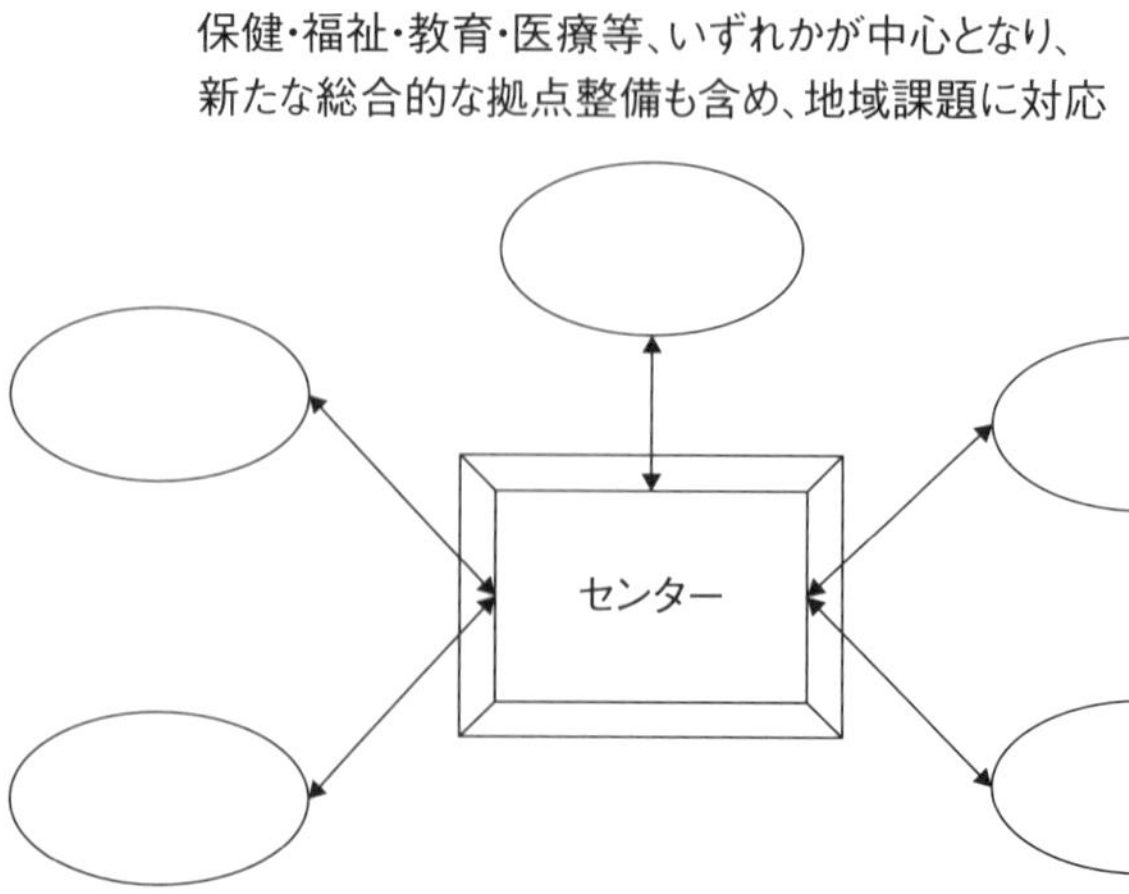
保健・福祉・教育・医療等、いずれかが中心となり、
新たな総合的な拠点整備も含め、地域課題に対応
センター

図7　早期発見・早期支援のシステムパターン（拠点型）

　発達障害をはじめとする発達支援の分野では、図7にあるような拠点型のシステムパターンになりがちです。医療モデル型支援が該当しますが、ここでは中央のセンターに強力なコーディネート機能が必要になります。一方では生活型モデル支援を進めるためには図8に示したネットワーク型支援が適しています。ケースを取り巻く関係機関が対等な立場で連携しあうことが大切です。

　このようなネットワークシステムは、京都市では地域単位（行政区）の子ども支援ネット

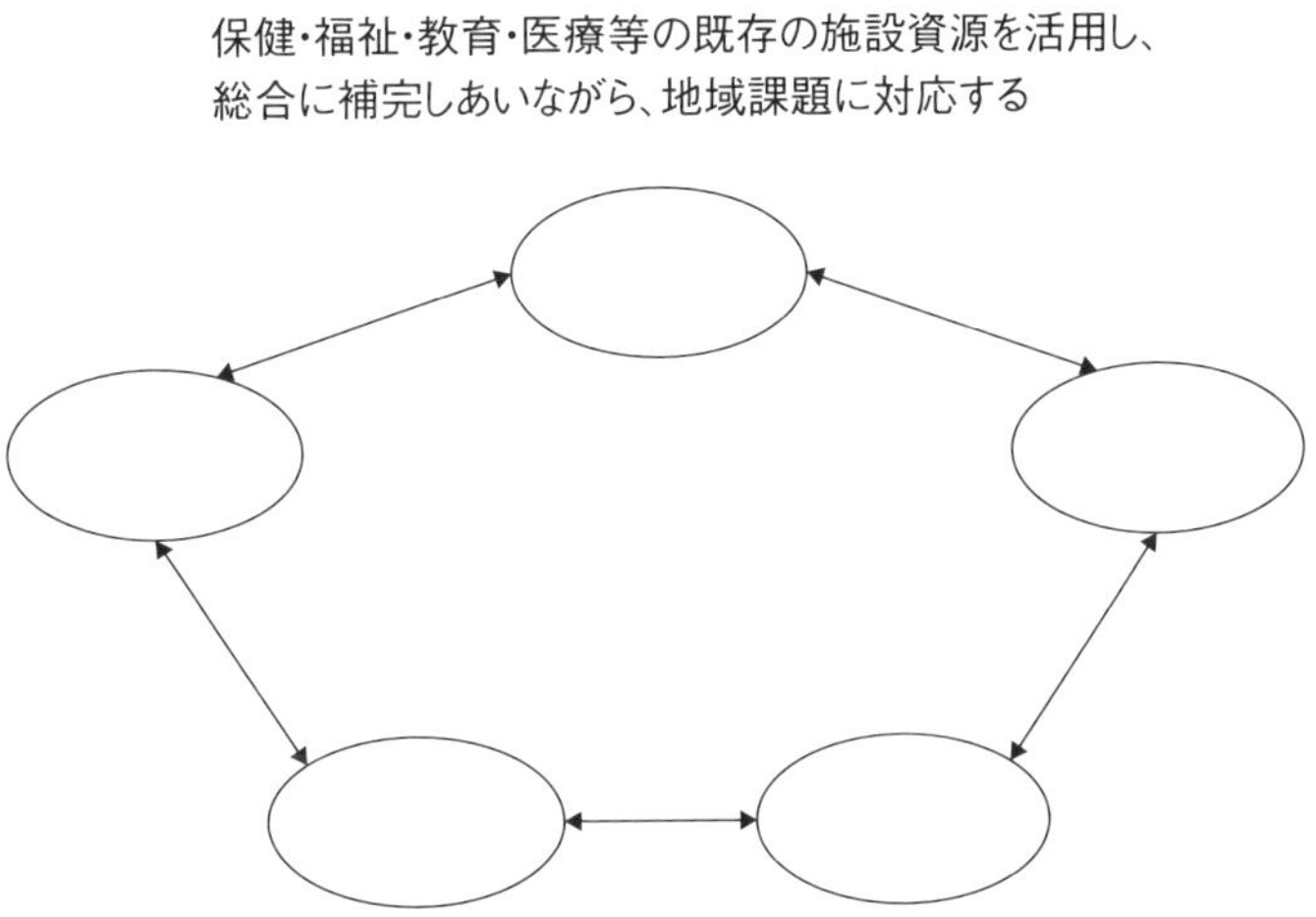
保健・福祉・教育・医療等の既存の施設資源を活用し、
総合に補完しあいながら、地域課題に対応する

図８　早期発見・早期支援のシステムパターン（ネットワーク型）

ワーク発達支援部会（区により名称が違う）が該当します。区役所の子どもはぐくみ室を事務局として、区内の関係する保育園・幼稚園・学校・児童館などの機関が構成メンバーとして、協議や研修などの連携を行っています。総合支援担当も各区のネットワークに参加し、それぞれの企画や事業に協力し、ネットワークの活性化を目指しています。一方で、区により取り組みに温度差があることや、研修会中心で実際の連携の場になりきれていない面もあります。児童虐待対策で設置されている地域の要保護児童対策部会のような明確なシステムが発達支援にも必要と思います。

おわりに

児童福祉センターの立場から、地域との連携について述べてきました。今までのような地域からセンターに繋ぐ支援だけではなく、センター側から地域にアプローチしていく支援が求められる時代となりました。私は係員時代から地域をまわり、京都市内の保育園・幼稚園・児童館・学校など２００か所以上の機関を訪問しました。各機関のさまざまな実情や支援に対する考え方を知りました。そこでお会いした先生たちのお話が私にとってはかけがえのない財産となっています。地道に地域をまわり、その支援に協力するボトムアップ型の支援は大切です。一方で関係機関の多い政令市のような大都市では、連携するうえでの情報共有やコーディネートのあり方が問われます。そのような連携システムを念頭に置いた発達障害支援の戦略が必要だと思う今日この頃です。

参考資料

・厚生労働省　平成19年度　障害者保健福祉推進事業報告書「地域子育て支援拠点を活用した障害児支援の可能性の検討」渡辺顕一郎（日本福祉大学）NPO法人子育てひろば全国連絡協議会　平成27年度発達障害地域マネージャー支援研修会（応用編：早期支援体制）資料

言語聴覚士による支援

原　由紀◉言語聴覚士、北里大学医療衛生学部リハビリテーション学科言語聴覚療法学専攻講師

はじめに

1997年12月に言語聴覚士法が制定され、1999年第1回の国家試験が実施、国家資格を持った言語聴覚士が生まれました。資格ができてからは20年余りと新しいように思われますが、遡ること25年余り前、1971年に国立聴力言語障害センター（現国立身体障害者リハビリテーションセンター）に専門職員養成所が設置され、その養成が始まっていました。成人領域では、脳卒中の後遺症による失語症や運動障害性構音障害、嚥下障害、認知症のリハビリテーションなどに関わっています。小児領域は、療育センターや発達支援センター、保健センター、病院、学校教育現場等で働いています。現在、約2万8000人の国家資格者がおり、小児を扱っているのは、そのうちの3割程度といわれており（日本言語聴覚士協会ホームページ、2017）、残念ながら、成人領域よりは、非常勤の割合も高いと思われます。職場にもよりますが、多くの施設で、理学療法士や作業療法士、臨床心理士はもちろん、医師、保健師、看護師、教員、ケースワーカーなど、多職種の方と連携しながら支援に携わっています。

さて、本テーマの発達障害に対する言語聴覚士の関わりについて、「自閉症スペクトラム」「注意欠陥・多動症」「学習障害」そして、発達障害支援法でその他の発達障害として加えられた「吃音」について順番に述べたいと思います。言語聴覚士は、どのお子さんたちとも関わりを持ち、支援の対象となっています。なぜならば、親御さんが最初に訴えてくるのは「ことばの遅れ」であることが多く、そうなると、言語聴覚士の出番となるからです。

言語聴覚士が共通して実施すること

言語聴覚士は、「ことばの遅れ」や「発音の問題」「読み書きの問題」「流暢性の問題」「聞こえの問題」など、さまざまな問題を抱え、相談のあったお子さんに対して、評価（アセスメント）を行い、支援方針を立て、支援を実施し、その結果を再評価するという一連の流れを行っていきます。もちろん、評価・支援方法はそのお子さんの問題により異なります。音声言語としての「ことば」のみでなく、視線が合わず、コミュニケーションがとれないという言語の前の段階の問題から始まることも多いです。

小児を扱う公共の施設は、幼児期を対象とする場合が多く、就学すると、小学校に設置され

ている「ことばの教室」という通級指導教室に通うように促されることも多いです。「ことばの教室」の指導者は、一般の教諭がほとんどで、言語聴覚士とは養成の形態が異なります。最近は、言語聴覚士を常勤の専門職として支援学校等に配置する自治体も見受けられますが（神奈川県など）、その数は非常に少ないです。

病院・クリニック等に所属する言語聴覚士が、乳幼児期から学齢期、思春期と継続的な支援が行える場合もあります。

評価（アセスメント）

「ことばの遅れ」を主訴に来室した児に対して、言語聴覚士が共通して実施するのは「ことばの発達の評価」です。母親からの情報収集と、子どもの観察、検査により行います。

母親に対しては、主訴の確認（何を問題として来室したか）、成育歴（胎生期、周産期の特記事項、座位や始歩の時期や他の運動発達について）や言語発達歴（喃語の出現時期と変化、初語の出現時期、二語文の出現時期、面接時点での最長の発話内容など）、成育環境（家族構成、社会参加状況など）、家族歴などの情報を収集します。

子どもに対しては、数種類の言語発達の検査があります。子どもの発達段階や主訴により選択します。代表的なものとしては、①国リハ式〈Ｓ－Ｓ法〉言語発達遅滞検査、②言語・コミュニケーション発達スケール（ＬＣスケール）、学童版言語・コミュニケーション発達スケール（ＬＣＳＡ）③絵画語彙発達検査（ＰＶＴ－Ｒ）、④日本語マッカーサー乳幼児言語発達質問紙、⑤Ｊ－ＣＯＳＳ日本語理解テスト、⑥質問応答関係検査などです。①は、0～6歳を対象年齢とし、前言語期の事物の基礎的概念の理解から評価ができます。単語レベルから、2、3語連鎖、語順や助詞による理解と表出など、言語の構造的側面に焦点を当てた評価を実施し、指導に繋げることができる評価法です。また、検査中のやり取りからコミュニケーション態度を評価する指標もあります。②は、言語理解、言語表出、コミュニケーションの3領域に分けて評価し、7歳未満を対象年齢にするＬＣスケールと小学1年～4年を対象とするＬＣＳＡがあり、音韻意識や読み書き障害の評価スクリーニングにもなります。③、④は、理解語彙、表出語彙を評価するものです。⑤は統語に関する検査で、⑥は質問応答の発達を評価する検査です。

読み書きの検査としては、スクリーニングとして、広く使用されているのが標準読み書きスクリーニング検査（改訂版）です。読み書き障害の背景因子を精査する検査には、①Rapid Automatized Naming Test（ＲＡＮ）、②フロスティック視知覚発達検査、③ＷＡＶＥＳ（Wide-range Assessment of Vision-related Essential Skills）、④Ｒｅｙの複雑図形テスト、⑤Ｒｅｙの聴覚的言語学習検査（ＡＶＬＴ）などがあり、音韻意識の精査には、標準化された検査ではありませんが、モーラ分解抽出検査、音削除検査などもあります。さらに、実際の読み書きの能力を測定する検査として、⑦ひらがな文字検査（ＨＩＴＳＳ）、⑧教研式Reading-Test（読書力診断検査）などがあります。

全体発達の評価として新版Ｋ式発達検査や津守稲毛式乳幼児精神発達質問紙、ＫＩＤＳ発達質問紙なども使用します。田中ビネー知能検査やＷＰＰＳＩやＷＩＳＣ－Ⅳなどの知能検査、日本版ＫＡＢＣ－ⅡやＤＮ－ＣＡＳなどの認知発達を精査する場合もあります。これらの検査

原　由紀（はら・ゆき）――言語聴覚士。北里大学医療衛生学部リハビリテーション学科言語聴覚療法学専攻講師。大学で心理学を学んだ後、国リハ学院聴能言語専門職員養成課程の1年間のコースを経て、北里大学病院に入職。平成7年から現所属に移籍。筑波大学夜間修士課程修了。医科学博士（2015）。【主な著書】『吃音検査法第2版』（共著／学苑社、2016）『言語聴覚士テキスト第2版』（共著／医歯薬出版、2011）ほか。

は、臨床心理士が実施する施設も多いと思います。

自閉症スペクトラムの評価には、S－S法のようにやり取り場面の観察を行うものや、課題への応答状況から判断するLCスケールもありますが、新装版CARS（小児自閉症評定尺度）などもあります。これは、15の視点を用いた観察と、養育者の記載による評価を行い、重症度の評定も可能です。これらの視点を用いることは指導にも繋がり、有効とされています。

支援

自閉症スペクトラムと言語聴覚士

「スペクトラム」という診断名からもわかるように、その臨床像は実にさまざまです。音声による言葉を持たず、視線も全く合わず、何かをくるくる回して自己刺激を楽しんでいる重度のお子さんもいる一方、日常会話には困らないが、特異的なこだわりがみられ、人との距離感がつかめないような高機能のお子さんもいます。言語聴覚士は、前述した複数の評価法と養育者からの情報により、自閉症スペクトラムを疑った場合は、養育者へ説明のうえ、小児精神科の医師へコンサルトも促します。

支援の柱は、養育者にお子さんの特徴を伝え、どのような関わり方が望ましいかを伝えることにあります。視線の合いにくいお子さんとは、適度な距離を保ちながらミラーリングして遊んでいると、ちらちらとこちらを意識し始める時があるので、そこをきっかけに、興味を引く動きをする、物を渡すなどをしてみます。感覚運動的な遊び（シャボン玉飛ばし、ボールを一緒に追いかけるなど）が、視線を合わせる良いきっかけになる場合もあります。この段階のお子さんとは、言語聴覚士がよく遊び、その手応えを母親にフィードバックして、家庭での関わり方の参考にしてもらうことが大切です。

発達の凸凹があり、聴覚的な入力による理解、つまり、言葉での意味理解が弱い場合が多いので、指示は、短い言葉で簡潔に行います。一文一義として、複雑な文にならないようにします。また、視覚的に整理し、図や絵を使うなどし、順番を示す構造化を行うと、ずっと生活しやすくなります。初めての場所や行動が苦手な場合もあり、予定の変更でパニックを起こすこともありますが、次の行動を写真や絵を用いて伝えておくと、ほとんど言葉による理解や表出のないお子さんでも、見通しを持つことができ、パニックを減らせます。多くの母親は、経験のない行動特徴に驚き、どう対応してよいかわからない場合が多いです。なぜ、パニックになったのか、第三者が冷静に見極めて対応方法を一緒に考え、助言を行うことで、うまく対応できれば、その後、母親が自分で対応する方法を考える一助になるでしょう。自分の子どもは、「なにもできない」「育てにくい」と思っている母親に対し、来室毎の子どもの成長を伝え、「できること」を見つけ、一緒に喜ぶことで、子どもの成長を楽しみ育児に前向きに、元気になれる時間になればと考えています。

一方、難しい言葉や言い回しを使い、一見、言語発達に問題のなさそうな子どももいます。ただ、語彙を豊かに持っていても、語用に問題があるのが、このタイプのお子さんたちの特徴です。質問応答のやり取りが難しく、「だれ？」「どこ？」などの疑問文に、そのままオウム返しに質問を繰り返したりします。このようなお子さんには、わかりやすい状況絵などを用いながら、疑問文に答える練習を行います。記号や文字が得意な場合はそれを用います。

さらに高機能な子どもは、日常会話に問題がない場合でも、変わった解釈をすることがあります。たとえば「真っ赤になって怒る」という比喩表現を「とても怒っている」とは理解できず、ただ単に赤い顔になったと思うようです。

コミュニケーションの基本となる関わり方については、臨床心理士や保健師など、親子に関わる全ての職員が、共通理解を持ち、連携して支援にあたることが望ましいでしょう。

言語聴覚士は、前言語の段階から関わる場合もありますし、低年齢の間は臨床心理士や保健師が支援を行い、4、5歳の就学に近い年齢になると言語聴覚士に相談があるという施設もあります。このタイプのお子さんは学習障害や、注意・欠陥多動性障害を合併する場合も多いので、幼児期から配慮した働きかけが必要でしょう。合併する問題への対応は後述します。

学習障害と言語聴覚士

学習障害というと、読み書きの障害として学齢児の問題のように思われますが、読み書きの基盤となる能力は、幼児期の後半から習得が始まります。文字を見分けるためには、線の傾きや長さの違いを弁別できる力が必要です。また、書字の土台としては、さまざまな図形を描く力も必要でしょう。円の模写は3歳で可能となり、5歳後半には、正方形と長方形をほぼ正確に描き分けるようになります。また、音韻意識が育たないと読み書きができるようにならないといわれています。音韻意識とは、言葉を聞いてどんな音がどのような順序で並んでいるかを把握し、言葉を分解したり、並び替えたりする能力のことです。年中くらいのお子さんが、しりとりをできるようになる過程を思い浮かべるとわかりやすいかもしれません。最初は、ルールも理解できずでたらめに答えていたのが、「〝ご〟のつくことば」と言って「ごりら」を思い浮かべ、「ゴリラの〝ら〟のつくことば」と語尾音を抽出することができるようになります。そのうち、ヒントを言ってもらわなくても自分で語頭音、語尾音を抽出してしりとりを楽しむようになります。このような過程を通して、ひらがなの読み書きの習得の準備をしているのです。

就学を控えても全く文字に興味を示さない、描画や模写が苦手であるような場合には、生活のなかで文字に触れる機会を作る、遊びのなかで描画や絵描き歌、簡単な迷路や線引き遊びなどに楽しく親しむ機会を持つ、しりとりや、さかさまことば等の遊びも提案します。

それでもひらがながなかなか覚えられない場合には、前述した評価により、どの力に問題があるのかを見極めながら、直接的な支援を行います。例えば、キーワードを使う方法です。これは、「あひるのあ」「犬のい」のように、文字に意味を結び付けて文字のイメージが思い浮かびやすいように覚えさせる方法です。漢字の学習の際にも「木がたくさんで林、もっとたくさんで森」のように意味を持たせて覚えていきます。問題のみられない「話す聞く力」を使って、読み書きを補うのです。

学習障害があると、小学校の勉強で、どんどん差がついてしまいます。視覚的な情報処理が苦手だと、教科書のどこを読んでいるのかわからなくなってしまうこともよくあります。今読んでいる行だけをみえるようにして、他は隠す、定規を当てるなどの工夫により楽になる場合も多いです。また、小学生でも教科書の音読がよく宿題になりますが、お母さんに予め読んでもらい、意味を理解してから、一緒に文字を追いながら、読む練習をするとよいでしょう。最近は文章を読み上げるコンピューターソフトもありますので、そのようなものを活用して、聞いて理解することで、苦手意識を解消し、生活の質を向上させることができるでしょう。

お子さんのこのような特性を理解していないと、ただ「お勉強のできない子」というレッテルが貼られてしまい、お子さんの苦手意識や自尊心の低さに繋がってしまう危険性があります。苦手にばかり注目するのでなく、周囲の大人は、得意な部分を褒めて、伸ばしてあげることを意識してほしいと思います。

注意欠陥・多動性障害と言語聴覚士

単独の疾患として言語聴覚士が出会うというよりは、それにより言語指示が入らない、集中できずに学習できないなどへの対応の助言を求められることが多いです。注意集中時間が短いこと、動き回ってしまうことなどが問題となります。そして、前述の学習障害を合併することが多いです。投薬によりコントロールが可能な場合もあるので、小児精神科の医師にコンサルトします。学習する際に、「指示は短く簡潔に」「短時間でできる課題」「休憩をいれる」「頻回に褒めてフィードバックする」など、本人の特性に合わせた対応を養育者に伝えていくことが大切です。このタイプのお子さんは、怒られることが多く、自己肯定感を持ちにくくなってしまうことにも配慮する必要があります。認めてもらえる体験ができるように、得意な部分を見つけて伸ばすことの大切さも伝えていきます。

吃音と言語聴覚士

吃音は、多くが4歳までに発症するといわれており、健診や幼稚園、保育所の巡回などで相談されることの多い言語障害です。「ぼぼぼぼく……」のように言葉の一部を複数回繰り返したり、「ぼーーーくね」と音を引き伸ばしたり、「……僕ね」と、言葉の出だしが詰まって出てこずに、力をいれて無理に押し出したりするような症状です。言葉を話そうとして手足を振りおろす、首を前に倒すなどの随伴症状がみられる場合もあります。吃音の原因は特定されてはいませんが、複数の要因が複合して起こるといわれています。何の介入をしなくても70～80％は自然治癒するともいわれており、症状に変動もあるため、「様子を見ましょう」といわれてそのまま介入の時期を逃してしまうこともあります。幼児期は適切な介入を行うことで、吃音が軽減することも多いのですが、学齢期以上になり吃音を指摘されたり、からかわれたりすることにより、「またどもったらどうしよう」と予期不安を持つようになります。すると、心理的な反応から吃症状の緊張性も高くなり、悪化するといわれています。２０００年に入るまで、日本では、遊戯療法を行う治療方法が主流でした。感受性が強く、不安を感じやすいタイプのお子さんには有効かと思いますが、それだけでは十分とはいえません。言語聴覚士は、年齢とお子さんの特性に合わせて、発話面の支援と、心理面の支援を本人とその家族に行っています。

①発話面の支援

吃音を軽減して流暢な発話を強化するためには、吃音が起きにくい関わり方と、流暢性を強化しやすい発話モデルを示すことが重要です。

吃音が起きにくい関わり方とは、いわゆる環境調整といわれる方法です（表）。吃音は子どもの持っている能力よりも高い要求をされた時に起こりやすいと考えられており（Demands & Capacities Model）、吃音が起きやすい条件を整理し、コミュニケーションの取り方を見直すことで、話しやすい環境を準備します。

さらに、周囲の大人は、モデルになるような話し方で応答します。具体的には、ややゆっくりとした柔らかい話し方で、引き伸ばし気味に話すとよいです。このような話し方を「楽な発話（Easy Relaxed Speech）」といいます。子どもとの自由遊びや、簡単なゲーム課題を通して言語聴覚士がモデルを示し、子どもの発話が流暢になってくる様子を実感してもらいます。家庭でも同様の対応を毎日15分程度実施してもらい、さらに、子どもがどもったときにこの楽な発話で応答します。

最初は、簡単な単語での応答から始め、徐々に短文、長い文、複雑な文と言語的な難度をあげていきながら、自由会話へと誘導していく方法です。子どもは遊びながら自然に流暢性が強化されていきます。

学齢期になれば、さらに、直接的に流暢な話し方の方法を伝えていきます。

②心理面の支援

吃音は思春期、成人期になると、心理的な反応がその状態像を複雑にし、しゃべることを避けたり、言葉を置き換える工夫をしたり、社会参加をさけたりする回避に繋がります。このようになると、発話の訓練だけを行ってもうまくいかず、吃音に対する捉え方を変え、自分自身に対する認識を変えるような働きかけが必要となります。幼児期から不安な感情を表現できるような支援を行ったり、学齢期であれば、吃音を正しく理解するような基礎知識を伝える機会を持ったり、吃音のある他の友達との出会いの機会を作り、１人でないことを認識したり、他の子どもたちの対応の例を聞く機会を持つなどすることは、吃音のある子どもたちを勇気づけます。

③周辺への理解促進

幼稚園や保育所、学校などが吃音について正しく理解し、支援してもらうことが、吃音を持つお子さんにとっては非常に重要です。周りの反応を気にして「どもったら恥ずかしい」などと思い、心理的反応を示して、吃症状が悪化し

表　吃音を生じやすい場面と、吃音を生じにくくするために

状況	吃音が生じやすい場面	吃音を生じにくくするためには
時間的なプレッシャーが大きい状況	・「早くいいなさい」と急かされる ・話し相手が、忙しそうである ・言い終わる前に、かぶせるように話される ・兄弟姉妹が、割り込んできて、母を取られる ・言い始めに時間がかかっていると、誰かに言われてしまう ・周囲人の発話速度が速い	・穏やかなゆっくり落ち着いた生活を送る ・ゆっくりと、子どもの話しを最後まで聴く ・子どもの代わりに話してしまわない ・子どもが話し終えてからワンテンポおいて返す ・ゆっくり目の口調で話しかける ・兄弟別々に話す時間を設ける（競い合って話さない）
言語的要求が高い状況	・質問が多い ・HowやWhyの質問が多い ・難しい語彙を使おうとする ・難しい構文・長い文章を使おうとする ・目の前にない話や説明をしようとする	・質問は少ない方がよい ・簡単な質問にする ・簡単な言い回し、短い文をつかう ・目の前の遊びについて話そう ・目の前にない説明は最後の段階
発話への干渉が多い状況	・正しく言い直させる ・「ゆっくりいいなさい」と教える ・「落ち着いて」という ・挨拶させようとする	・話し方に注目せず、話の内容に耳を傾けよう ・問いたださない ・話し方を矯正しない ・挨拶はさせるのでなく、大人が見本を示す
否定的態度を示される状況	・どもると、心配そうな表情になる ・どもると、眉間にしわを寄せる、目をそらす ・どもった時に真似をする ・友達にからかわれる ・話しかけているのに無視をする ・他の兄弟姉妹の話しを優先して聞く ・子どもの悪いところばかりを気にする ・否定的な言い方が多くなる	・どもった時にも、笑顔で、聞いてる姿勢 ・受容的な態度を示す ・真似したり、からかったりしない ・友達にからかわれていたら、「そうしないでほしい」と伝えよう ・兄弟姉妹の話しは順番に必ず聞く ・子どもの良いところを見よう ・否定的なコメントを肯定的に変更する
興奮や緊張・疲労する状況	・運動会やお遊戯会などイベントの前 ・クラス替えなどの新しい環境 ・嬉しくて、興奮している ・得意になって話そうとする ・疲れているとき	・イベントなどの準備を過度にしない ・イベントなどに対し心配しない・させない ・イベントは、慣れると大丈夫になることもある ・吃音がでても、うれしくて話しているのはOK ・疲れさせ過ぎない

ていくからです。どもっても、急かしたり矯正したりせずに、最後まで聞いて、話の内容にコメントしてもらう、心配なことは先生に相談できることを伝えておくなど、少しの配慮がとても大きな支えとなります。言語聴覚士は、担任と連絡をとり、お子さんを支えるネットワークを広げる手伝いをします。

まとめ

これまで述べてきたように、言語聴覚士はお子さんの抱える問題にあわせて、支援を行っています。問題そのものに対してアプローチする時もありますし、得意な力をのばすように関わる場合もあります。そして、お子さんに対してだけでなく、養育者に対しての支援も大切な役割となります。臨床心理士の役割と重なる部分も多いかもしれません。他職種と情報共有し、連携することでより良い支援ができるように心がけています。

参考資料

・石田宏代・石坂郁代『言語聴覚士のための言語発達障害学　第２版』医歯薬出版株式会社　２０１６
・菊池良和『子どもの吃音ママ応援ＢＯＯＫ』学苑社　２０１６
・藤田郁代『発声発語障害学　第２版』医学書院　２０１６

作業療法士による支援

灘　裕介◉作業療法士、有限会社あーと・ねっと

はじめに

作業療法（以下、OT）は、対象者の〝困っている作業〟に対し、〝作業〟を通して、治療・支援するものです。〝困っている作業〟の〝作業〟という言葉は、抽象的なものであり、広く言い換えれば、〝事象〟〝運動〟〝現象〟〝環境〟など、さまざまな事柄を差すことができます。ですので、作業療法が対象とする〝作業〟は、対象者が困っていることであれば、どんなことでも支援していくことになります。

OTは困っている作業・活動を分析し、どのような原因（運動要素、感覚要素、認知要素、環境要素など）が考えられるかを考察し、苦手となっている要素を取り入れた〝作業〟を通して、支援していくものです。子どもの場合、その作業は〝遊び〟であり、子ども自身が主体的・能動的に取り組めるように、段階付けを行い、脳が成功感・達成感・満足感・充実感を感じられるように導くことが作業療法士（以下、OTR）の腕の見せどころでもあります。

起業してのOT

筆者は、重症心身障害児・者の入所施設兼外来を受ける病院でOTを実施していました。そこでは、主に、1対1の個別のOTを1回40分提供していました。時折、学校や保育所等へも訪問をしていましたが、その数は、少ないものでした。対象となる年齢は基本的に就学前の幼児であり、就学を機に、一旦OTを終了することが通例となり、新規の依頼が次々と入ってくるために、再開するケースは稀でした。

筆者は、もっと広くOTを知ってもらいたい、福祉領域や保健領域、教育領域にOTを活用してもらいたい、生活全般を支援すべきOTなので、もっと長く対象者と関わりたいという思いから、〝有限会社あーと・ねっと〟を起業し、フリーランスでOTを提供する立場となりました。

現在の業務は、

①弊社のセッションスペースにおいて、個別セッション
②出前型セッション
③市町村自治体、教育委員会の依頼に基づき、幼稚園・保育所、学校への訪問支援
④福祉事業所（児童発達支援センター、児童発達支援事業所、放課後等デイサービス事業所など）へのスーパーバイズやコンサルテーション

⑤子育て支援、発達障害児者支援の会（民間団体、ＮＰＯ、親の会など）へのスーパーバイズなど
⑥研修や講演など
⑦放課後等デイサービスの運営（２０１７年11月開所）

などが主となっています。

医療の立場としてのＯＴだけにとどまらず、福祉や保健、教育との連携・協業・分業的なＯＴが多くなり、多様な業務を行っています。

業務におけるＯＴ実践例の紹介

＊出張型セッションの例

写真１は、出前型セッションの会場です。地域公民館の会議室などを借り、そこにある物と持ち込み可能な遊具で、セッションを実施します。今回は、長机と椅子を拝借し、筆者が持ち込んだトランポリンを組み合わせて、サーキット遊びができるように設定したものです。対象は、年齢制限の理由から地域ではＯＴを受けることができなくなった子どもで、医療機関では相談の対象にならない子どもとご家族が多く参加されます。サーキット遊びのなかに苦手な運動要素を組み込んで、身体の試行錯誤を脳で組み立てることが、生活面全般への段取りや計画を立てて行動するといったことへ汎化されることを期待することもあります。

写真２は、コミュニケーションが一方的であったり、発言する間がつかめずに主張がうまくできない子どもたちの集団ＯＴの一場面です。人と関わるうえでコミュニケーションツールとなるのは言語ですが、その前段階の土台として考えるのは「身体」と「感覚」です。直接身体の「押し・引き」を通して、触覚や筋肉の抵抗感や関節の曲げ伸ばしを感じる感覚（固有受容覚）を感じ、他者と協調していくことに気付きます。写真は、三つのバランスボールに、３人が同時に腹ばいで乗ってバランスを取るという課題に挑戦し、成功しているところです。どういった順番で、誰がどこを支えるとよいか、どういった乗り方をしなければいけないかという

灘　裕介（なだ・ゆうすけ）――有限会社あーと・ねっと。作業療法士。神奈川県立保健福祉大学大学院保健福祉学研究科修了（リハビリテーション学）。社会福祉法人花ノ木 花ノ木医療福祉センターを経て、２００９年より現職。【分担執筆】『発達障害領域の作業療法アプローチ』（メジカルビュー社、２０１２）『発達障害領域の作業療法』（中央法規出版、２０１１）『発達障害をもつ子どもと成人、家族のためのＡＤＬ 実践編』（三輪書店、２００８）

写真１　訪問型セッションの会場

写真２　グループセッション

感覚に身体を通して気付き、それをお互いが表現し、相談し合うことで、課題を成功できます。

ＯＴは、子ども同士だけでは気付いていない視点に対して、体感させてあげることで、気付きを促すことや、個々の感じ方を整理し、言語表出の手助けを行うような支援を実施します。

＊幼稚園・保育所、学校等への訪問例

幼稚園や保育所への訪問に関しては、心理士や保健師といった他職種と同伴することが多くなります。そういった際には、ＯＴならではの専門性を出したうえで、子どものアセスメントが多角的・包括的なものになるように努めています。姿勢や運動、手先の操作性や視覚評価を求められたり、感覚評価の視点も重要視していただいたりしています。個々の感覚系の処理の違いが、行動面に大きく関与していることも多く、その結果、不器用や力加減の調整が苦手になっていたり、身体図式の発達の未熟さに繋がっていたりするケースが多くみられます。身体が不明確な子どもは、指示理解が弱かったり、言語面での発達にも弱さを抱えていることが多く、生活面全般に影響しています。

アセスメントに加えて、支援方法を提案することは、当たり前のことだと思いますが、集団生活という環境因子を踏まえ、個別支援ではあるが、集団全体の発達支援になるような〝作業〟を提案するように心がけています。例えば、じっとし続けることが苦手なお子さんがいたとして、その背景には、前庭覚や固有受容覚の感じ取りの弱さを持っているとします。刺激が欲しくて動いてしまうお子さんと解釈できるので、目的的に動ける場面を集団に取り入れていただくのです。朝の歌を立って歌うだけでなく、子どもたち同士が手を繋いで、曲に合わせて腕を振りながら歌う、それだけで、普段以上の感覚刺激を脳に届けることができるのです。刺激を欲しているお子さんは、そのことで満たされ、別の場面で動かなくてすむかもしれません。手を繋いで、一緒に腕を振ることは、他者との協調動作でもあるので、先述の通り、コミュニケーションの土台として、多くの子に活用されるかもしれない、といった視点を盛り込みながら解説すると、保育士の先生方も取り組みやすくなると思われます。ＯＴＲは、作業分析の専門家でもあるので、一つの作業・活動に多様な要素が含まれていることを解説することができます。ターゲットとなるお子さんはいるが、多様な要素が他の多くのお子さんの発達にとっても有益であることを示すことができます。

学校訪問においても、アセスメントと集団で取り組める作業・活動を、先生方と検討します。集中力を高めるために、興味・関心を高めるという視点だけでなく、身体を操作することが感覚という刺激を脳に送り込み、それが脳を目覚めに繋がり、結果、集中力や注意力を高めることに繋がる場合もあります。そういった身体や感覚や視点を踏まえ、リフレッシュタイムに身体を動かしたり、脳をリセットするような取り組みを提案することもあります。例えば、全身を使ったジャンケンがあります。グー・チョキ・パーそれぞれ、どのような形でもよいのですが、大きく体を動かす機会になります。それを、後出しジャンケンで、必ず、〝勝って〟とルールを作れば、脳にも試行錯誤が生まれ、リフレッシュが効果的かもしれません。あくまでも一例ですが、脳と身体、感覚といった視点を踏まえ、授業作りや個々の課題の解決になる手立てを提案させてもらいます。

また、幼稚園・保育所や学校訪問では、サーキット遊びを一緒に実施してほしい、体育のウォーミングアップをしてほしいなどの依頼をいただくこともあります。写真3は、サーキット遊びをＯＴＲが設定し、一緒に取り組んでいるところです。より身体を試行錯誤して使えるように設定もします。写真4は、プールの一場面です。こちらもＯＴ視点でプール遊びを拡げると、バランスボールをプールに入れ、乗り越える遊びをしています。非日常感になることが、より子どもの主体性を高めることにも繋がります。また、ＯＴＲは、子どもの手助けを行いますが、介助ではなく、子どもの動きがより能動的になる支援を行い、それを保育士に伝えるということを行っています。この視点は、運動学

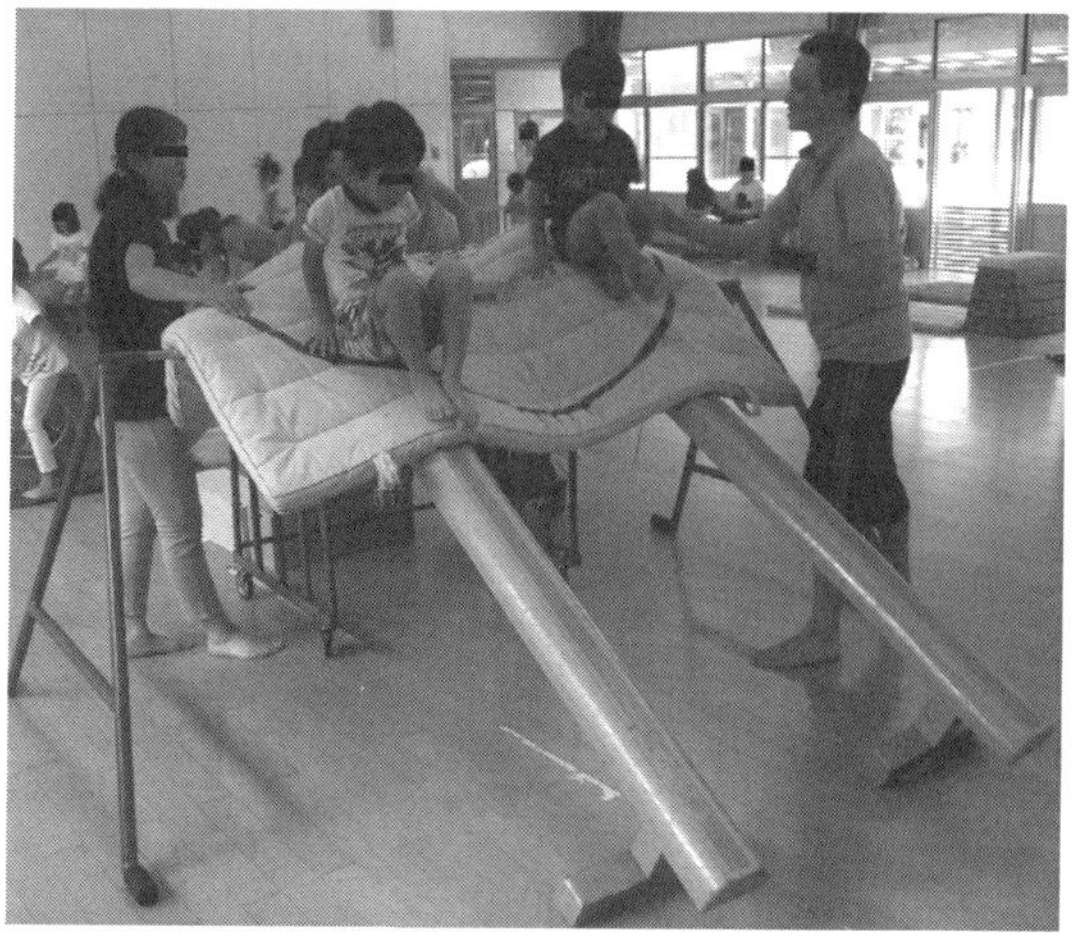

写真３　園訪問でのサーキット

写真４　園訪問でのプール場面

を踏まえての動作分析・姿勢分析になり、これもOTの専門性を広く伝えることになります。

＊福祉や保健領域との協業例

児童発達支援事業や放課後等デイサービス事業所へのスーパーバイズも行っています。OTRを雇用している事業所には、スーパーバイズが主になりますが、OTRが事業所内にいない事業所も少なくなく、そういった場合は、OTRが療育場面に介入し、直接アセスメントや支援を行い、療育終了後、フィードバックするといった形態をとることが多くなります。

また乳児の相談を受けることもあります。保健師が新生児訪問に伺った際に、母親から、反りの強さや寝かしつけの困難さを聞き、母親の疲労感を目の当たりにし、OTRに抱き方や寝かしつけの方法を相談されるのです。写真５は、3か月の乳児が、床に降ろすと泣くため、終始抱っこし続けないといけないという相談があがった児を、OTRが抱っこしているところです。

抱っこを通して、対象児の姿勢筋緊張を確認しています。それと同時に、ガラガラを振りながら、聴覚に対する反応や視線の使い方の確認、音に合わせて、適度な揺さぶりを実施し、その前庭刺激に対する、全身の反応を見ています。ガラガラを鳴らしながら、体幹への振動や足底からの刺激などを行い、それに対する抵抗感や反応も見ていきます。

当然のことながら、乳児においても、相互交流の視点が大切であり、対象児が捉えられる刺激の範囲を探っていくことが重要です。そういった身体への刺激のやり取りで、対象児がどういった刺激をもとに自己身体を定位しているかを探る流れとなります。乳幼児に対して、OT視点でのアセスメントのポイントは、児が自己身体をどのように知覚し、自己定位をしているかの視点となります。

本児の場合は、股関節が伸びることに対して、不安が強く、股関節を屈曲姿勢にし、適度な圧の刺激が入力されることで、安定できることが評価され、写真６のように、対象児の足底をOTRの腹部でサポートし、股関節の屈曲保持と圧が入力できるようにして、床に背臥位を取りました。股関節から一定の刺激が脳に届くことで、本児は安定することができます。そのうえで、OTRは、手で口や頰、身体の届く部位を触るタッチ遊びをしています。この遊びの狙いは、手をさまざまな部位にリーチするなかで、背中と床の接触面や体圧に変化を付けていくことです。簡単に表現すると、手をリーチしているのだが、実は背中で、床面を擦り触っているということになります。背中と床のコミュニケーションを促していることになります。こうして、自身の身体が床とコミュニケーションを取れることの知覚を促し、床上でも寝られることに繋げます。約30分のOTの結果、本児は床

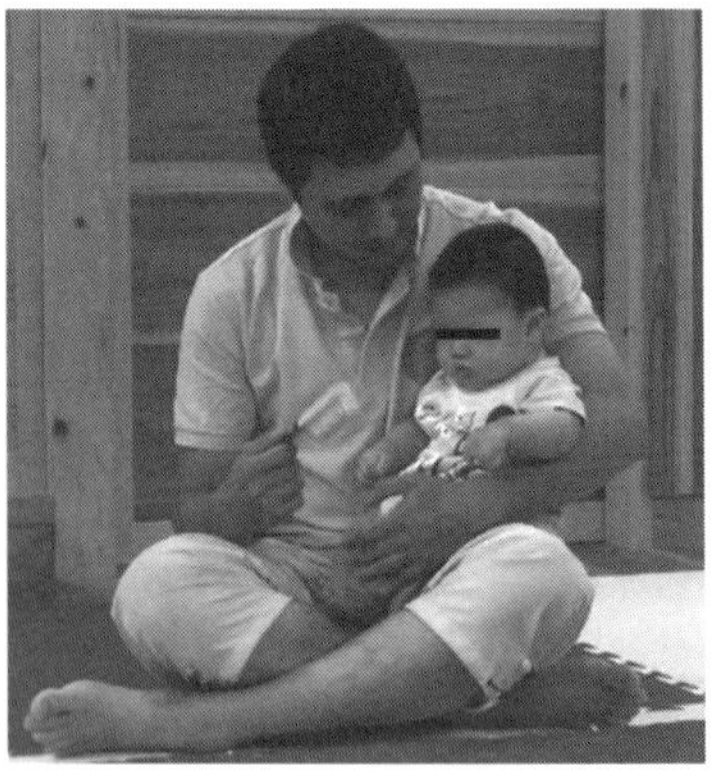

写真５　抱っこでの評価

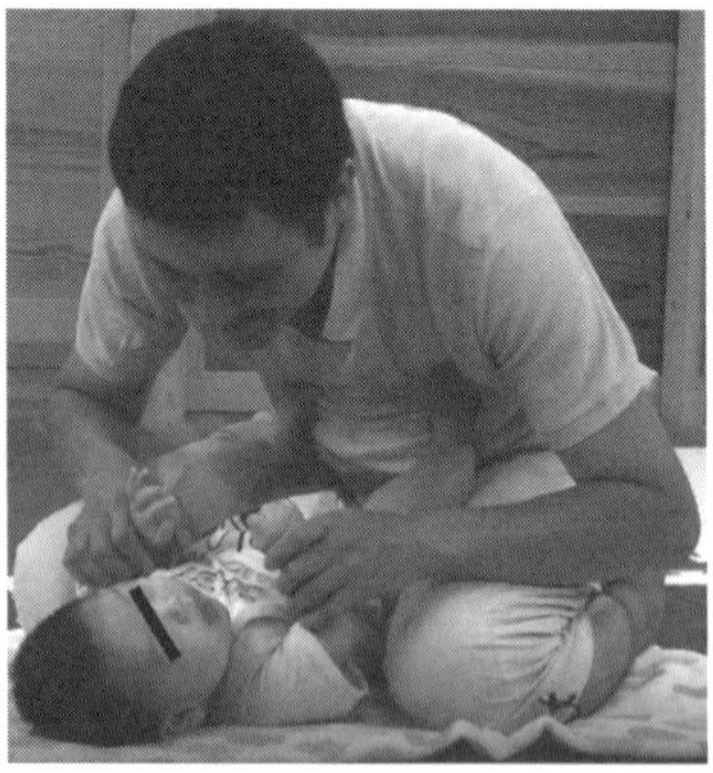

写真６　安定姿勢を作っての臥位

写真７　床とのコミュニケーションを促す

で寝られるようになりました。

乳児の相談は、運動を基準にされることも多いと思いますが、生活の困り感のある対象児に対しては、運動のみならず、知覚・感覚と身体、環境（またそれらの相互交流）といった視点からOTは支援するのです。

個別セッション事例

現在、OTRの就職先は増え、多様な機関でOTRは活躍をしています。筆者においても、先に記載したように、さまざまな機関で多様な業務を行いますが、OTの専門性を最も発揮できるのは、個別治療だと考えています。

筆者は個人のセッションスペースを構えており、医療でも福祉でもない立場でさまざまな方の相談とセッションを行っています。医療機関でのOTが終了になった方や医療機関に行くほどでもないが子育てに心配な事柄がある方、セカンドオピニオン的にOTの意見を求める方など、さまざまな方が相談に来られます。多くは知人からの紹介、口コミですが、保育所や幼稚園や学校の教員などから勧められて来られることもあり、そういった意味では医療機関よりもずっと手軽に活用いただけているのかもしれません。

そのような流れであるので、相談内容は、多種多様な現状です。

代表的な内容は、運動や手先の不器用さや姿勢の問題、言葉の遅れやコミュニケーションの課題、字形が整わないことや学習全般の遅れなどです。

＊事例

2歳11か月の男児、知人からの紹介。相談内容は、「ほとんど発語がない」「人見知りで、目が合いにくい」と母は表現していた。在住する自治体が運営する児童発達支援事業所に週1回通っていた。医療機関での相談歴はない。

初回時、セッションスペース内にある、ブランコやトランポリンなどの遊具を積極的に遊び始めることができた。人見知り・場所見知りは特に感じず、むしろマイペースに遊び始めていると評価された。ブランコは、腰を下ろし、後ろに下がってから足を上げて、揺れを作ることができていた。トランポリンは跳びたいが、両足ジャンプはできず、膝を屈伸するような様子で、空間に浮くことはできていなかった。発声は、自分自身の動きに合わせて、喃語的な声が聞かれるが、明確な単語や意思表出に使われることは見られなかった。またOTRに対しての注目も薄く、マイペースに遊んでいられるお子さんだった。

OTRはブランコでの、揺れ遊びを好むことが評価されたので、その場面に介入した。ブランコに座って保持しているところに、OTRが足を持ち引っぱり、傾きを作ってから、揺らすような介入を行った。出発の際には、「よーい、ドン！」と声を添え、本児の発声を促した。「ドン」はうまく発声できないものの「ぱっ」というような発声で、応じようとしてくれていた。また、突発的に本児が出す発声をOTRが真似するように同じように出すと、本児もまた声を出す、といったやり取りができた。

OT評価は、児の感覚面のアセスメントを行います。またその感覚系を用いて、どのような刺激（および組み合わせ）によって、児が因果関係を捉えやすいかを分析し、刺激提供を行います。そして、その刺激提供がOTRによってなされている因果関係まで、児がつかめるようにすることで、他者意識を高め、コミュニケーションの幅を広げていきます。本児の場合は、視覚・聴覚の変化に対しては気付きやすい傾向にありましたが、前庭覚や固有受容覚の刺激に関しては、強めでインパクトのある刺激を提供することで、因果関係がつかみやすいようでした。なので、ブランコでも、足を引っ張っておいてから「よーい、ドン！」と出発することで、筋肉への強めの刺激と、0から加速度が高まりやすい、揺らし方をすることで、因果関係が捉えやすく、OTRに向かっての発声に繋がったものと考えます。

本児のセッションは、月1回の頻度で継続して実施していきました。

一旦登録された人物ややり取りに関しては、パターン的になる傾向が見受けられた。2回目以降のセッションでは、ブランコ→〝高い、高い〟→トランポリン→大ゴマ（ジャイアントトップ）→スイングフレームといった流れを作った。それぞれで、出発の掛け声や「もう一回？」「グルグルする？」といった要求語を期待し、待つなかで、応答してくれることが広がる。写真8は、大ゴマ（ジャイアントトップ）で、「もう一回、ぐるぐるする？」に指と声で返事をしているところ。一方、遊びが固定化しないように注意も払った。本児の流れの遊具にOTRが先回りし、構えて待つことや間を少しずつずらすことり、本児がイメージしていることと異なる結果となる刺激提供を行うことで、遊びを拡げた。予想とは異なるが、本児にとっての〝楽しい〟〝心地よい〟と思われる刺激の提供の仕方で、変化を付け、それを求めることで、遊びのバリエーションを変化するように実施した。

こういった遊びを通して、本児自身の身体のイメージ（身体図式）の捉えは向上し、遊びにバリエーションも広がっています。本児は、どちらかというと不明確であった自己身体よりも、視覚・聴覚の変化がわかりやすい絵本やブロッ

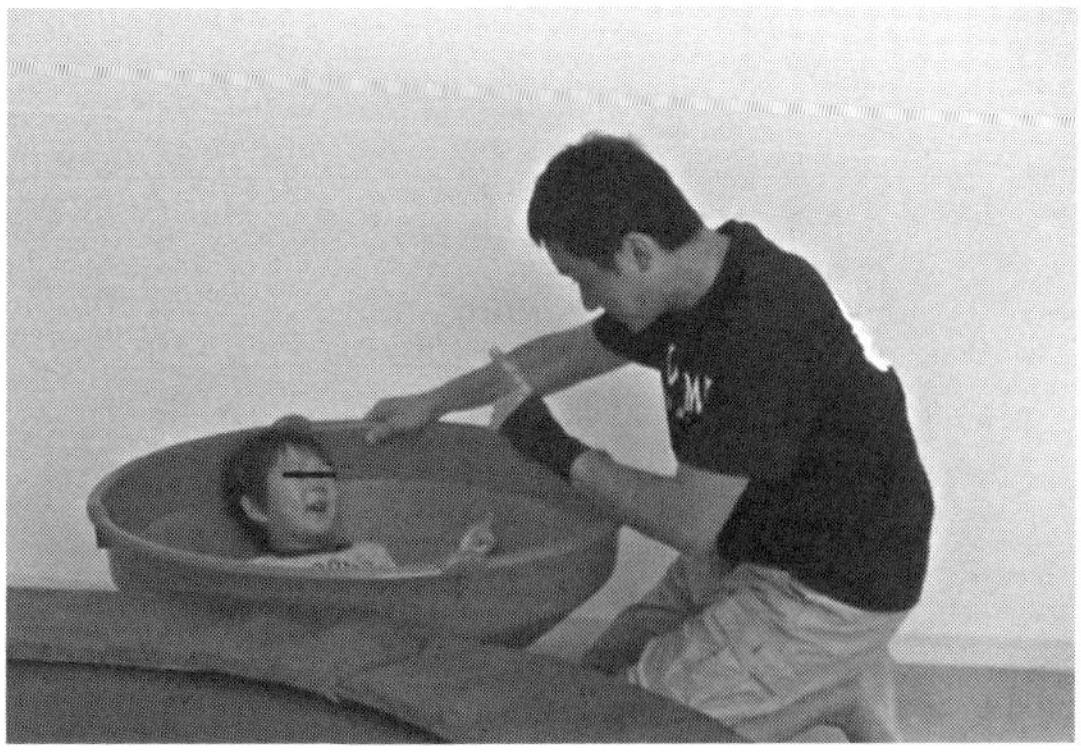

写真８　要求の確認場面

写真９　空間環境への挑戦

写真10　要求表出場面

写真11　タイミングを合わせてジャンプし、取るところ

クなどの遊びを家などでは好んでいましたが、OTセッションでは、OTRによってわかりやすく因果関係が捉えやすい身体への刺激（前庭覚や固有受容覚）となる遊びを提供されるので、要求場面も増え、コミュニケーションの幅が広がりました。自己身体が明確になると、平面環境の遊びから、空間環境への遊びへも発展し、そして、時間軸を意識した遊びにも発展していきます。**写真9**は、斜めにかけた梯子の先のままごとを取りにいっているところです。高さを含む空間環境へのチャレンジでもありますし、梯子を上るプランニングを組み立てられるか、また目標物に注意を向けることで、徐々に皮質下での身体の操作を促しています。

　写真10・11は、本児が4歳8か月のときの一場面です。OTRが提示するおもちゃを指差しながら、「パイナップルがいい」と言語で答えています。また、（写真ではわかりにくいが）トランポリンで、ジャンプしながら、「1、2の3」の掛け声にタイミングを合わせ、ジャンプし、おもちゃを取ろうとしているところです。生活場面でも、三語文やそれ以上の応答が増えてきています。

　セッションや日々の療育等を通し、本児の成長ともに、生活のなかの困り感は解決もするが、また新たな困り感へと変化してもいます。その変化に対しても、絶えず応えられるようにセッションも常に変化させており、本児は、継続的にセッションに通っています。

まとめ

　OTは生活を支援します。筆者は、その対象に関して年齢は関係ないと思っています。OTは医療だけに留まらず、多様化する福祉領域や保健、教育、就労領域など多様な場に、その視点を活用いただけると思っています。他職種との連携を踏まえることで、個々の専門性を高めることにも繋がり、自身の専門性もより磨かれるのではないかと思います。そして何より、多角的に対象の型を支援できる形態をとれることが価値のあることだと思います。枠に捉われることなく、生活のなかの困り感があれば、OTの視点では、どのようなアセスメントができるのかということに、他の専門職が興味を持っていただけると幸いです。

参考文献

・小西紀一・小松則登・酒井康年編『発達障害領域の作業療法アプローチ』メジカルビュー社　2012
・Anita C. Bundy 他（筆）『感覚統合とその実践 第2版』協同医書出版社　2006
・小西紀一監修『子どもセラピィの思考プロセス』メジカルビュー社　2016
・作業療法マニュアル28『発達障害児のソーシャルスキル』日本作業療法士協会　2001

理学療法士による支援

平工実奈子◉理学療法士、地方独立行政法人岐阜県立下呂温泉病院リハビリセンター部

はじめに

私は、就職してから3年間、肢体不自由児施設で小児分野のリハビリテーション（以下リハビリ）に携わってきました。転勤を機に現在の職場では、入院患者と小児外来患者を半数ずつ担当しています。小児分野のリハビリは肢体不自由や発達障害など、乳児期から成人期の方まで関わっています。併せて、こども園、保育園や特別支援学校への訪問、療育相談へ出張し、多くの地域の方と連携をとっています。

発達障害の保育や療育の場面で困りや問題点としてあがってくるのは、多動やこだわりの行動面や、感覚、言葉の遅れ、社会性の面などが多いです。そして、リハビリにおいては、作業療法や言語療法のイメージが強く、理学療法のイメージは低いと思います。養成校時代は、小児分野の理学療法について学ぶ機会はありましたが、そのなかで発達障害についての内容は皆無に近い状態でした。

しかし、地域療育の現場に出て、多くの発達障害の子どもと関わっていくなかで、運動が苦手、姿勢の崩れや体の動かし方がぎこちない、よく転ぶなど、運動面での困りを持つ子どもたちが多いことも実感しています。落ち着きがなかったり、走ったり、動きの速い子どもたちともたくさん出会いますが、動きを評価していくと、そのなかでも体の使い方に苦手さを持っているケースは多くいます。理学療法士は、体作りに関しては、ほかのリハビリ職種と比較しても専門分野であると思っています。そのような点で理学療法士が力になれることもあるのではと、今まで発達障害の子どもたちとも関わってきました。今回はそのような経験のなかで私自身が感じたことや心がけていることを紹介させていただきます。

理学療法士として、発達障害との関わり

発達障害の子どもたちを理学療法士が治療するということは、まだまだ少ないのが現状です。しかし、運動面に苦手さがある場合は、理学療法士にアドバイスを求められるケースも最近では少しずつ増え、関わり始めている方も増えてきています。

平成29年4月には、第1回日本DCD学会学術集会が開催されました。発達性協調運動障害（developmental coordination disorders 以下、DCD）は、いわゆる「不器用」と呼ばれる運動や日常生活において必要な「協調（運動）」

という脳機能の発達の問題です。ＤＣＤの頻度は、約5～6％と高く、注意欠如・多動性障害の約30～50％、学習障害の約50％に併存すると報告されています。そして、自閉症スペクトラム（autism spectrum disorders 以下、ＡＳＤ）とＤＣＤの併存も認められています。[1] 発達障害の子どもたちは、運動が苦手なケースも多く、加えて子ども本人たちの困りや自尊心が損なわれること、不安などが問題として捉えられるようになってきています。[2] それらを含め、少しずつ発達障害においても理学療法士へのニーズは、増えつつあると思います。

　当院へも、運動が苦手、じっと座っていることが苦手とリハビリを希望されて理学療法を開始することがあります。ＤＣＤと診断名がついている場合はほとんどなく、診断のついているケースの多くはＡＳＤの診断がついています。運動は苦手なので、アプローチとしては、もちろん運動面に焦点を当てていきたいところですが、それぞれの子どもには、発達障害（ＡＳＤ）の特徴でもあるこだわり、コミュニケーション、社会性の問題があります。「体操しよう！」「片足立ち何秒やろう！」と課題提示しても、指示や運動の理解ができなかったり、注意がそれたり、苦手意識も強く、その場を回避する子どもも多いです。小学生などの会話も可能な理解力のある子どもでも、リハビリで運動を行おうとしてもトレーニングのようにできる子はごくごく限られています。

　理学療法士、少なくとも発達障害の子どもと関わり始めた頃の私は、運動が苦手とわかっても、発達障害の子どもを目の前にして、走って逃げていく、1人でセリフを話している、泣いて怖がる子どもたちに対して、どのように理解し関わっていけばよいのかを悩みました。私の場合は、周囲の先輩方が築いてくださった勉強会や、作業療法士の先生方に理解の仕方のヒントを教えていただいています。子どもたちと向き合えるようになるためには、どうしてその行動（行動特性）をとるのかをまず考える必要があります。また、その行動をしようとする子ども自身がその物や状況をどう認知しているか（認知特性）を考え、子どもたちを紐解いていきます。その上で、理解しやすい課題の提示方法や環境を整えることを心がけながら日々子どもたちと関わっています。[3]

　子どもたちのなかには〝人との関わり〟から難しいケースもいますので、その場合は関わりが持てるように（一緒に遊びたいな、楽しいなと思えるように）なるところから始めます。運動面の分析としては、子どもの遊びの様子を見ながら運動の左右差や、苦手な動きを分析していきます。セラピストがリハビリのなかで達成したい目標があれば、子どもを評価し、アプローチしたいことの要素を含んだ遊びを提供していくことから始めます。本人が「これができるようになりたい」「楽しい」「もう一回」という思いがあれば、がんばって取り組むこともできますので、そこまで、「やってみたい！」「できるようになりたい！」と自分から取り組むことができるように子どもたちに楽しく、チャレンジできる場を提供していけるよう努めています。

　また、地域との関わりのなかで、こども園や保育園を療育事業で訪問していると、「じっと座っていられない」「どんどん姿勢が崩れていく」と椅子に同じ姿勢で座っていられない子どもについてのアドバイスを求められます。体が柔らかく、いわゆる体幹の弱いといわれる子ももちろんいます。そのようなケースには、身体をつくる運動や取り組みなどアドバイスをします。しかし、姿勢は崩れるけど、いざ運動になると、走れる、障害物のジャンプもこなしていけるケースにも遭遇します。ただ体幹が弱いだけでは説明のつけられない場合もあります。そのようなときは、なぜ姿勢が崩れていくのか、映像での症例検討会や、園の訪問では実際に姿勢の崩れる場面などを設定してもらい、どんなときにそうなるかを先生方から聞き、注意や理解、感覚など色々な原因となる要素を検討します。観察していくと、座ることができているときとそうではないときがあり、好きな紙芝居を見ているとき、みんなでゲームをしているときなど本人が好きな興味のあるものに取り組んでいるときは座っていられるのです。一方で、苦手な課題であったり、ほかに興味がそれている時などは姿勢が崩れていく。そのような場合は、本人の取り組みやすい課題や提示の仕方などを考えることも必要になってきます。このように体つくりとしての課題提供や取り組みはもちろん大切ですが、その子どもに合わせての環境や関わり方の提案は必要になってきます。

以下に、実際に私が担当している小学生の女の子（Aちゃん）と、私が今までアプローチしてきたことや、関わってきたなかで感じたことを、発達と照らし合わせながら紹介します。

理学療法開始――Aちゃんとの出会い

Aちゃんは1歳1か月で、保健師の方から、健診で座ったまま動けない子がいるという相談を受けて、リハビリが開始されました。小児の理学療法の中では、保健師さんから乳幼児健診において、気になる子がいた場合に相談を受け、歩行獲得までを目標としてリハビリが開始される場合があります。Aちゃんも最初は、そのなかの1人でした。

リハビリの内容としては、座ることができたら、次に自分で移動（ずり這いやハイハイ）ができるように、運動発達に沿って促していきます。そして、歩行ができたら卒業となる子もいます。加えてその間に、行動面や社会性の様子が気になるケースについては継続してフォローを行う場合もあります。

Aちゃんは、リハビリ開始時は、座らせたら同じ姿勢のまま動かず、足を投げ出したまま座っていました。左右のどちらへ重心を動かしても泣いてしまい、とても不安が強かったです。手も足も指を曲げたまま、手足を私が触わると嫌がってまた泣いていました。遊びのなかで姿勢変換を促せるように場面を設定するなど工夫をしましたが、それでも泣いてしまうことも多いので、まずはお母さんのお膝の上から始め、そのなかで重心の位置を変えてみてもらうことをするなど、少しずつ不安を感じない姿勢を増やしていくようにしました。怖くないことが実感できると、活動を増やしていけたり、姿勢のバリエーションも増えたり、自分から動けるようになることも増えていきました。

発達障害の子どもたちと関わっていくと、姿勢不安ともいわれますが、姿勢が崩れることや体の動きに敏感であったり、体を動かすことに不安が強かったり、姿勢がパターン化している子どもにも出会います。園訪問などで、初めて会う発達障害の子どもたちでも、歩くことや、走ることはできていますが、座るといつも同じ姿勢（片膝立ちや割り座など）で活動をしたがる子どもも多いです。体が柔らかいから同じ姿勢で安定をはかろうとしている場合もありますが、ほかの姿勢もできるけど、同じ姿勢ばかりをとりやすい子もいます。「座る」といっても、「正座」「お山座り」「割り座（おばあちゃんずわり）」「あぐら」「横座り（おねえさんずわり）」などすべてが座る姿勢です。そして、それぞれの姿勢では、使われる筋肉が異なり、体重を支えるために床に接する面も違います。色々な姿勢を経験し、運動経験として身体の使い方を理解できるようになることで、次の動きへ姿勢を変換する手がかりや、場所や場面に適応できるような体をつくることができると思います。また、将来的な、就園、就学の場面で椅子に座ること、体育などの運動への導入が行いやすくなると考えます。

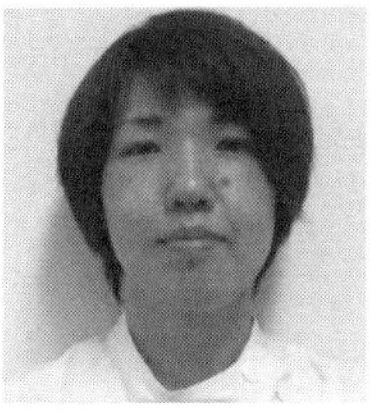

平工実奈子（ひらく・みなこ）――地方独立行政法人　岐阜県立下呂温泉病院　リハビリセンター部　理学療法士。国立療養所東名古屋病院附属リハビリテーション学院理学療法学科卒。岐阜県立希望が丘学園　就職、その後、２００７年より現職場にて勤務。

そのような子どもに療育などの現場で出会ったときは、お母さんや保育士さんなどに色々な抱き方や座り方を指導したり、おうちでできる範囲で姿勢を変えてみてもらうことなども提案したりしていきます。いつもお母さんから同じ姿勢で抱っこされていること、同じ姿勢で座ることは確かに安心の場であり、必要なことと思います。しかし、色々な姿勢で抱かれること、色々な人に抱かれ、不安ではない姿勢のバリエーションが増えることで、子どもたちの姿勢や体の使い方がパターン化していかないための一つのアプローチができ、不安なく活動へ取り組む準備もできているのではないかと考えます。

Aちゃんだけに限らず、近年、発達障害の子どもは乳児期の動きについても注目されており、乳幼児健診などで動きに特徴のある子どもについては、保健師の方々との連携を引き続き取り、フォローができるシステムを作っていけたらと感じています。

保育園――歩けるようになって

Aちゃんは、保育園へ入園して2か月（3歳）で歩行が獲得できました。介助歩行の時期が1年近くあり、手を添えて歩いてもらうことへこだわり、介助がないことへの不安が強く、なかなか1人で歩行ができませんでした。このときの介助といっても、ほとんど介助には力は入っていない状態で、歩行が獲得できる要素は十分に備わっていました。私とリハビリで歩く練習のときは、手の繋ぎ方を変えたり、前からや後ろから介助したり、片手での介助などやり方を変えて色々な姿勢で歩くことを経験してもらいました。歩くことができるようになったきっかけは、入園によって環境が変わったこと、お友達の様子を見たことも影響されたとも思いますが、歩き始めるのがいつになっても準備が整っていられるように、その時期にできる歩き方を色々経験していたことも今思えば、必要なアプローチであったのではないかと思います。そして、Aちゃんの場合は、歩く際に不安定さや足部の変形も認められたので、整形外科の先生とも相談し、外反扁平に対しての装具も作成し、変形予防、支持性を上げるようにサポートも行いました。足の指や足首の動きが十分に行えるようになってきて、現在はふつうの市販の靴へと移行されています。

歩行獲得後も階段、ジャンプ、ボール投げなど応用動作を練習しました。理学療法は卒業となる時期でもありますが、運動の苦手さに加え、この頃はコミュニケーションも少しずつ行えるようになってきていましたが、自分で頭をぶつけるなどの行為や、1人でアニメやテレビのフレーズを言い、コミュニケーションがとりにくくなる場面もあり、引き続きフォローが必要と考え、継続していきました。

Aちゃんは、遊びや課題に対して苦手だな、できないなと感じると話を変えたり、拒否をしたり、同じフレーズを話したりすることもありました。現在でも同じように課題を避けることはあります。課題に対して本人のなかで導入が難しいと、やり方を説明しても聞けずに強引に行い、結局失敗を重ねるという悪循環になりやすいです。そのため、嫌にならない環境づくりを心がけ、本人が安心して取り組める簡単な課題から少しずつクリアするようにしましたし、同じ課題を繰り返していく時期もありました。そのなかで少しずつ自信がついていくと自分でこなせることは増えていきました。

小学校――現在

Aちゃんは地元小学校の通常学級に通っており、定期的に通級クラスにも通っています。今は月に1回理学療法をしています。不安が強いと給食が食べられなかったりする時期もありました。なかなか大勢の輪には入れなかったりするようで、いわゆるおとなしい子のようです。しかし、リハビリに来ると一転、とても活発になります。

スタッフも彼女をよく知っていますので、Aちゃんは自分から話しに行き、学校、お友達、ご家族、イベントのことなどをたくさん伝えてくれます。運動会シーズンでは、スタッフを集め自らダンスの曲をハミングし、最初から最後まで見事に踊り切ってくれます。そして、拍手喝采です。

月に1回、新しいことをできるようになることも必要ですが、運動の苦手さはあるため、ざっとルーティンのようにおさらいもします。すべて毎回できるわけでもないですが、滑り台を登ること、横座り、ボール投げやドリブルなどは、時々復習をしないとやり方を忘れる傾向にありますので反復して学習をします。それが歩行と同様、体育や普段の遊びの日常に般化されていければ問題ないのですが、日常での登場回数が少ないと普段から体を動かすことを苦手としているAちゃんは、すぐに行おうとしても難しいこともあるのでなるべく運動が保持できるように気にかけています。

時折、本人からこれができるようになりたいとリクエストもあります。最近では縄跳びを行いました。縄跳びは、よく運動が苦手な子どもの課題の例で取り上げられます。縄跳びは色々な要素の組み合わさった複合的な運動です。要素としては、一定のリズムで跳ぶ、縄を回し続ける、両手が同じように縄を回す、手と足それを同時に行う、などなどとても難しい課題です。だいたいは運動を分解して指導していくことも多く、同じリズムで跳ぶことが苦手であれば大縄のような跳ぶことから始めたり、うまく回す練習から始めたりすることもあります。このような一つひとつの要素を丁寧に手取り足取り伝えることをすれば獲得できる！と思いたいところですが、丁寧にあまりしつこく言いすぎると、練習することも嫌になってしまいます。手や足について運動のイメージがしづらいにも関わらず、口頭で言われても理解できないこともあり、なかなか実行できません。自分の体を動かすことが苦手な子なので、本人が無意識にリズムを取れるように回数を数える声かけをリズムとして提供することなど、本人がプレッシャーに感じない程度のアプローチとすることもあります。Aちゃんも最近、縄跳びが10回跳べるようになりました。それまでは縄を体の前に回すことや、同じ調子で跳ぶことなどもできず、3回も跳べていなかったのです。お友達が跳んでいたイメージや、ジャンプ、ケンケン、スキップができるようになったなど色々な経験からできたと推測はされます。いつもなら、数分も課題に向き合うことができず、「やめた」と言っていることも多いので、私もすぐ達成できそうな課題の5回としました。でも彼女は、20分チャレンジし続け、終了時間と共に10回跳べました。その次に会ったときには30回になっていました。同時期にダッシュのタイムが縮まるなど、自己肯定感が得られたこともありますが、縄跳びが跳べたことによって、身体の使い方も変化し、縄跳びだけでなく、色々な場面に影響を与えることも感じました。

子どもたちのやりたいと思ったときのエネルギーはとても大きなものがあります。ですから、本人がやりたいと思える気持ちになるまでサポートできること、挑戦したいと思えることがまず大切と感じます。そこまでの力を持てると子どもたちは、自分から色々チャレンジができることも多いです。しかし、そこまでになるためには、しっかり子どもを評価していくこと、嫌にならない程度にできることを積み重ねられる課題を提供していくことが療法士には求められると思います。

学校の体育などは目に見えてできる、そして、数値としては、何秒できた、何回できたが、大人もわかりやすいですし、評価もされます。親御さんも運動の詳細はわからないことも多いため、見えやすいことが困りとなり、課題となります。しかし、そこにたどり着くためにも必要な経験も多いと思います。そして、困りのある子どもたちは、その必要な経験ができていなかったり、達成できていなかったりする子どもたちなのです。ですから、体を使って遊ぶことで必要な運動能力も身についていきますし、苦手さは見えてきますので評価も行えます。遊びのなかでも、走る、跳ぶ、引く、押す、よける、持つ、止まるなどの能力を獲得でき、その場面を提供していくことが私たちの役目です。遊び方の特徴（行動特性や認知特性）からもお友達や社会での関わりにくさなどの評価も行えます。

色々な遊びを体験すること、また、一緒に遊びながら、会話をしながら活動することこそが、集中することや、いくつかのことに注意を向けること、共感すること、指示が聞けるようになることへの基礎をつくることと感じます。

　運動やコミュニケーションが苦手であれば、お友達と遊ぶことに対しても遠慮しがちとなると思います。Aちゃんもおとなしい子と思われがちですが、本当は楽しく活発に遊べる子なのです。本来の姿が出せないことで二次障害となりうることもあります。そのようなリスクも回避できるような環境の提供は必要と思います。このような場所は、リハビリだけではなく、学校、近所の人やお友達、児童デイ、もちろんご家族もなりうると思います。しかし、私はAちゃんに出会えたことを大切に、友達になり、少しアドバイスをしてくれる人になり、社会での生活の橋渡しとなれるような存在になれたらと思い、日々リハビリをしています。

おわりに

　〝運動が苦手であること＝練習すれば克服できる〟と思っているとそうはうまくいかないところは、発達障害の子どもたちと関わってきて学んだところです。近年では、医療の進歩に伴い、出生時のハイリスクの子どもたちの生存率も上がってきています。一方で、長期予後として、発達障害の併存率も指摘されています(4)。そして、脳性麻痺などの肢体不自由児や、染色体異常の子どもたちのなかでも、発達障害の要素を抱えた子どもたちはいます。それらの多くの子どもに対して理学療法士は関わっています。運動面の専門家とはいえ、子どもたちのいいパフォーマンスを出していくためには、子どもたちの特性も捉えたうえでのアプローチができるようにしていく必要もあると感じています。

　発達障害の子どもにおいて問題としてあがってくることは、社会性やこだわりだけではなく、睡眠、食事、排泄などの日常生活や、ご家族の関わりなど多岐に渡り、一つの専門職ではまかないきれないことも多いのです。しかし、地域では、保護者の方や、保育士、教員の先生方からもさまざまな質問を受けます。そのため、アドバイスできる頭のなかの引き出しはより多くいることも事実です。それぞれの専門家との知識の共有も必要と思いますし、一方で、他分野の方からも理学療法士が必要とされるような専門性も今後必要と思います。目の前の子どもたちが持っている力を引き出し、成長していくためには、理学療法士の私に何ができるか、日々、模索しています。

参考文献

・平岩幹男（総編集）『データで読み解く発達障害』中山書店　２０１６
・宮原資英『発達性協調運動障害―親と専門家のためのガイド』スペクトラム出版社　２０１７
・小西紀一（監修）小松則登（編著）『発達ＯＴが考える　子どもセラピィの思考プロセス―あなたのセラピィを構築するためのいくつかのヒント』メジカルビュー社　２０１６
・河野由美「ハイリスク児のフォローアップ」総合リハ・44巻　７６９-７７５　医学書院　２０１６

臨床心理士による支援

千原雅代◉天理大学人間学部教授

臨床心理士による支援の多様性

「臨床心理士」は、文部科学省の外郭団体である公益財団法人「臨床心理士資格認定協会」が定める一定のカリキュラムを備えた大学院を卒業し、1年の臨床経験を経て、臨床心理士資格認定試験に合格した者に与えられる資格です。平成29年4月1日時点で、3万2914名の臨床心理士が輩出し、発達障害臨床の分野では、公的機関や病院、大学付属機関などで、発達アセスメント（発達検査を含む）、発達支援を実施しています。またスクールカウンセラーとして、学童期から思春期にかけての発達障害を抱える人たちへの支援を実践しているほか、最近は大学の学生相談室や保健管理センターでも多くのクライエントさんを担当しています。本学のカウンセリングルームも例外ではなく、来談者の約3割～4割の方は、発達障害を抱えたお子さんやご本人およびその保護者です。

臨床心理士の発達障害臨床は、理論的にも実践内容もいろいろです。パニックを起こしやすいＡＳＤの子どもたちに、見通しが立てやすいように生活を区切って、この時間は食事、この時間は勉強と、生活を「構造化」するＴＥＡＣＣＨといったやり方もありますし、社会性の問題について「こういう場合は、こういう風に言うんだよ」ということを具体的に教えていく、ソーシャルスキルトレーニングという心理教育もあります。また子どもの問題行動が頻発する際にはその前にきっかけになるようなことはないかなどを一緒に検討する応用行動分析というやり方もあります。そのなかで筆者が実践しているのは、発達早期から青年期にかけての発達障害、特に、自閉症スペクトラム障害（ＡＳＤ）を抱える方との関係性を重視した心理療法です。

ＡＳＤは、生まれつきの問題で遺伝子によって決定されているので、状態はまったく変わらないと誤解されていることが多いのですが、必ずしもそうではありません。重篤な状態であれば、認知機能が心理療法によって変化するということはほぼないのですが、しかし、できるだけ幼いうちから支援を開始した場合には、自閉症状が大きく変化することもあります。ＡＳＤは、現在の精神医学では、多因子環境モデルが該当するのではないかといわれています。同じ遺伝子を持っていても、その遺伝子が発現するスイッチが入るかどうかは環境要因によって異なってくることがわかっており、糖尿病などがこれに該当しますが、ＡＳＤも同じではないかと考えられているのです。

では次に筆者が実践している支援を紹介します。

関係性にもとづく支援

早期発達支援としての遊戯療法

ＡＳＤの子どもが発見されるのは、主として発達健診です。市町村によって異なりますが早い場合には6か月健診でちょっと気になると言われることもあるようです。多くの子どもたちは、8か月ごろで人見知りが生じ、1歳過ぎには初語を話すことが多く、1歳半ごろには指さしが可能になりますが、こうした発達が遅れるのがＡＳＤの子どもたちです。

多くの場合は1歳半健診で発達の偏りを指摘され、療育など専門機関を紹介されることになります。この時点で、多動やこだわり行動（同じ道でないと外出できない、おもちゃを一列に並べて乱されるとパニックを起こす、同じお茶碗でないと物が食べられない、外では足を地面につけることができないなど）、感覚刺激への没頭（光るものをずっと見ている、自分の体を揺らし続けるなど）、独特な言葉の使用ないし遅れ（サイン語を使う、主客が逆転するなど）が見られることが多く、自分の見てほしいものを親しい大人にむかって指さすといった行動が見られず、三項関係が生じていないことが多いといえます。

発達健診によって紹介されてきた子どもや保護者に筆者が実践しているのは遊戯療法と母親面接です。遊戯療法とは、水場や砂場、おもちゃがある部屋に子どもと一緒に入り、一緒に遊ぶことを通して、子どものこころの世界がまとまり、自分というものが生まれてくる過程を支援します。筆者の臨床体験では、この過程が展開すると、子どもたちのパニックは治まり、言葉も伸びてきます。そうしたお子さんを1人紹介させていただきます。

事例

仮にＡちゃんと名付ける2歳半の女の子が発達健診でＡＳＤを疑われ、紹介されてきました。Ａちゃんのお母さんはまじめで愛情深いお母さんで、Ａちゃんのことに一生けん命になっておられましたが、Ａちゃんのこだわり行動（同じ道でないと買い物に行けない、パニックを起こすと数時間は泣き叫んでいる）、夜眠らない、言葉の遅れ、多動に疲弊しきっておられました。以下、Ａちゃんおよびお母さんとの関わりを記載しますが、プライバシー保護のため、面接経過に影響しない部分については、情報を改変していることをお断りさせていただきます。

インテーク

さて、初回面接をインテークと言いますが、インテークで生育歴を伺い、生まれたときからおっぱいを飲みにくく寝にくかった、7か月でハイハイしたときは背中でずり這いをしたなどの特徴が明らかになりました。2歳半の時点ではサイン言語しかなく、「アカ」という言葉は、「お皿の上から赤いパプリカをのけて」という意味を持つ言語として用いられていました。この状態から、ＡＳＤと理解し、Ａちゃんとは1対1の遊戯療法を、お母さんとは個別面接を設定しました。

遊戯療法とは、水場や砂場があり、おもちゃがあるプレイルームで、子どもと一緒に遊ぶことを通して、子どもの心的世界を理解し、治療者との関係をベースに、その変化の過程を共に生きる営みです。通常、母親面接と並行して行われます。

発達障害を抱える子どもへの遊戯療法の適用については、効果がないという批判もありますが、一方で顕著な改善が見られた事例報告もあり、筆者は治療者との関係性形成が子どもの発達を支援すると考えています。遊戯療法学会のシンポジウムにおいて、精神分析の立場およびユング派の立場から、この過程が論じられましたが、通常の遊戯療法とは異なって、治療者との融合がまずもたらされ、さらに分離へと至っていく過程が共通して指摘されています（遊戯療法学研究神シンポジウム報告、２０１７）。

さて、Ａちゃんの場合は、お母さんの尽力にもかかわらず、愛着形成が遅れており、それが可能になれば、こだわり行動によるパニックと見えている情緒的混乱もおさまる可能性があると思われたため、遊戯療法を実践することにしました。

　さて、初回ですが、Aちゃんはお母さんと別れることに何の不安も見せず、おずおずとした足取りながら、プレイルームに入ることができました。しかし、入室しても、おもちゃに興味を示すことはまったくなく、緊張してゆらゆらと左右に身体を揺らしていました。

　一般的に、ASDのお子さんは、象徴的に遊ぶことが苦手です。神経症的な問題を抱える子どもたちは、例えば、戦いごっこをしたり、人形遊びに託して自分の内界を表現したりすることができますが、ASDのお子さんにそうした遊びが最初から見られることは稀だといえましょう。Aちゃんも、最初はいわゆる「遊べない」状態であり、焦点の合わない目でこちらを見、あたかも不確かな世界のなかで所在なく、ゆらゆらと揺れている、その背後には世界に対する深い不安を抱えているように見えました。

水遊びをきっかけに

　こうした子どもたちの関わりの糸口になるのは、言葉よりもむしろ感覚レベルで実感を共有するような遊びです。Aちゃんの場合も、筆者との関わりができたのは水遊びを通してでした。筆者が水遊びに誘ったところ、Aちゃんは、はじめはおずおずと水場に近づき、流れる水の光反射に捉われていましたが、筆者が水の流れにあわせて抑揚をつけて歌うと、その音を聞いて、一緒に歌うように声を出してくれました。そのうち、抑揚をつけて合わせられるようになり、さらに筆者が歌の最後のふしを即興で変えて歌うと、とても喜んで、変形したふしに合わせてAちゃんも本当に楽しそうに歌うようになりました。興奮して、全身でうれしさを表現していたのは印象的でした。

　この頃から、Aちゃんは週1回の遊戯療法を楽しみにするようになり、前日には興奮して眠れなくなるほど来室を心待ちにしてくれるようになりました。また同時に、急速にこだわりが減少し、お母さんを追い詰めていたパニックの回数が減ってきました。何よりもお母さんが喜ばれたのは、同じ道でないと買い物に行けないというこだわりがなくなったことでした。生活の自由度が増し、お母さんの抑うつもこのあたりから少し軽くなったように見受けました。

遊戯療法が提供するもの

　さて、ここで何が起こったのでしょうか？　考えられるのは、Aちゃんの体験世界に他者が現れ、その他者といれば安心でき、楽しい体験ができると、Aちゃんが感じたのではないか、ということです。それまでAちゃんの世界は、混乱に満ち、嵐が吹き荒れているような状態で、未分化であったように見受けられます。一方、支援が開始され、カウンセリングルームは楽しいところ、安心できるところとして、Aちゃんの生活のなかに現れました。そこが定点となり、安心できる他者がAちゃんの世界に現れたのではないかと思われます。こうした他者を自分のこころの世界に創造できるかどうかは、生得的な認知能力を含めたその子ども自身の持つ力によりますが、Aちゃんの場合は、お母さんが必至にAちゃんを抱え、努めてこられたことも、Aちゃんのその力に繋がっていたように思われます。少なくともAちゃんのパニックに巻き込まれる形で、お母さんがイライラしたり、怒りをAちゃんにぶつけたりということはありませんでした。ASDの子どもの育児は本当に大変で、虐待が生じることもうなずけるほどですが、

千原雅代（ちはら・まさよ）――天理大学人間学部教授。教育学博士。臨床心理士。奈良県いじめ対策連絡協議会会長、大和郡山市学科指導教室ASUスーパーヴァイザー兼主任カウンセラー、奈良県青少年問題協議会委員、日本遊戯療法学会編集委員。**【主な著書】**『不登校の子どもと保護者のための〈学校〉――公立の不登校専門校ASUにおける実践』（ミネルヴァ書房、２０１５）『はじめての心理学――心のはたらきとそのしくみ』（創元社、２０００）『家族とこころ〔改訂増補版〕――ジェンダーの視点から』（世界思想社、２００９）

Aちゃんにはそうした事象がなかったことが、こうしたすみやかな展開に繋がったものと思われます。

ところで、こうした他者が現れたときに、なぜＡＳＤの子どもは落ち着くのでしょうか？　それは、その他者が体験世界を一緒に意味づける人としての意味を持つからではないかと思われます。定型発達の子どもも含め、乳幼児は、初めてのことに遭遇した場合、それが危険なのか大丈夫なのかを判断するうえで、一次養育者（多くは母親）のその事象に対する反応を見ることが知られています。そして母親が大丈夫だと子どもを安心させれば、その事象に不安を覚えながらもおずおずと踏み出し、大丈夫であると自ら体験して、体験の幅を広げていきます。この事象を社会的参照といいます。社会的参照というのは発達心理学の用語で、その背後に安定した愛着を想定していますが、筆者は精神分析的心理療法を実践していますので、この愛着形成には、母親の心の象徴的な次元での子どもへの意味づけが影響すると考えます。すなわち、問題を持った嫌な子だと受け止めるか、しんどい部分があっても仕方がない、やはりかわいいわが子だと受け止めるかといった両者の関係性、およびその母親自身がどう周囲に理解され受け止められているか、すなわち、社会の側からの子どもへの意味付けが大きく影響すると考えています。この点についてはのちの保護者支援のところで取り上げます。

話を戻しましょう。この社会的参照を実証する実験が、認知心理学にあります。それは視覚的断崖と言われる実験です。Gibson、E. J & Walk, R. D（1960）が行ったもので、図1のように、もともとは乳児の奥行知覚を調べるための実験でしたが、乳児が母親の反応をもとに未知の領域に踏み出すか否かを決定することの証左として捉えられるようになっています。

この実験では、図1のようなセットを用意します。図の左側はガラスになっており、床が模様になっているため、乳児のいる場所とは異なった奥行き知覚が生じます。左側にいる母親がにこやかに笑いかけ、大丈夫だからこっちにおいで、というサインを送ると多くの乳児は、最初はおびえながらもガラスのほうへ歩みだし、母親のもとへ行きます。つまり、母親が大丈夫だと意味づければ、その母親との関係性に支えられて、乳児の体験世界もここは安全だと広がっていきます。したがって、母親自身の不安が高い場合は世界を怖いものだと子どもに伝えてしまうかもしれません。

ＡＳＤの子どもたちの場合、人見知りや一次養育者に対して自分の関心のあるものを見てほしいと指さす「共同注意」の発達が遅れることが知られていますが、それは一次養育者との関係性が心のなかで形成されていないことを意味します。安心できるお母さんの世界とそれ以外が区別されていることを示すのが8か月不安、すなわち人見知りですが、こうした自分の基盤となる他者を心のなかに持たないということは、すなわち、世界を意味づけていくときの基点がないということを意味するわけです。そうした子どもが混乱と不安に満ちた体験世界を生きざるを得ないことは明らかです。

Aちゃんの場合は幸いなことに治療者がそのような他者としてまず意味づけられ、その後お母さんとの間の愛着が少しずつ形成されました。それが情緒的混乱を治めるのに意味があったと考えられます。その後、一時期、Aちゃんはお母さんの後追いが激しくなり、お母さんはトイレにも1人で行けないほどになりましたが、そ

図1　視覚的断崖実験

のような時期を経て、指さしが可能になり、次第に、一人称が使えるようになるなど、状態像が変化していきました。ＡＳＤの子どもたちの状態像が早期発達支援によって変化する様子は山上（１９９９）が60例近い事例の症状改善過程として論じています。

遊戯療法のＡＳＤ児への適用について

最期に、遊戯療法のＡＳＤの子どもたちへの適用について論じておきたいと思います。ＡＳＤの子どもたちが、遺伝子的に決定される生理学的・神経学的な特異性を持っていることは明らかであり、近年では、その遺伝子のスイッチが入るかどうかは母体内の状態を含む環境との相互作用によって決まるのではないか、というエピジェネティクスの考え方で理解されるようになっていることはすでに述べました。こうした子どもたちの中核的な認知や共感性の中核的な問題は、多様な支援によっても、残念ながら、変化しないと考えられています。

ただし、近年、東欧の政治的混乱が生じたある国から海外に養子に出された子どもたちの追跡研究がなされ（Rutter et al., 1999）、発達早期に劣悪な乳児院環境におかれた子どもたちが、ＡＳＤと類似の症状を見せること、その後の支援によって、器質的な要因が大きいＡＳＤの子どもたちとは異なり、自閉症状が改善されることが指摘されました。

筆者の臨床体験でも、早産で発達早期に保育器に入らざるを得ず、お母さんも、その子があまりに小さいのでかわいいと思えず、情緒的に子どもを受け入れらなかったという事例がありました。仮にＢ君と名付けますが、Ｂ君は3歳の時点では、パニック、こだわり行動や感覚過敏が見られ、発語もないなど自閉症症状がすべて重篤な程度に存在し自閉性障害と診断されていました。幸い遊戯療法が著効をあげ、3年にわたる支援によって、就学前には言語も共感能力も伸び、母親との愛着も心的世界の安定も手にして、元気に就学していきました。脆弱性は残しているものの、小学校では普通の子どもといわれたのは、筆者にとっても驚きでした。

このようにＡＳＤという状態像を呈していても、その遺伝的要因の強弱は一人ひとり異なり、その点をアセスメントしながら、支援を進める必要があると思います。器質的要因が強いＡＳＤの子どもにおいても、遊戯療法は他者がその子の世界に存在するようになり、二者関係における発達を支援するという点で有効であるといえますが、しかし、すべての子どもがＢ君のように認知言語発達においても著しい改善を示すわけではありません。他者との関係性において育まれる主体の象徴化という点では遊戯療法には一定の成果が期待され、それ自体が子どもの人生にとっては大きな収穫ですが、それでも認知や共感性の偏りは残っていくといえましょう。ＳＳＴなどの認知行動療法、療育、感覚統合など、ＡＳＤの早期発達支援は百花繚乱の状態ですが、自らが実践しあるいは受けている療法が、何を目指しているのか、専門家も保護者も一緒に考え検討することが求められます。

保護者支援

次にＡＳＤを抱える子どもたちの支援において不可欠な保護者面接について述べたいと思います。

わが子の様子がおかしい、どうも発達が遅れているようだということは、母親にとってはとても不安なことです。しかも、定型発達の子どもであれば3か月微笑などふわっと笑い、こちらもかわいいと思えるような、そうした事象が大変少ない状況です。親は子どもによって親になっていくものですが、「かわいい」と思える対人交流が難しいのがＡＳＤの子どもたちです。そこに第一次養育者の独特の苦労があります。

また「障害」という言葉が独特の意味を持って保護者に受け止められることがあります。社会の受け止め方もそれに大きく影響しますが、お母さん方に「ＡＳＤと診断されていても、社会性が伸びてきたら診断はＬＤに変わります」と言うと、多くの方が驚かれます。それは、身体医学の診断と精神医学の診断を誤解してお られるからです。身体医学の診断は、症状、病因、病変が特定されて診断されますが、精神医学の診断は症状のみから決定されます。なぜなら精神医学的病気といわれるものの病因および病変はいまだ特定されていないからです。そうした誤解を解き、本当に真実にそって考えられるような姿勢を涵養することも臨床心理士の仕事ではないかと思います。

次に、保護者自身の心的状況によって、子どもの「発達障害」の意味はさまざまに受け止められます。例えば、あるお母さん（仮にCさんとします）は、乗り気でないままに結婚されたのですが、その長子がＡＳＤと診断されました。Ｃさんにとって、はじめてのわが子に対するＡＳＤという診断は、自分の人生の不幸の象徴として受け止められました。すなわち望まぬ結婚をしてあまり好きでもない男性の子どもを産んだからこんなことになったのだと感じられたのです。別の方ですが、子どもが障害児だと言われて、自分の人生にバツを付けられた気がしたと言われた方もあります。

子どもはこうした親の思いによって望まれた子、望まれていない子として、意味付けられ、それによって自分の存在価値を決定されていきます。本来はどの子も同じ価値があるのですが、親がそう思えないとき、それは親自身にとっても、子どもにとっても大変つらい状況となります。しかし、こうした保護者の気持ちをそのまま受け止めていくことで、子どものことを通して保護者が自らの在り方について考える機会になることもあります。

一般的には、保護者として、どう子どもを理解し関わったらいいのかについて考えていく過程を保護者面接といいます。保護者面接では、子どもへの理解を共有し、子どもへの心理的支援がある場合には、その過程についても適宜共有しながら、関わり方を一緒に考えていきますが、保護者自身の心理的課題を正面にすえてこられた場合には、保護者の個人面接へと切り替えることになります。例えば、あるお母さんは、子どもがＡＳＤと診断されて学校不適応の状態になったことをきっかけに来談されましたが、そのなかで語られたのは、自分もＡＳＤ的であって学生時代に苦労したこと、さらにはご自身の実母との関係でした。そのなかでご自分もずっと混乱してずっと生きてきたことを言語化され、自分が何を体験し、どう苦しんできたのかなどを見つめていかれました。対人不安が強く、暴走する車のように定点なく語られる方でしたが、面接のなかで、自分の本当の思いに触れ、断片化していた自分が少しずつまとまり、物事を整理して考えることができるようになっていかれました。それが子どもの情緒的安定にも役立ったことは言うまでもありません。保護者の抱えている苦しみに寄り添い、自分のことも含めて目の前のわが子に必要なことはなんだろうか、と考えていかれる過程を支援することも、臨床心理士の仕事であると考えます。それが、心理士にとっても学びと発見の過程であることは言うまでもありません。最後になりましたが、面接の内容を公開することを許可くださった皆様に感謝申し上げます。

面接の内容を公開することを許可くださった皆様に感謝申し上げます。

引用参考文献

・Gibson. E. J (1969)：Principles of perceptual learning and development PRENTICE-HALL. INC. 小林芳郎訳『知覚の発達心理学』田研出版　１９８３
・Music. G (2011)：NURTURING NATURES Attachment and Children's Emotional, Sociocultural and Brain Development. Pychology Press. 鵜飼奈津子監訳『子どものこころの発達を支えるもの』誠信書房　２０１６
・日本遊戯療法学会「発達障害と遊戯療法―第22回遊戯療法学会大会シンポジウム報告」遊戯療法学研究16（1）69－96．２０１７
・臨床心理士資格認定協会ＨＰ（fjcbcp.or.jp/）２０１８
・山上雅子『自閉症児の初期発達』ミネルヴァ書房　１９９９

特別寄稿

震災が私たちに残したものは、なんだったのか？
――子育て支援の限界と子育ち支援

菊池信太郎◉医療法人仁寿会菊池医院院長／認定ＮＰＯ法人郡山ペップ子育てネットワーク理事長

はじめに

平成23年3月11日に発生した東日本大震災から、あっという間に7年が経過しようとしています。7年という時間は、様々な形で被災をした人々に、または、被災を免れた地域や日本という国に、どのような意味を残してきたのでしょうか？　西洋では〝7〟という数字は、絶対性や完全性を意味し、一方、東洋では初7日と言われるように7日おきに死者を弔うことなどを思うと、7年目の2018年は震災の影響を改めて客観的に見つめ、これからの日々を考えるタイミングなのかもしれません。

さて、筆者にとっての7年間は無我夢中の時間でありました。震災発生当時に感じた驚異的な破壊力と絶望感と、これほどまでに影響を残すとは思いもよらなかった放射線汚染事故について、ゆっくり考える時間はありませんでした。

しかし、筆者が考えてきたことや実際に行ってきた事業を見直すと、震災後に何が起きて、その時の問題点は何であったのか、ある程度わかるように思います。そして、最近になって急に感じるようになったのは、被災地の人々や日本という国が、これから一体何を目指して復興を進めるのか、どんな社会の樹立を理想としているのかが、まったく見えないということであります。多くの人にとって、震災直後からの2、3年は混乱とその混乱からの脱却にすべてを捧げる日々であったと思います。ある程度生活の見通しがつき、新たな生活（new normal）が確立して、その環境の中で安定した日々を過ごし始めた人も多かったでしょう。そして5年も経過すると、震災の影響や記憶も薄れ始め、子どもは進級や進学を繰り返す日々の中で、今の生活はあたかも昔からずっと続いていたかのように思うのかもしれません。

しかし、すべての人々がこのように順調に来ていたわけではありません。いまだ県外へ避難を続けている人が約3万4000人、県内での非難は約1万6000人おり、計5万人がかつての住まいを離れています。そのうちの多くの人は、避難先での生活が確立され、子どもにとっては学校や友人関係などがすでにしっかりと形成されています。様々な事由から二度と福島や地元に戻らないと決めている人も多いと言われています。多彩かつ多様な影響を受けた地域の人々は、これからのどのような人生を歩んでいくのでありましょうか？

本稿では、これまでの7年間の変化についてまとめ、今後の方向性を検討したいと思います。過去に本誌に2度、福島県郡山市の現状について記載していますので、あわせてご参照頂ければ幸いです。(1)(2)

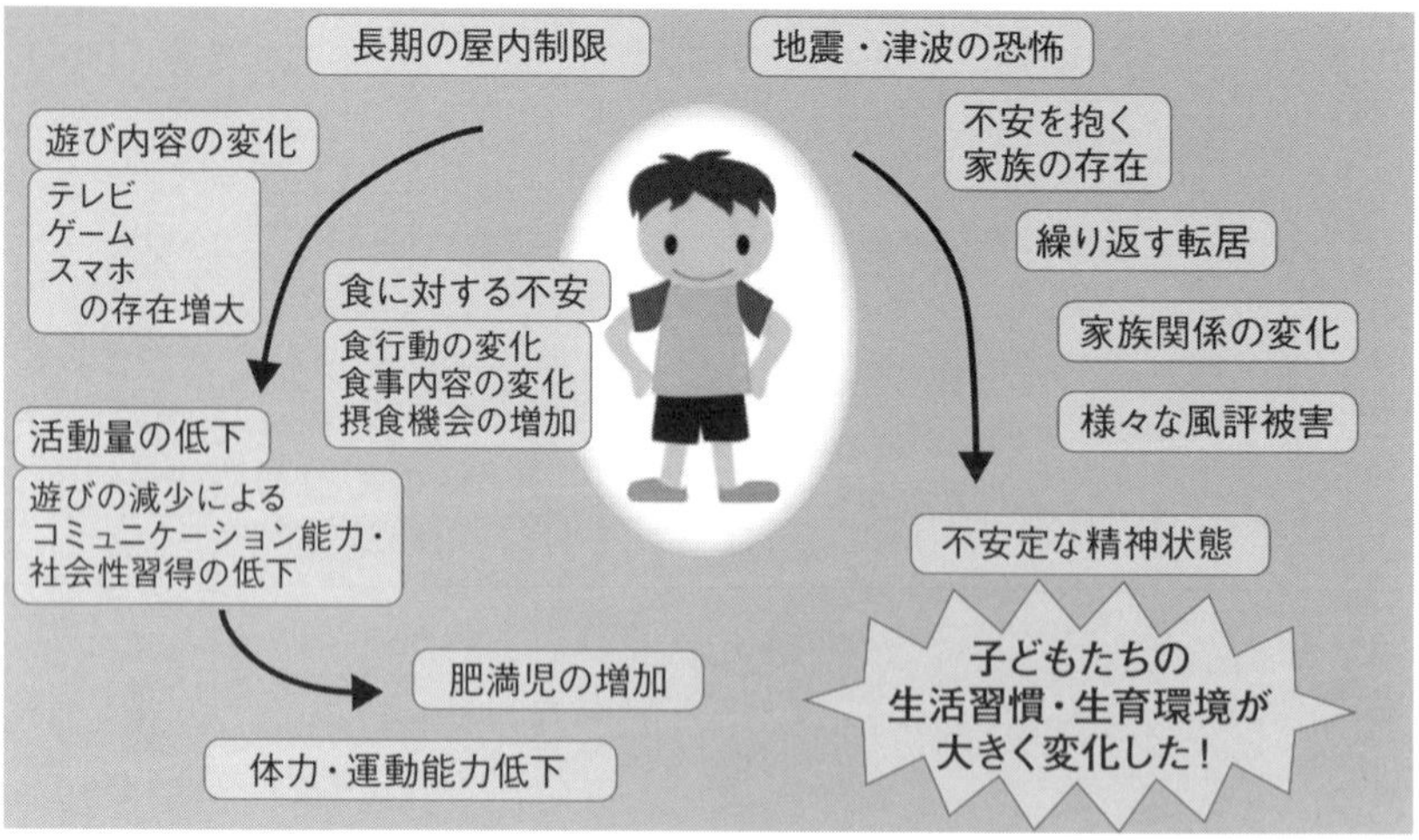

図１　福島県の子どもが直面した東日本大震災による環境変化

3・11が与えた子どもへの影響

震災によって子どもの日常生活は一変しました（図1）。制限された生活環境の中で時間が経つにつれ、子どもの心と身体に着実に変化が起きてきました。屋外での活動が制限され、また地震による建物等の損壊のために、子どもが身体を動かして遊ぶことや、運動やスポーツができる環境がほとんどありませんでした。長時間屋内にいることを強いられた生活では、体力や運動能力の減退はおろか、その発達まで影響を与えることは容易に想像されました。また、実際に体重増加が加速する子どもが多く見受けられ、子どもの身体の変化をしっかりモニターすることが必要と考えました。震災直後の平成23年3月29日に発足した「郡山市震災後子どもの心のケアプロジェクト」では、子どもの身体の現状把握とその後の推移を見守るために、市内全域の子どもを対象とした調査を継続して行っています。

震災後、子どもの運動能力、特に走・跳・投といった運動の基本的要素、また体力が著しく低下していることが判明しました。6年間の推移で徐々に改善傾向にありますが、全国の平均値に比べ、だいぶ低下しているどころか、震災前の水準にさえ戻っていない結果でした（図2、図3）。日常の生活の中でどの程度運動を実施しているかの調査では、運動する子としない子の「運動実施の二極化」がはっきりと読み取れました。運動する子は、部活やスポーツ少年団のような組織に属し、毎日のように運動していますが、逆に、週にわずか2時間の学校での授業でしか身体を動かさない子もあります。幼少年期における運動・スポーツなどの身体活動の不足は、体力・運動能力の低下のみならず、様々なケガの増加や肥満につながり、将来において生活習慣病に罹患してしまう可能性が非常に高いことを危惧させます。

また、震災以降、福島の児童生徒（小学校から高校生）に占める肥満児の割合は増加の一途をたどり、各学年において全国でワースト上位を占めている状況がしばらく続きました。ようやく増加傾向も落ち着き、改善している学年もありますが、やはり震災前よりは高い水準にあります（図4、図5）。毎年春に、学校や保育現場では健診が行われています。肥満傾向が強い児童生徒には、学校医の指示で医療現場への受診を勧告していますが、実際に医療機関を受診する児童生徒は数％しかみられず、学年が上がるにしたがって、その率は徐々に低下傾向にあります。中には、大人と同じように肥満が起因となった生活習慣病（小児メタボリックシンドローム）を発症している子どももいます。放射線による健康被害をあれほど心配していた福島県民ですが、肥満や肥満による生活習慣病に

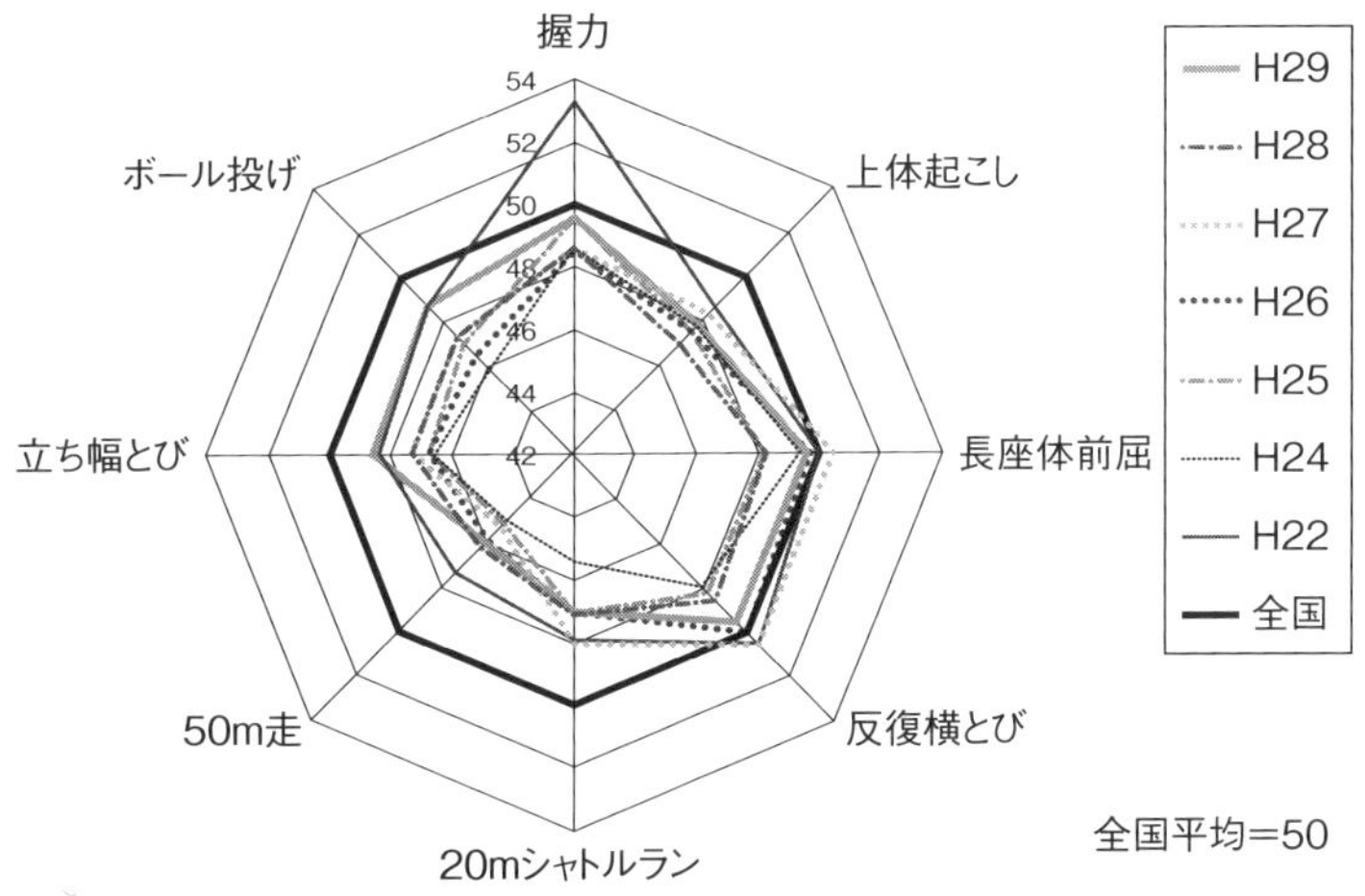

図２　市内の小学校５年生男子における体力・運動能力偏差値（H29.6）
平成29年度 郡山市震災後子どものケアプロジェクト 体力運動能力テスト事業 山梨大学 中村和彦教授提供

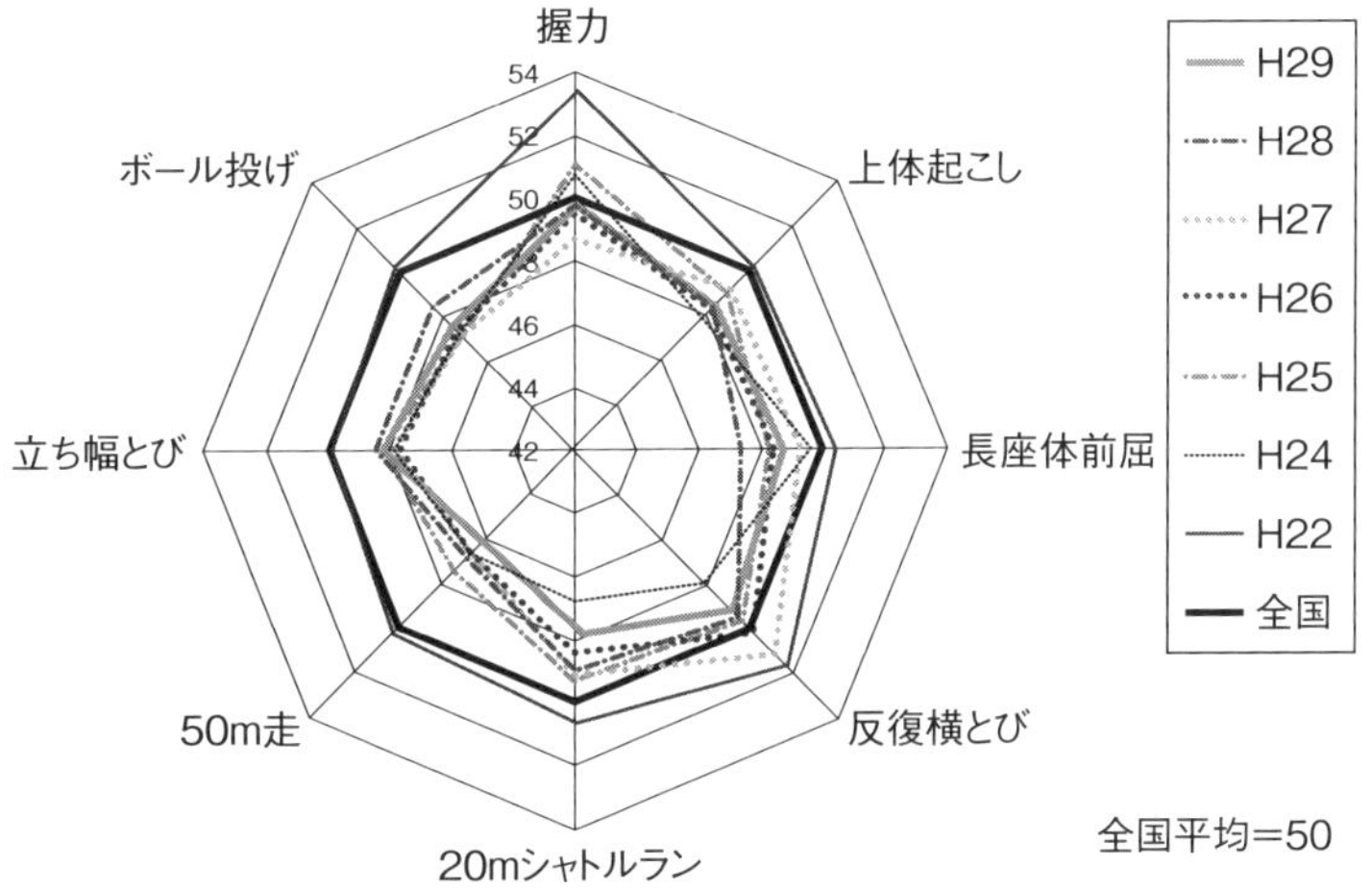

図３　市内の小学校５年生女子における体力・運動能力偏差値（H29.6）
平成29年度 郡山市震災後子どものケアプロジェクト 体力運動能力テスト事業 山梨大学 中村和彦教授提供

関しては、さして高い危機感を抱いてはいないようです。徐々にではありますが、学校現場における肥満への意識が高まり、例えば受診勧告の基準が統一され、指導のガイドラインの作成が始まったことは大きな一歩と言えます。しかし、未就学児への対応はまだまだ不十分で、今後は幼小児に対しての肥満予防と介入が課題です。

ここ数年、メディア漬けの子どものことも話題になってきました。テレビ・ゲーム・インターネットといった各種メディアが、ライフハザード（生活の崩れ）に拍車をかけていることが指摘されています。筆者らによる震災後の調査で、「ゲームをする時間」「インターネットや携帯電話の使用時間」「テレビやビデオ、ＤＶＤの視聴時間」についてたずねました。「ゲームをする時間」は、小学校高学年をピークに増加し、中学生になるとやや減少しますが、最低1時間はゲームをしている子が多い結果となりました。また、２０１３年から3年の変化をみると、ゲーム、テレビ、インターネットを使用している総時間（スクリーンタイム）は、学年が進行するにつれて増加し、特に小学校6年生では、１日２４０分になることがわかりました（図６）。屋外の環境が改善しているのにも関わらず、屋内でスクリーンと向き合う（その間はじっとして動かない可能性あり）時間が、さらに増えてきている現状に愕然としました。30年

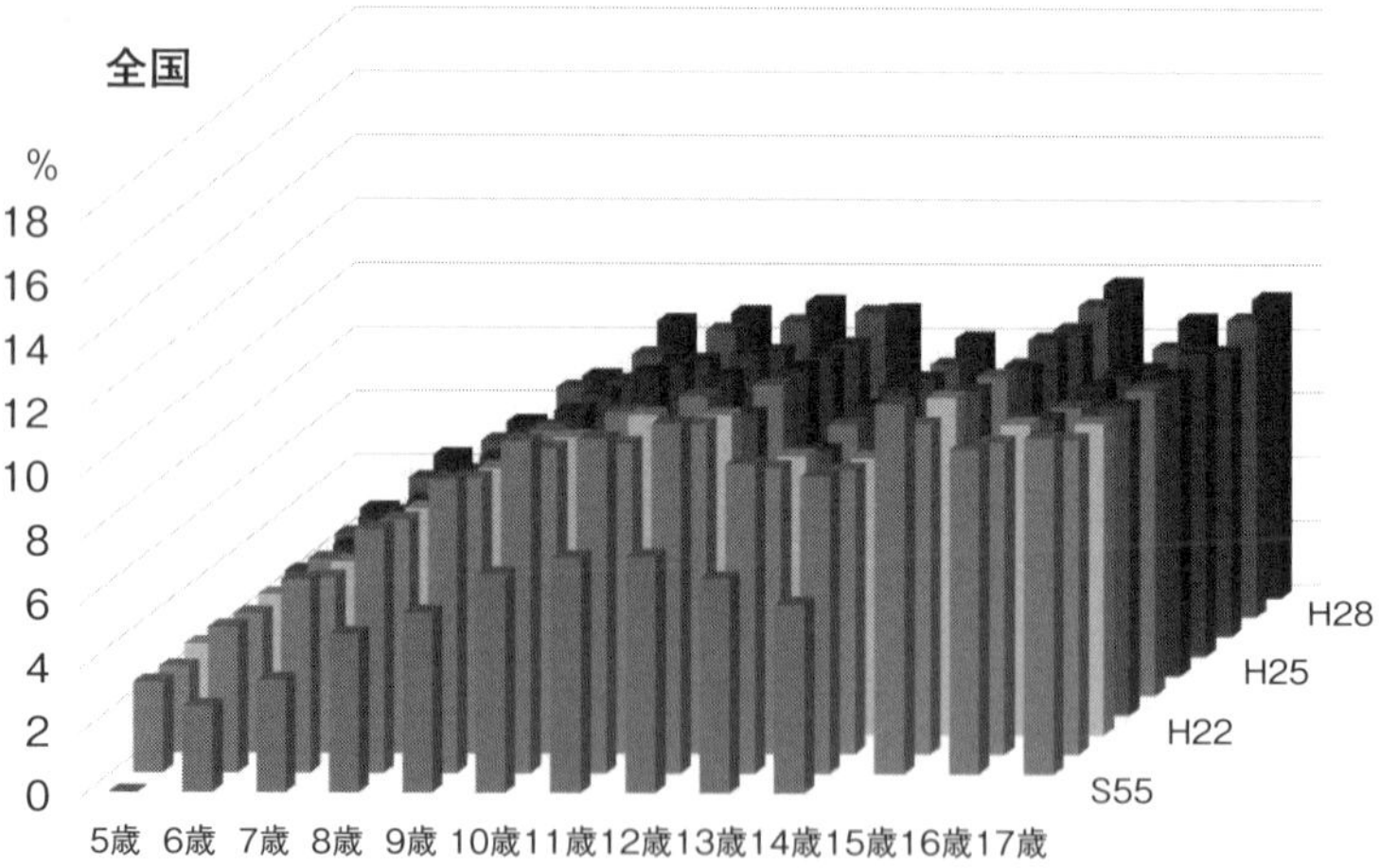

図４　全国の肥満傾向児の発生推移
文部科学省 学校保健統計調査

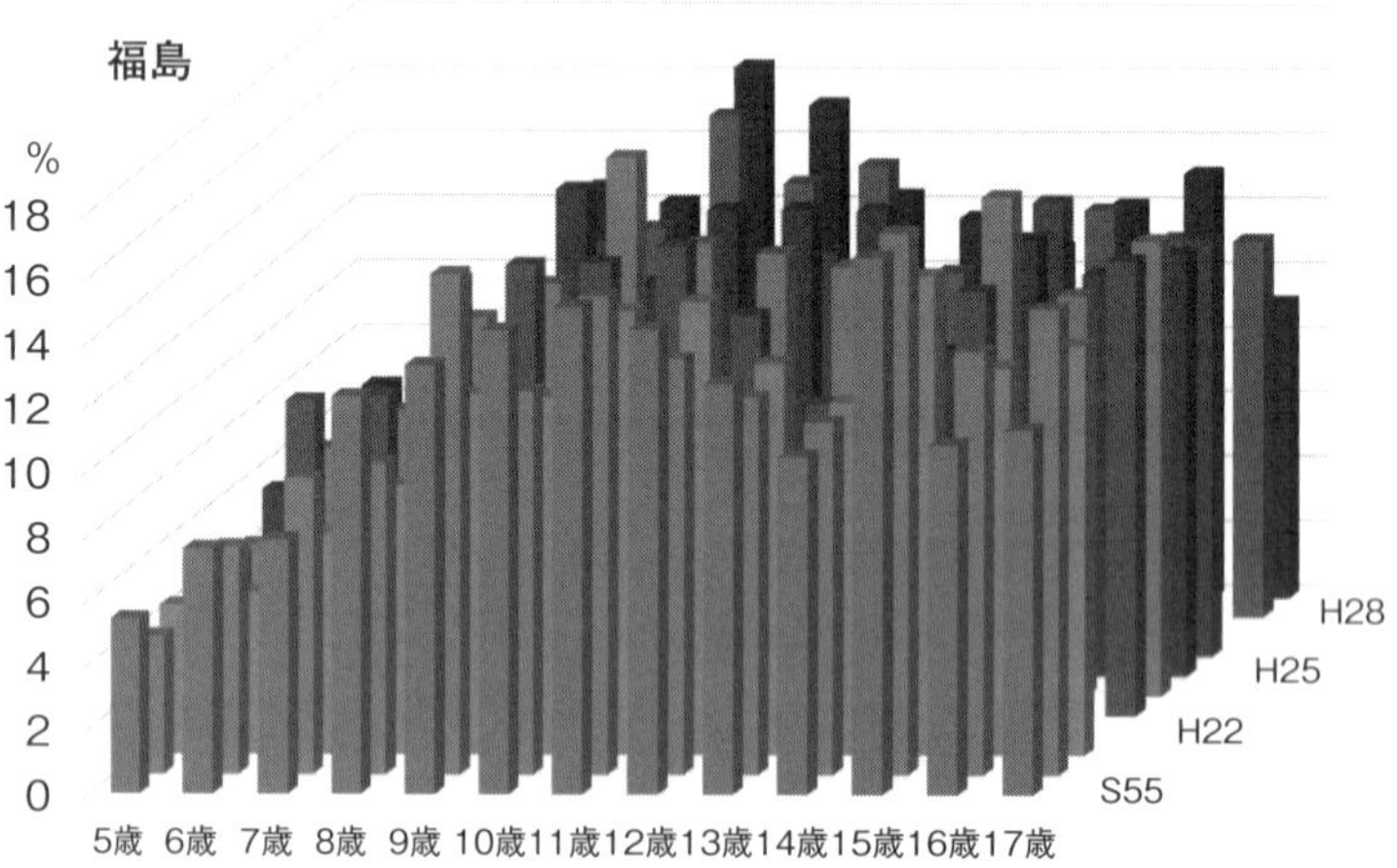

図５　福島県の肥満傾向児の発生推移
文部科学省 学校保健統計調査

前でしたら、これらの時間のほとんどは身体を使って遊ぶ活動に費やされていたのでしょう。福島だけではなく、このような傾向は全国的にも認められます。子どもの肥満傾向の悪化、生活習慣病の若年化の背景には、「睡眠・栄養・運動（運動あそび）」といった基本的な生活習慣を幼少期に身に付けられないことが指摘されています。今回の調査により、震災後の子どもの現状が明らかになりました。健康的な体を育むための生活習慣の重要性について、子どもだけではなく、保護者、さらには社会全体が十分に認識することが必要です。保育・教育現場や行政、地域、医療関係者がより一層協力していくことが求められています。また、今後さらに子どもの生活習慣と肥満や体力運動能力との関連、将来的に生じる影響などを、より詳細に検討していくことも必要です。

学校や保育現場からは、最近、手のかかる子、落ち着かない子、気になる子が増えてきたという意見が相次ぎました。データとして明らかにはなっていませんが、この傾向は震災以降、さらに目立ってきているのではないかとの共通認識があるようです。実際に当院の外来にも、不登校や不定愁訴を訴える児童、先頃の北朝鮮ミサイル発射に伴うアラート音でフラッシュバックしてしまった児童、保健室登校を繰り返す天気恐怖症の児童などが受診してきます。詳細に

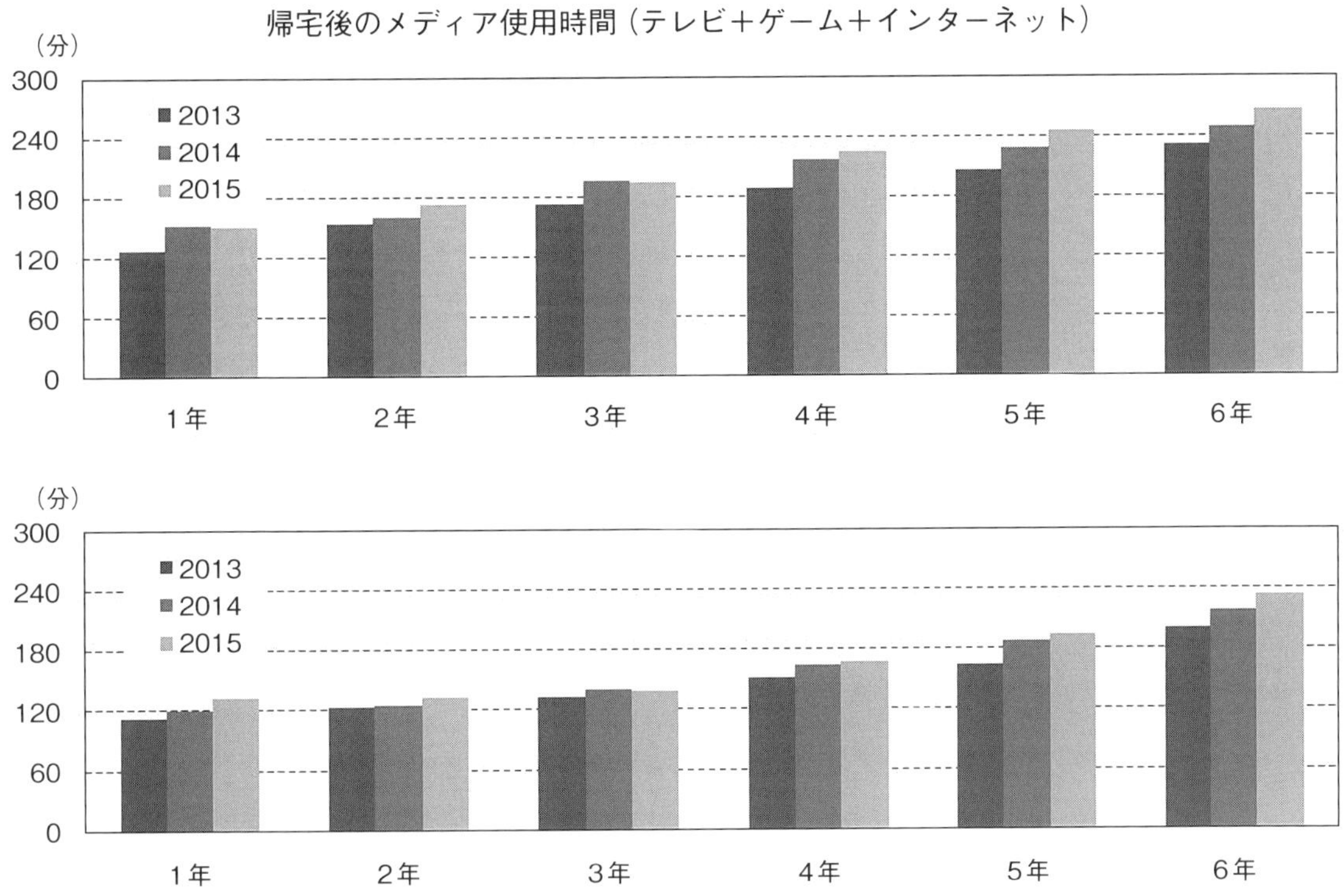

図６　スクリーンタイムの推移

話を聞いていくうちに、そのきっかけは震災後の大混乱の生活環境や不安を抱えた保護者の存在などが浮かび上がってきます。震災によって子どもやその保護者の心は大きく揺さぶられ、大混乱の中の不安定な状況で子育てせざるを得なかった家庭も多く、保護者との愛着形成が充分に育まれずに育った子どもがトラウマ障害や愛着障害をきたし、発達障害様の症状を呈していることもあります。一方で、筆者らと共に活動をしている児童精神専門家が危惧していることは、最近の発達障害への関心の高まりにのってか、教育や保育の現場で少しでもおかしいと思われる子どもが安易に発達障害の疑いをかけられることであります。全国的にも児童精神を専門にしている医療施設は少なく、受診まで１年も待つ場合もあり、しっかりとした鑑別のないままレッテルを貼ることは避けなければなりません。

　表は、後述の遊び場の設置を契機に始めた臨床心理士による巡回子育て相談内容の変化です。震災直後は震災や放射線関連に関する相談が多かったですが、時間の経過と共に子育ての悩みや発達に関する相談が増えてきました。徐々に震災の直接的影響が薄れ、震災前から抱えていた問題点が改めて浮き彫りになってきていることがうかがえます。

表　子育て相談の内容の推移

相談内容	H23年度	H27年度
1位	放射線下での子育て不安	しつけや子育て方法
2位	家族（夫婦）間の考え方のズレ	避難者と非避難者との軋轢
3位	保養※に対する考え	発達障害に関して

屋内遊び場が子どもの生活インフラへ

平成23年12月23日にオープンした東北最大級の屋内遊び場「PEP Kids Koriyama」は、6周年をむかえました。これまでの来場者は約190万人になり、福島県の人が一度は遊びに来た計算になります。開設から時間が経っても、毎年30万人もの子どもが、なぜ遊びに来るのでしょうか？「PEP Kids Koriyama」の最大の特徴は、子どもと一緒に遊び、子どもの遊びをより楽しくリードしてくれるプレイリーダーと呼ばれるお兄さんとお姉さんの存在です。プレイリーダーは言ってみれば、かつてのガキ大将のような存在です。福島県内には同様な屋内遊び場が林立しましたが、このようなスタッフを配置している所はほとんどありません。

1970年代以降、子どもの遊びの環境から三つの間が奪われてしまいました。三つの間とは、子どもが遊ぶ「空間・仲間・時間」です。しかし、最近の子どもは、これらの条件がそろっていても、遊びにのめり込むことが難しくなっています。異年齢の子どもや近所の子どもと群れて遊ぶ集団遊びの習慣がなくなってしまったことで、子どもが自ら遊びを生み出したり、屋外で遊びにのめり込んだりすることもなくなってしまいました。その分、屋内での活動が増え、前述のような結果になるのでしょう。身体を使った遊びは、子どもの運動能力を伸ばすだけでなく、コミュニケーションをはじめ、社会性やより自分を高めていく意欲的な心を育みます。「PEP Kids Koriyama」は、遊びに必要な三つの間だけでなく、遊びをリードする存在までを用意した、まさに子どもの遊び環境のモデルであり、これからの日本社会が子どもに用意すべきインフラと言えます。

震災の経験と教訓を無駄にしない社会創り

これほど大規模な震災から、私たちは一体何を学んだのでしょうか？　筆者は、医学部の学生時代に数年間、小児科学を先輩や教科書から学び、また国家試験を合格してから震災まで13年間、臨床の現場で小児医療を経験してきました。しかし、その知識や経験は、この震災後の子どもを守り育むための活動や仕事にはほとんど役に立ちませんでした。それまで勉強してきたことのほとんどは、〝小児の疾患を治す〟ことを主眼に置いた医学教育であり、多くの小児科医が活動する場は疾患の治療に関係したところであるということを実感しました。わが国の乳幼児死亡率が世界的にも低いレベルになったのはわずか20年前であり、病気を治す医療が主な目的であったのは致し方ないことであります。しかし、これまでとは異なった小児を取り巻く健康課題、例えば肥満や生活習慣病、運動不足、心の問題、虐待、貧困などが話題となるようになった現代では、小児医療の目指す方向、扱う分野も大きく様変わりしなくてはならないではないかと思います。そして東日本大震災が発生し、多くの課題がうかびあがりました。しかし実際には、それらの課題は、かつてから存在していたにもかかわらず、あまり注目されなかったことだったのかもしれません。震災後の福島が、今日の日本全国の子どもがおかれている不安定な状況や問題点を顕著に見せてくれたのだと思います。

しかし、同じ福島県内でも状況はかなり複雑に異なります。例えば、太平洋沿岸の浜通り地方の震災の被害が大きい地域と、会津地方の比較的被害が少ない地域、津波の被害の有無、避難地域に居住していたか否か、賠償を受けたか否か、子どもの年齢、祖父母世代との関係、家族の経済的状況、両親の放射線などに対する理解度など、多くの要素によって、被災した人々が災害後にどう進んだのか、方向性は大きく異なります。また、肥満の問題に関しては、危機感を持つ家庭と持たない家庭、学校や保育現場での関心度の差に違いがあります。外遊びに対しても保育関係者や保護者の対応は大きな差があります。さらには、地元産の農作物を食べるか否かの是非が今も問われていたり、避難から帰還した方々が疎外感を感じたり、県外では未だに根強い放射線汚染された福島のイメージもあるようで、誤った風評や避難した子どもへのいじめの問題もあります。

　このように震災を契機に起きた様々な問題が複雑に存在し、解決するどころか、ますます深刻化している例もあります。被災した人々が復興するために一番大事なことは、新しい環境のもとで一日も早く新しい日常（new normal）を造り順応することであります。すっかり順応できている人や地域と、今も何かを引きずっている人や地域のとの二極化が、はっきりとしてきているのではないでしょうか。そして、世の中の関心は日々起こる新しいことへと移り、順応できていない人にとっては、世の中からおいていかれたり、阻害されたりしているように感じられてしまうのではないでしょうか。

　復興とは、元通りになるだけでなく、新な社会、新な仕組みを創りあげることだと思います。特に、子どもの生きる環境（成育環境）の再構築が喫緊の課題と考えています。地域の人たちが子どもに寄り添い、そして次世代の社会を支える子どもの健やかな心と身体を育まなくてはなりません。子どもの安全な居場所と、健康な心と身体を育む社会、つまり子どもが活き活きと遊び学べる環境、心が安定していられる家庭、明るい未来を想像できる地域の活力を、いかに創り出すことができるのか、私たちは子どもから大きな課題を出されているのだと思います。

　また、一つの教訓として、私たちには科学というものを素直な心で理解するという姿勢と、常に客観的な立場で物事を判断する力が必要であるということがあげられます。氾濫する雑多な情報の中から適正な情報を選別して入手し、情報の裏に隠れた背景や意味を読み取る力が必要であり、情報リテラシーの力量を試されました。不安という感情を、知性がどうコントロールすることができるのか。その能力を唯一高める方法は、幼少期からの教育にあるのではないかと考えます。極度な少子化に瀕した日本では、働く人口を増やして経済を活性化することが主眼となり、待機児童の解消と保育料無料化が喫緊の課題のような議論がなされていますが、本当に必要なことは、いかに子どもが安心していられる居場所を社会が創り、健やかな心と身体を育みながら、子どもが自ら考え判断できる能力を持てるような教育をしっかりと行うことではないかと思います。震災が教えてくれた様々な課題と教訓を私たちはしっかりと受とめ、新しい日本の社会を創造する糧にしなくてはなりません。

菊池信太郎（きくち・しんたろう）――東京都出身。東京慈恵会医科大学卒業。慶応義塾大学大学院医学研究科単位取得退学、医学博士。専門は小児科一般、小児呼吸器。２００５年国立成育医療センター呼吸器科、２０１０年より現職。日本小児科学会専門医、日本体育協会公認スポーツドクター。郡山市震災後子どものケアプロジェクトのマネージャーを務め、『PEP Kids Koriyama』の設立を牽引した。福島の子どもたちを『日本一元気に』するため、『NPO法人郡山ペップ子育てネットワーク』を立ち上げた。

文献

（1）菊池信太郎「低線量放射線環境下の子どもたち」『子育て支援と心理臨床』6、２０１２
（2）菊池信太郎「福島の変化と現状―郡山市の子どもの４年間」『子育て支援と心理臨床』11、83－90、２０１６

2018年10月発売予定

子育て支援と心理臨床

次号予告 vol.16

特　集

思春期の子育て支援①

若者支援の現場

子育て支援講座

離婚・再婚家庭をめぐって

子育て支援最前線

【連載】親和性社会行動と親子支援 ③

スポットライト 子育て支援の現場から

家庭科教育列島リレー ⑫

ESSAY 気になる周辺の話 ⑯

子育て支援と全国各地の臨床心理士会 ⑩

全国子育て支援ひろばＭＡＰ

子どもと表現 ⑮

親子をつなぐ絵本 ⑯

新連載はじまります

＊諸事情により企画が変更になる場合もあります。
感想・ご意見などがありましたら、巻末のコミュニケーションシートにお書きのうえ、ファックスにて下記にお寄せください。メールによる投稿は受け付けておりません。
送り先：福村出版編集部『子育て支援と心理臨床』係
FAX：03-5812-9776

子育て支援の地域実践モデル

@横浜市旭区

保育所における臨床心理系インターンシップ協働支援事業

旭区保育所を活用した養育支援強化事業

――臨床心理系インターンシップ協働支援事業の概要

横浜市旭区こども家庭支援課

1 はじめに

横浜市では保育の質の向上と地域の子育て支援の充実を目的に、市内各区3か所程度の市立保育所をネットワーク事務局園（以下「事務局園」という）として地域の保育資源をつなぐ「保育資源ネットワーク事業」を実施しています。旭区では4つのエリアに1か所ずつ事務局園が指定されており、これら4つの事務局園が中心となり、保育に関するノウハウや情報の共有化、研修の実施、子育て支援のイベントの共同開催などを行っています。

旭区ではこの事業スキームを活用し、区内の事務局園2園に臨床心理士を配置し、エリア内の保育所等の保育資源への相談援助を行い、保育士と協働で養育支援や虐待予防に取り組む「旭区養育支援強化事業」に取り組んでいます。

2016年度からは当該事業で培った保育士と臨床心理士との協働による保育をさらに発展させるため、保育所に臨床心理士を目指す大学院生等を研修生として受け入れるインターンシップ事業を開始しました。

2 横浜市の保育士を取り巻く状況

2017年10月現在の横浜市の待機児童数は、前年比で約1500人増えており、保育所利用のニーズは依然として増加しています。一方、受け入れ枠の拡大に向けて、今後も多数の認可保育所や小規模保育事業等の整備が予定されており、保育の質の確保に向けた取り組みが必要な状況です。

また、児童虐待相談件数も右肩上がりに増えており、保育士は児童虐待や不適切な養育等に対応するため、支援を必要とする保護者に対応する相談支援や、児童の見守りを担い、関係機関と連携して保育のセーフティネットの役割を果たすことも求められています。

このように、保育士や保育所を取り巻く状況は複雑化しています。

3 旭区養育支援強化事業

旭区では、児童虐待の早期発見や見守り機能としての保育所の役割拡大などを背景に、保育所の機能をこれまで以上に強化していく必要性があると考えていました。他方、養育力低下に伴う支援が必要な家庭の増加や発達障害など対応が難しいケースも増え、心理学や療育など専門的なサポートの必要性を感じていました。

このような状況から、養育支援の体制強化について検討を重ねた結果、福祉や医療の現場では当たり前となっている多職種協働という視点を取り入れ、心のケアの専門家である臨床心理士を保育所に配置するというアイディアが生まれました。

2012年度から区内の事務局園に臨床心理士を1名・週2日配置しました。臨床心理士は配置園を起点に、地区内の市立保育所及び認可保育所等を訪問し、保育士と共に子どものアセスメントを行います。さらに2015年度からは臨床心理士を1名増員しました。臨床心理士は、園における相談支援のほか、保育士向けの研修や地域での育児講座の講師を担うなど幅広く活躍しています。

また、事業全体のアドバイザーとして、児童虐待の専門家である子どもの虹情報センター研修部長増沢高先生に、事業内容の提案・助言、臨床心理士のスーパーバイズ、保育士を対象とした研修の講師をお願いしています。

4 臨床心理系インターンシップ協働支援事業の概要

(1) 事業開始のきっかけ――臨床心理士の効果を実感

旭区では、保育資源ネットワーク事業として、認可保育所や小規模保育事業などの保育資源（2017年4月現在　計56施設）を4つのエリアに分けて、保育士を対象とする研修や地域子育て応援イベントなどの行事の企画・実施を各施設で協力して行っています。この事業の1つとして、各エリアの事務局園と保育資源や関係機関が密に連携できるよう、全エリアに臨床心理士が配置されることが望ましいと考え、まずは2名の臨床心理士を段階的に配置しました。

旭区養育支援強化事業により臨床心理士を配置したことにより、

・保育において心理面での専門的な視点が加わり、保育士が子どもや保護者に対して行うべき支援が明確になった。臨床心理士に話を聞いてもらえる安心感があるなど、保育士の不安の解消につながり、安定的な保育が行われるようになった。

・臨床心理士に相談することにより、子どもの理解が深まり、対応策が広がるとともに、カンファレンス実施等で職員間の情報の共有化やチームの意識が強くなり、子どもや保護者にもよい変化があった。

・臨床心理士が保育資源ネットワークの配置園と同じエリア内にある保育所の相談支援や研修、地域ケアプラザでの地域育児講座などを行うことで、エリア内の面的な保育の質の向上と横のつながりをより一層図ることができ、地域内の育児支援力の向上に役立った。

など、総じて、「保育所の家庭支援機能の強

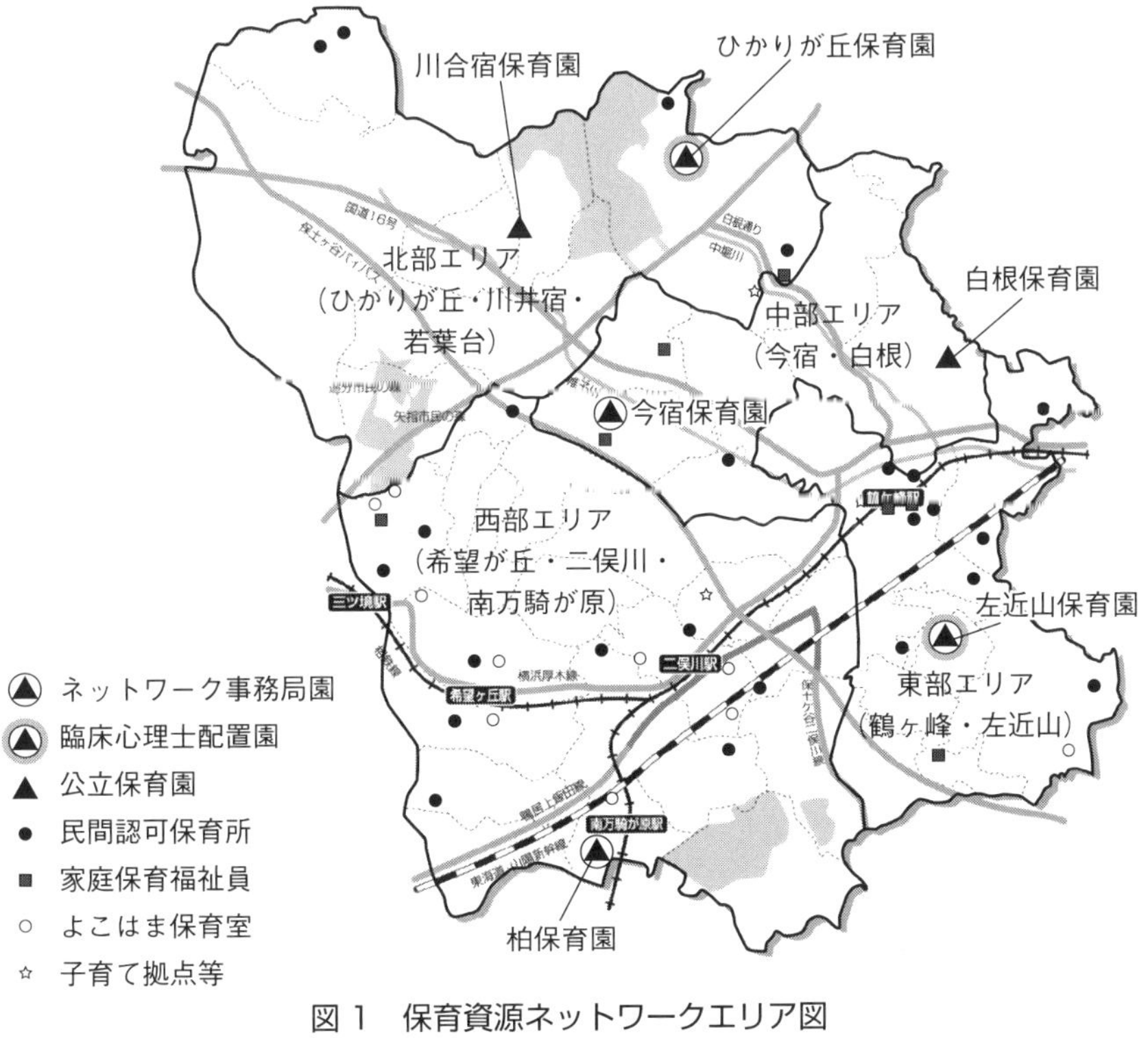

図1　保育資源ネットワークエリア図

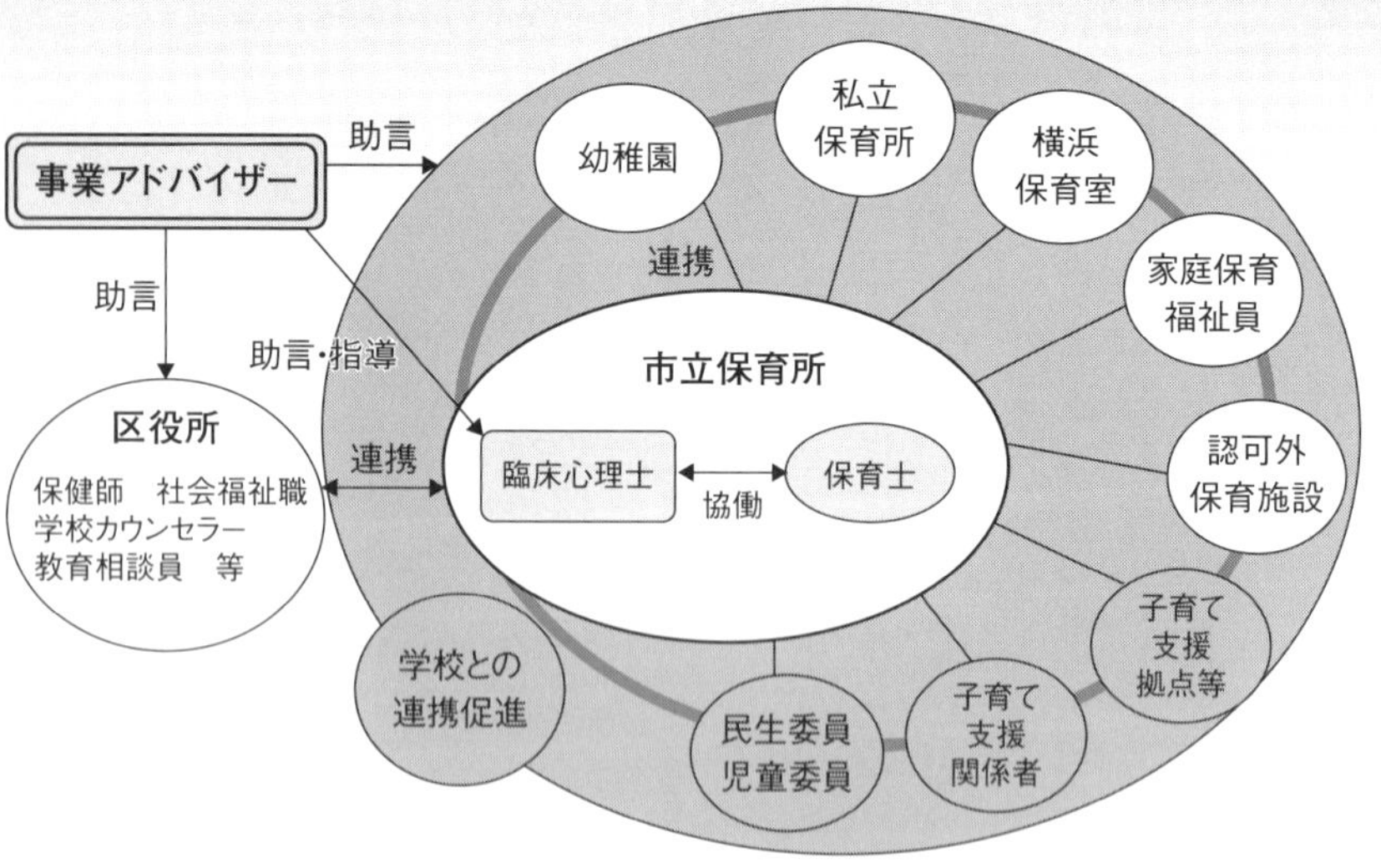

図２　エリアでの事業展開イメージ（保育資源ネットワーク）

化」「セーフティネットの構築」に大いに効果があることがわかりました。

また、２０１６年1月に、臨床心理士を配置した効果やニーズ等を把握し、この取り組みの今後の展開を検討するため、臨床心理士を配置した保育所2園と臨床心理士が訪問した保育所の園長・保育士などを対象に実施した「保育園の臨床心理士配置についてのアンケート」でも、同様に大きな効果があることがわかりました。

今後さらに臨床心理士の配置を増やしていきたいと考えましたが、保育現場の経験があり、保育士の相談支援ができる臨床心理士が非常に少ない状況にあることがわかりました。

そこで、このことについて増沢高先生に相談したところ、保育所における保育臨床の経験が大変豊富であるお茶の水女子大学基幹研究院の准教授・青木紀久代先生をご紹介いただきました。青木紀久代先生からは、保育の現場経験がある臨床心理士は少ないため、まずは、臨床心理士を目指して大学院で学んでいる大学院生をインターンシップとして受け入れ、研修生（以下、「研修生」という）として保育所で活動する取り組みをご提案いただきました。

（2）臨床心理系インターンシップ協働支援事業の内容検討

監修者として青木紀久代先生に指導いただきながら、この新たな取り組みについて一つひとつ事業の内容を検討していきました。事業名称を「臨床心理系インターンシップ協働支援事業」とし、２０１６（平成28）年度の事業開始に向けてスキームを一から構築しました。

事業を検討するにあたっては、次の3点を目指して検討を行いました。

① 病理の場ではなく、子どもたちの生活の場で活躍する臨床心理士はまだまだ少ないため、臨床心理士など心理職を目指す大学院生に、保育現場を経験し、保育の心理臨床を学ぶ機会を提供する。

② 臨床心理士と保育士との協働の場を拡大することにより、小学校全校にスクールカウンセラーが配置されていることや、福祉や医療の現場では多職種が協働することが当たり前となっていることからも、保育の現場で臨床心理士と協働することを広げていく。

③ 研修生は臨床心理士など心理職の卵であるが、保育の心理臨床の専門家の指導を受けて実施することで、研修生と保育士が心理的アプローチを学びながら協働して子どもの支援を行い、保育力の向上につなげていく。

研修期間については、研修生が子どもや保育士と関係をつくる中で、子どもの課題について保育士と共有し成長の目標を定め、子どもの変化を見ながら支援方法を検討していくことが、研修生と保育士の双方にとって大きな学びにつながると考え、通常の保育士実習などと異なり、毎週1回、約9か月という長い期間としました。

研修の際には、毎回、クラスでの活動の終了後に、研修生と保育士で振り返り（保育カンファレンス）を行い、その日の子どものエピソー

月／内容	4月	5月	6月	7月	8月	9月	10月	11月	12月	1月	2月
保育園で活動	団結式	研修生は毎月の研修記録を提出（→）									研修報告会
グループスーパービジョン			第1回			第2回	第3回	第4回		第5回	
研修等			園長・保育士研修会		OB・OG会	園長 保育士 研修会			園長 研修会		園長 研修会

図３　年間スケジュール

ドや研修生の活動日以外の子どもの様子なども共有し、今後の支援方法等について話し合います。研修生はその場で記録を作成し、月毎にまとめて監修者に提出します。

毎回の振り返りなど、保育所側でのきめ細かい対応が必要となるため、保育所の負担を考慮し、研修生の受け入れ人数は原則として各保育所1名としました。

また、研修生が監修者から直接指導を受ける場として、グループスーパービジョン（以下、「GSV」という）を実施することとしました。GSVでは、研修活動の報告、アセスメントシートを使ったケース検討などを行い、研修生だけではなく、園長や保育士も参加し、学び合う機会としました。

このような内容で、保育現場で活動できる臨床心理士の育成と保育に心理臨床の視点を導入する取り組みを進めて、保育のエンパワメントを図っていく事業に取り組むことになりました。

【コラム】スタートアップセミナーの開催

事業を開始した平成28年度は、保育士、臨床心理士などを対象としたスタートアップセミナーを開催し、約220名の参加がありました。「保育のエンパワメント　親子の関係性を援助するには」をテーマとして、事業の監修者である青木紀久代先生と、旭区の養育支援強化事業アドバイザーの増沢高先生による講演及び対談を行いました。保育園という暮らしの場で、「子どもの育ちの回復のためのアセスメント」の重要性やカンファレンスを通して職員同士がチームとして育ち合うこと、親と子どもの関係性の回復に「遊び」の展開や「癒し」がいかに大切であるかが語られました。

（3）事業内容（図4　**概要図**）

事業には、2016年度は大学院4校から8名、2017年度は2校増え、6校から8名の大学院生等が参加しました。受け入れる保育所についても初年度は旭区内の市立保育所のみでしたが、翌年には私立保育所の西川島保育園、士と愛子供の家保育所の2園が参加し、公民合わせ8園で受け入れを行いました（図3：年間スケジュール）。

※参加大学院（お茶の水女子大学大学院、学習院大学大学院、国際医療福祉大学大学院、上智大学大学院、東洋英和女学院大学院、明治学院大学大学院：五十音順）

①団結式（オリエンテーション）

参加する研修生に対し旭区長からの激励と事業への思いを伝えるとともに、1年間ともに学ぶ研修生の団結を高めるため、スタートとなる4月に「団結式」を開催します。

団結式では、この事業の趣旨を共有するとともに、受入園の園長との顔合わせを行います。

②研修生の保育所での活動と記録の提出

研修生は午前中保育室や園庭などクラスに入

■横浜市旭区臨床心理系インターシップ協働支援事業の内容

【趣旨】１保育現場を経験し保育の心理臨床を学ぶ機会を大学院生等に提供
２保育士と大学院生等が保育臨床の理解を互いに深め、保育の質の向上を図る

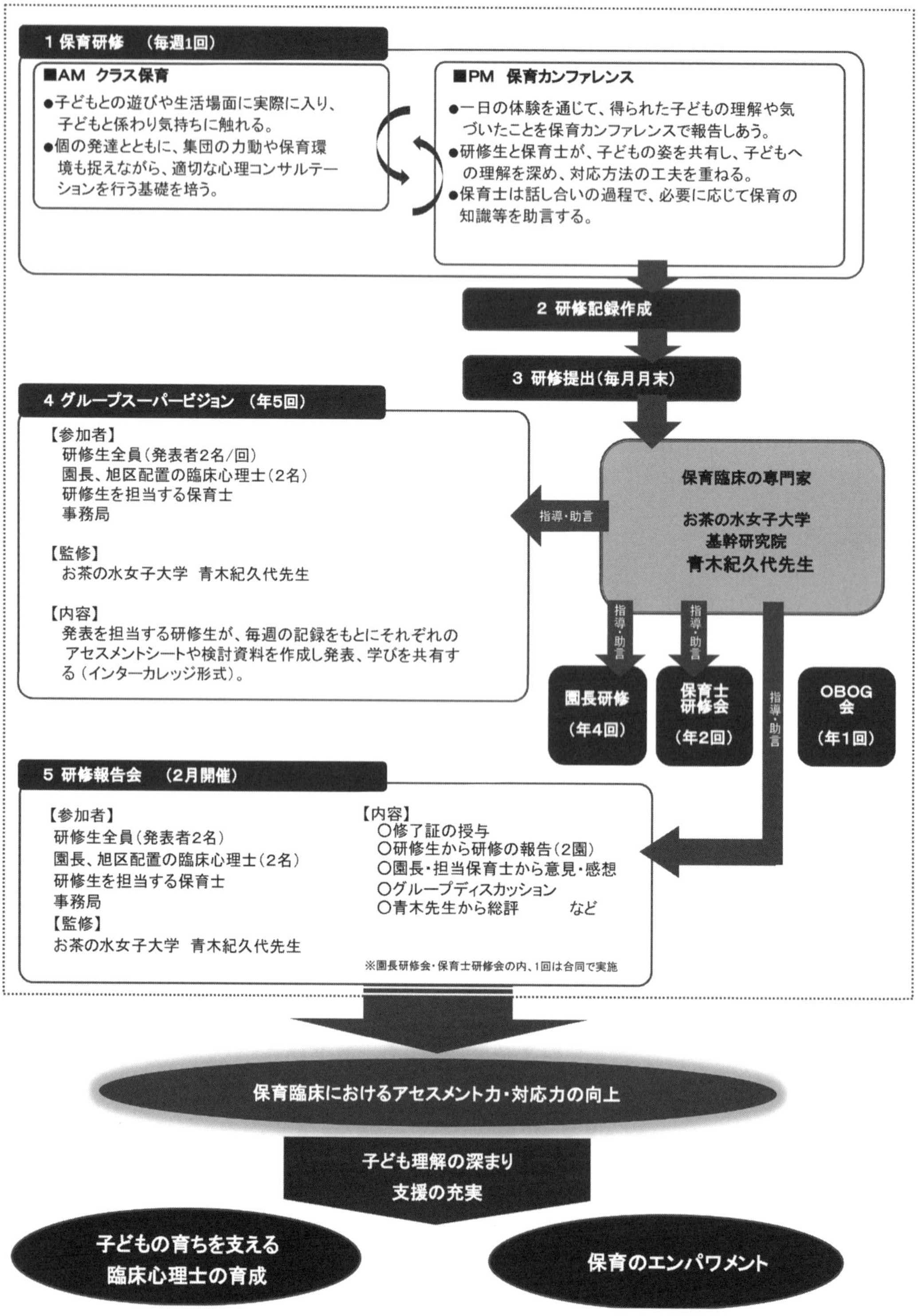

図４　横浜市旭区臨床心理系インターンシップ協働支援事業の概要

写真１　子どもと一緒に昼食

写真２　その後の保育カンファレンス

9：00～9：30	朝の挨拶・クラスに入る
9：30～11：00	保育活動・観察
11：00～12：00	子どもと一緒に昼食
12：30～13：30	事務室にて記録 振り返り
14：00～	園を退出

図５　研修生の一日

り、子どもと触れ合う中でさりげなく子どもの様子を観察します。（図５　研修生の一日：写真１）その後、担任の保育士との振り返り（保育カンファレンス：写真２）を行います。カンファレンスには必要に応じて、園長や主任も参加します。カンファレンスでは、その日の気になる行動を挙げ、その理由を分析し、明日以降の支援方針を話し合います。研修生はその日の子どもの様子と子どもの姿から感じたこと、考えたこと、対応したこと、などを記録としてまとめます。記録については1か月分をまとめ、毎月青木紀久代先生に提出します。青木紀久代先生からは、記録の内容についてご指導いただくとともに、ＧＳＶ等の場で研修生全員で共有します。

③グループスーパービジョン（ＧＳＶ）

青木紀久代先生をスーパーバイザーとしたＧＳＶを年5回実施しています。ＧＳＶには研修生全員と担任の保育士や園長も参加します。会場は区役所の会議室ではなく、保育所を利用しています。保育所を会場とすることで保育士が参加しやすくするとともに、研修生が保育環境の違いを感じたり、他園の保育士と接する機会を持つことができます。

第1回目は、子どもの姿の捉え方やリフレクトの仕方など、保育臨床の記録やアセスメントシート作成のポイントを学びます。2回目以降は、毎回2人の研修生がそれぞれのケースについて発表します。アセスメントシートを作成し、子どもの背景や気になるエピソード、支援課題等を話します。担任や園長からもコメントをも

【事例：人形遊びの際、子どもが人形で研修生に高飛車に話してくるエピソードへの監修者からの助言】

研修生が子どもと一緒に遊びながら、子どもの姿を見て取り、関わることが大切である。子どもが生活の中で、日頃傷ついている言葉を遊びの中で研修生に向けてくるとき、あえてその言葉を受けた研修生が心に感じたことを「悲しくなった、辛くなった」など、子どもに受け止められる形で表現することは大切である。なぜなら、日頃、園児自身が溜め込んでいる気持ちを表現してもいいことに、遊びの中で子どもが気づかされるからである。

写真３　グループスーパービジョンの様子

写真４　園長研修会

らいながら、研修生全員で課題を考え、子どもへの対応や手立てのアイディアや関わり方を検討し、最後に青木紀久代先生から助言・指導をいただいています。

単なる保育現場での実習ではなく、保育者と振り返った内容も含め、保育の場で心理として何を捉えていくのかを、保育臨床の専門家に助言を受けながらインターカレッジ形式で検討を行い、大学を超えた学びがあることがこの研修最大の特徴です。

スーパーバイザーからの助言では、子ども自身が受けてきた内側にある感情を溜め込まずに表現できるようになることを意識した関わりをするなど、生活場面ならではの「遊び」の体験を生かした具体的な関わりを促します。この研修では、体験として、子どもと遊びこむことの大切さも語られています。

～監修者からのコメント～

★保育士が子どもの対応をどうするかを決める際の選択肢が増えている。

★担任と研修生だけが学び取るものではなく子ども理解が園全体に進んだという還元になっていることが大切。

④園長研修会

事業に参加する園の園長に向けて、年4回研修を開催しています。

研修会では研修生の受け入れ状況、研修生と保育士のカンファレンスのあり方など、情報共有を図るとともに、研修生のゴールのイメージや子どもの事例検討なども行っています。

⑤園長・保育士研修会

担任の保育士に対しても年2回研修を開催しています。

第1回目は事業の目的・内容の説明を行い、第2回目は、グループワークで自園での保育カンファレンスの進め方や気付きの共有の仕方について話し合います。

いずれの回にも青木紀久代先生から具体的な助言をいただき、研修生とどのように関わったらよいかなど、見通しをつけていただきました。

⑥ＯＢ・ＯＧ会

２０１７年度は、新たにＯＢ・ＯＧ会を開催しました。

２０１６年度の参加メンバー4名と研修生が、大学を超えた保育臨床を経験した先輩後輩として意見交換を行いました。ＯＢ・ＯＧからは自らの経験に基づき、アセスメントシートの書き方から子どもに関わっていく姿勢など、経験者ならではの具体的なアドバイスがありました。現在臨床の場で活躍している先輩からの助言は、研修生にとって大変説得力があり、参考になったと好評を得ました（写真６　ＯＢ・ＯＧ会）。

⑦研修報告会

第一部「修了式・研修報告」

研修期間を終えた研修生に旭区長より修了証を授与後、研修の報告会を行います。

写真６　OB・OG 会

写真５　園長・保育士研修会

写真７　平成 28 年度・29 年度の研修生

写真９　研修報告会　発表の様子

写真８　研修報告会　修了証書授与

報告会では、２つの園が事業の成果を発表します。

まず研修生からケース概要やエピソード、振り返りからの学びなどを報告します。次にクラス担当保育士より子どもの姿や工夫した点、戸惑いや気付き、不安など、事業に参加した感想を話します。園長からは、参加した感想や保育士の変化、園内での活用や課題などを挙げ、青木紀久代先生からもコメントをいただきながら参加者全員で共有します。

第二部「グループワーク」

グループワークでは子どもへの支援について、保育者と心理職が協働することはどのような意義や効果があるのか、それぞれの立場で意見交換を行います。６人程度のグループに分かれ、園長がファシリテーターとなり、研修生、保育士に加え、大学関係者や来年度の参加希望者など、当日の参加者も加わり議論します。最後に各グループの意見をまとめ、発表します。

写真 10　研修報告会　グループワーク

⑧ニュースレター

この事業参加者の研修生、保育士、園の声などを記事に寄せたニュースレターを年３回発行しています。横浜市内の市立保育所や市内18区のこども家庭支援課、旭区内の私立保育所、出版社等に送付するとともに、旭区のホームページにも掲載し、広く事業を周知しています。

http://www.city.yokohama.lg.jp/asahi/madoguchi/kodomokatei/hoiku/rinsyoushinri.html

5　2016年・2017年の参加者アンケート

【研修生】

・一対一のカウンセリングとは違う集団の生活の中で、１人の子どもを見立てていくことの難しさと面白さを感じた。

・保育士の方が予想以上に子どもの心理の内面をつかんでいることを知り、心理としての専門性をさらに深める必要があると思った。

・教えていただく姿勢、学ばせていただく姿勢が、相手を尊重し互いの専門性を発揮できるのではと思った。

・温かい気持ちの体験を重ね、保育者とも共有していくことが、子どもとのつながりを深めていくことだと気付いた。

・保育士がさりげなく子どもの髪を結い直してあげているうちに子どもの表情が柔らかくなったのを目にし、保育の行為そのものが癒しとなることに気付かされた。

・９か月間、相談室ではなく「現場で」という普段の臨床とは異なる体験をすることができ、保育士の先生方とチームで取り組んだことも大きな体験だったと思う。

・１人の子に時間をかけて丁寧に関わることができて貴重な体験となった。

・言語発達や社会性の発達がゆっくりな子だったが、同年代の集団の中で他の子の発達の様子と一緒に見られたのがよかった。

・スーパーバイザーの助言や研修生同士の意見、保育園の先生方のコメントなど、さまざまな角度から学ぶことができた。

【保育士】

・子どもの行動の意味付けが、保育者と違った視点があり、子ども理解が深まった。

・保育士の視点と心理の視点を合わせて子どもを理解することがさらに子どもにとっていい結果になると実感した。

写真11　グループスーパービジョン

・1人の子どもの心の動きが深まることでクラス運営にも反映していくことができた。

・最初は集団が壊されるのではと不安だったが、自然に保育に入ってくれることで受容された子どもの変化でクラスが落ち着いた。

・早い時期に研修があったことや他職種の方と学ぶ機会が持てたのはよかった。

・初めての経験で、始めの頃は、不安の方が大きくありましたが、学生さんに入ってもらうことで、子どもの成長を毎週感じられ、違う視点からの意見や考えを聞けることは、とても貴重で、話し合いを重ねていくことで、理解も深まり、改めて子どもの持つ力に気付かされ、大切に伸ばしていきたいところだと思いました。

・他職種の方と学ぶ機会が持ててよかったです。早い時期に研修があったことがありがたかったです。自分の担当の前にGSVへの参加も勉強になりました。

・戸惑うこともありましたが、1人の子に焦点をあてて、一年間心身の発達を異職種の方と考え話し合い援助していくことができてよかったと思います。色々な園、保育士が事業に携わっていければよいと思います。

・子どもの姿を共有し合うことで互いの専門性が分かり、信頼関係が深まった。

【園長】

・研修生を受け入れたクラスの担任は、心理臨床の見立てで子ども理解が深まり、その発信が他の保育士にとっても自分たちの保育を振り返る機会となった。

・ケースによって臨床心理、保育、それぞれの立場で関わり方があることが参考になった。

・スーパーバイザーの見立てを聞くことで自園の保育の振り返りができ、自分自身が学んだことを職員に伝え、園全体で学びを得る機会にした。

・なかなか園内の共有は難しかったが、それぞれの役割を尊重し、相互に聞き合える環境を皆で協力し合って用意した。

・職員の子ども理解の意識を広げることができた。

・心理士の視点に保育士として新たな気付きや発見があり、保育士が専門職として保育を伝えていくことで、保育士自身が磨かれ、園内の共有により人材の育成や保育の質の向上につながった。

6　今後の展開

養育支援の必要性が高まり、子育て支援の重要な拠点である保育所では、保育士と心理職などの専門職が協働して、子どもの育ちを支援することが求められています。

２０１８年に心理職で初の国家資格となる公認心理師が誕生し、保健医療、福祉、教育などの分野で広く活躍することが期待されています。

臨床心理系インターンシップ協働支援事業は、２０１８（平成30）年度に事業を開始して3年目を迎え、公認心理師養成の実習として位置付けていくことも予定しています。保育所における臨床心理士の活動が保育士のエンパワメントにつながり、保育の質の向上の一助となるよう、この事業を今後もより充実した内容で実施していきたいと考えています。

保育所インターンシップで学んだこと

佐藤亜矢子
◉平成28年度研修生

インターン志望の動機・きっかけ

　大学院を修了する約1か月前に、今回のインターンシップについて声を掛けていただきました。ちょうど、教育相談員としての就職が決まった時期でもありました。以前から私は、子どもの心をケアする仕事をしたいと思い、できるだけ子どもと関わることのできるボランティアやアルバイトをしてきました。それでも、なかなか就学前の子どもと接する機会を持てずにいたため、その時期の子どもたちがどのような考え方をしているのか、どのように友達と関わっているのかなど、イメージすることに難しさを感じていました。授業で〝課題を抱えている子どもの心理治療をするためには、まず相談に訪れない子どもたちを含め、その年代の子どもたちの様子も知っていなければ、そのズレがわからない〟と教わったこともあり、そこの部分が私には欠けているように感じていました。

　教育相談員として小、中学生と関わっていくためには、その子どもたちがそれまでどのように育ってきたのかを知っておく必要があると思い、この機会に、実際に子どもたちと触れ合いたいという思いが強くありました。

インターンが始まって

　そのような思いを持ち志望したものの、実際に自分はどのように活動していけばよいのかという不安もありました。これまで経験してきた実習では、過去の先輩の動きを参考にすることもでき、また同じ立場で実習をする心理の仲間もいました。今回の、心理職のいない現場に、心理インターンとして1人で入らせてもらうという形態は初めてで、自分がこれまでに学んだ知識を使って、うまくやっていけるのだろうかという戸惑いもありました。

　実際にインターンが始まると、子どもたちと話をしたり、遊んだり、たくさん触れ合うことができました。この時期は、これから約1年間担当していく子どもを決めることが課題でした。さっそく心理の視点からアセスメントをすることが求められているように感じました。

　園長先生や担任の先生と、活動後に振り返りを行い、その日の出来事や気になったことを話し合う時間を作っていただいていましたが、特に開始当初は、この振り返りの時間を一番難しく感じていました。心理として入らせてもらっているのだから、何か心理の視点から意見を言わなくては、という焦りもあったからです。アセスメントするためには、子どもたちの中に入り込む必要があると思いますが、子どもたちと関わる際にも、子どもたちの心を乱してしまうことで保育士の先生の邪魔にならないように、活動に支障が出てはいけないと、踏み込むことを尻込みしてしまう場面も多々ありました。これは開始当初だけでなく、しばらく続いていたと思います。

そんな私の様子を先生方は温かく見守ってくださっており、「子どもたちの気持ちに寄り添うことは段々できてきていると思うので、そこからどんどん働きかけていってほしい。子どもとの信頼関係もそうやってできていくから。もし失敗してもフォローしていきますよ」「失敗の方が印象に残るし、そこから学ぶことも多いから」と声を掛けていただきました。先生方の励ましもあり、手探りではありましたが、少しずつ、子どもたちとも近づいていけた気がします。そして、子どもたちを理解していくためには、毎日子どもたちと接している先生方と話し合うことがとても大切だということもわかってきました。また、心理士として十分に役に立つことができない分、それ以外のことで何か自分にできることはないかと探し、先生にも作業を与えてもらえたことで〝心理として何かしなくては〟というプレッシャーも軽減していけたように感じます。

他職種と連携してみて

保育士の先生とのやり取りの中で学ぶことが多くありました。例えば、異なる職種がチームとしてやっていくことについて、保育士が心理士に期待していることについて、さらには保育士の先生の動きから、心理を学ぶこともありました。保育の専門家は保育、心理の専門家は心理と、それぞれ別のものを扱っているのではなく、重なり合う部分も多くあることに改めて気付きました。

それと同時に、保育士という職業について、よく理解していなかったこともわかりました。保育士の先生の方が自分よりも心理のことをわかっているのなら、自分がここにいる意味とは何だろう、もしお金をもらって仕事をしている立場であれば、許されないことではないかと思うこともありました。しかし、それもよくよく考えてみれば当たり前のことなのではないかと思いました。私よりも長い年月子どもと向き合ってきた先生と、まだ子どもと関わることや、心理士としても未熟な自分が同じ水準で話し合いをするというのは難しかったのではないかとも感じました。チームとしてやっていくためには、相手の専門性をきちんと理解しようという姿勢が必要であったことにも気付かされました。また、自分自身も、心理の専門家として現場に出るためには、より深く習得する必要があることを実感しました。

ある日の振り返りの時間、保育士の先生から、「その日のエピソードを振り返るだけでなく、これまでの積み重ねの中で何か言えることはないか」「行動だけを話すのではなく、どういう思いでその行動をとったのか〝思い〟の部分も伝えてほしい」というお話が出ました。当たり前のことなのかもしれませんが、私はそれまで、どのような思いで自分がその時その行動をとったのかについては伝えておらず、「〇〇をしたらこういう風に反応してくれました」などのように伝えていました。しかしそれでは、心理としてどんなふうに考えているか、心理を専門としていない人、また専門としている人にも伝えることができていなかったことに気付きました。それと同時に、自分の行動は心理的な観点に基づくと、どのような意味があったのか、きちんと説明できる段階ではなかったために、伝えることができていなかったことにも気付きました。

インターン終了後、現在生かされていること

現在私は地域の教育相談員として、主に小・中学生とその保護者とのプレイセラピー・面接を行っています。そこでは、学校の先生をはじめ、様々な専門家との連携が求められます。今

佐藤亜矢子（さとう・あやこ）――平成28年3月学習院大学大学院人文科学研究科臨床心理学専攻博士前期課程修了。平成28年4月より足立区こども支援センターげんき教育相談係にて教育相談員。臨床心理士。

回のインターンシップで学んだ、チームで連携を取って動く際の心構えのようなものは、今とても生きています。職場ではなかなか指摘してもらえないようなことも、インターン生であったからこそ、言葉にして言ってもらうことができたのかもしれないと思い、本当にありがたい気持ちでいっぱいです。連携の大切さについては授業でも習っていましたが、実際にどのようにやっていけばよいのか、そのための手掛かりを、このインターンを通して得られたのではないかと思います。また、教育相談に訪れる子どもたちが、就学前にどのような環境で生活してきたのか、イメージできるようになったことで、保護者面接での保護者の話の聴き方も、変わってきたように感じます。

インターン開始前に思い描いていた以上のものを、今回の活動で得ることができ、本当に中身の濃い研修でした。

保育所での心理職インターンシップに参加して

岸本由有希◉平成28年度研修生

インターンへの参加

本実習への参加は、学部生の頃から幼児期の子と関わる機会が多かったこともあり、保育領域に興味を持ったことがきっかけとなりました。大学院では保育園実習の前例がなかったため、事前知識としては実習の概要のみで具体的なイメージもつかめずにいました。しかし、定期的に幼児期の子と関われること、また、長期間生活に近い場に添わせてもらえることに魅力を感じ、参加を希望したことを覚えています。参加したきっかけが興味関心を強く持ったというものだったので、保育園の実情や保育臨床をよく把握せずに、思い切りで参加したような形となりました。

そのため、実習前の事前カンファレンスなどで心理士と保育士の協働をテーマにした話を聞いて理解していくうちに、背筋が伸びる思いがしたのを覚えています。ここで私は学生ではなく、心理士（先生）として何か残していかなければならないのか、と責任と緊張を感じていました。実習先では学生感覚が抜けず、保育園内で「岸本先生」と呼ばれることになかなか慣れずにいたことを覚えています。

まだ心理士としてできることがはっきりとつかめていなかったので、保育園の中で何を見ていけばいいのか、協働とは何をすればよいのか、学んだ知識をどのように活かせばよいのか、と探り探りの毎日となりました。そして、実習の中で何か形にしなくてはいけないと気持ちが焦り、余計に不安が強くなっていきました。

岸本由有希（きしもとゆうき）――2015年、日本女子大学心理学科卒業。2017年、国際医療福祉大学院臨床心理学専攻修士課程修了。臨床心理士。大学院修了後、国際医療福祉大学病院小児科にて非常勤心理士として勤務。

研修のはじまり

そのような中で始まった実習では、当然のように固くなり変に気張ってしまって、保育園の和やかな雰囲気からしたら浮いた人だったのではないかと思います。当初の私の頭には「今日こそは何かしないと」と変な使命感でいっぱいで、自分の立ち位置ばかり気にしていました。

実習開始当初は自分の中で取り組み方がわからず、子どもたちとの遊びでも「これにはどう答えよう」「この遊び方であっているのか？」と考えてしまい、とても不器用で不自然なやりとりになっていたと思います。特にクラスの中で見ていたお子さんとはなかなか関係が築けずにいて、充分な目標設定や見立てもせずに、目の前で起こる出来事にただ反応して空回りの対応ばかりしてしまいました。

心理臨床の実習とは異なり、1対1ではなく複数の関係の中で1人の子と関わっていく環境にも戸惑いを感じていました。1人の子をよく見ていくために個別で関わろうとすると、周囲からその子を切り取ってしまう結果になり、保育園では異様な光景になってしまいました。このような自分の取り組み方に疑問を持っていたのですが、どこから問題を取り上げてよいかもわからず淡々と実習をしていたことが思い返されます。保育士と協働する以前の部分で不安や戸惑いに圧倒されてしまい、自分自身の問題が全面に出ていました。

肩の力がぬけた「気付き」

その中でも、実習への取り組み方が徐々に理解でき、苦しい状況から脱せられる瞬間がありました。特別な出来事があったわけではなく、毎週1回4歳児の集団に入れてもらい、子どもたちや先生方との日々のやりとりから教わり学ばせていただきました。実習中に私が小難しく考えて止まっていても、周りではどんどんやりとりが行われていきます。日々の遊びでは、仲良くしていたと思えば、いきなりケンカが始まったりと、早いテンポで状況が展開されていきました。激しいケンカのあとでも、互いが納得いくまでぶつかり合えば、そのあとはサッと仲直りする姿もありました。それらを前にして、私自身も置いていかれないように必死になり、一瞬一瞬目の前のことに目を向けられるようになっていきました。保育臨床では、心理検査を用いて理解を深めたり、時間を区切って相手に対応したりなどできず、その場の判断とその時の自分で子どもたちと関わっていく以外に方法がありませんでした。その場にあるもので、柔軟に素早く対応していく姿勢を教えてもらい、鍛えてもらったように思います。

また、4歳児では、子どもたち同士で意見を主張しながら仲間に受け入れられていくことで、一人の子が逞しく、強くなっていくような姿がよくみられました。安心できる場所で、子ども同士でと関わっていくことの大切さを実感した瞬間でもありました。実習生として自分ありきの視点になっていたのですが、私が何かしたところで特別な変化が起こるはずはなく、できることは限られているのだと強く感じたことを覚えています。集団の中で個人を見る広い視点や、保育現場では自分が直接関わっていくこと以外での関わり方があることに気付きました。

そこから自然に力を抜くことができ、「何かしなくては」という強く変な義務感から距離を取れるようになっていきました。実習の取り組み方としても、自分が直接何かをするのではなく1人の子を集団の中で理解していく、そしてそれらを保育士と共有し援助方針に共に探っていく、という点に焦点を当てて集中できたように思います。その時から目の前の子を知って、関わっていくスタート地点に立てたような気がしました。実習の終わりの方でしたが、ようやく見ていた子との落ち着いた関係が築けていき、その子自身のことや周囲との関わり方が理解できるようになっていきました。そして、その中での気付きやりとりを実習後に保育の先生方と共に振り返ることで、関わり方に連続性がみられ、援助方針の修正や改善がなされていきました。毎回このような時間が持てたことは、互いの見方や考えを共有し、1人の子をより理解してゆく貴重な時間でもありました。自分では気付けなかった点や見ることができないような点を聞いていくことで、対応の幅が広がるものなのだと実感できました。保育士と協働の在り方を探っていく中で、1人の子を集団という大きな視点と個人という小さな視点の両方から知り見立てて、援助へ繋げていく道筋をつかめたように思います。

協働することの体験的学び

私の保育実習では、実習への取り組み方や協働の在り方を見付けていくまでに大半の時間を費やしてしまい、対象としていた子の問題改善への具体的な支援までは行きつくことができなかったように思います。グループスーパービジョンでは、心理臨床の先生方から多く指導していただきましたが、それらが直接援助方針に活きるのではなく、問題を捉えなおすきっかけや、関わりで生じたものへ気付き、それらを言葉にしていく過程で助けとなりました。スーパービジョンではその他多くの出来事について話合ってきましたが、支援を行う以前の基本的な姿勢や心理士としての在り方を特に指導していただいたように思います。

スーパービジョンで受けた視点を保育園に持ち帰り、先生方と共有し掘り下げていく過程で、それらが支援策としてより具体的に保育園の中で活用できる形になっていきます。どちらか片方に寄り掛かり一方が問題をすべて解決していくわけではなく、その視点や素材をどう活かしていくのか、どう役に立てていくのか共に作り上げていく過程がとても大切でした。心理臨床の枠を超えた場所で、協働していくことの意味を体験的に捉えていきました。独自の視点を持ちつつも、それらを上手く共有していくことで、対象となる子に活きる具体的な援助に繋がっていくのではないかと思います。

就職した現場で活かされていること

保育実習で得たものは、臨床現場で基本的な姿勢として大切にしています。現在、病院勤務ですが、他領域の方たちと協働していく時は、協働関係の中で自分の役割を意識してその中で最善を尽くしていきます。治療過程では、個人の治療に集中しながらも、その子の周りにある家族や教育、公的機関の動きにも注意を払っています。それぞれの領域での特徴や得意とする働きかけ、支援方法を知っておくことも働く上で助けになりました。心理士として個人の理解を深めていき、良いタイミングで社会や集団へ繋げていけるように、本人に歩調を合わせて治療していくように心掛けています。病院の中では特に本人への援助が限られ、外での繋がりが見えにくくなってしまうので、他の分野の人とうまく協働しながら治療に連続性が見られるように意識しています。

大学院生で保育園という1つの職場へ入れていただき、不安や戸惑いも多く背伸びばかりしていましたが、とても貴重な実習経験となりました。心理臨床の枠を超えた場で出会えた方々に、自分の専門性や職業観というものを育てていただいたように思います。実際に臨床現場に出てみて、日常生活での地道な関わりからなる安心感や信頼感の積み重ねは、子どもたちの底力として根付いていくものだと感じています。実習を通して、幼児期という大切な時期に1人の子に関われたことは臨床を行っていく上で大きな財産となっています。保育実習を振り返る中で、多くの出来事がありましたが、自分の中で消化できずにそのままにしてあるものもあります。これから経験を積んでいく中で、少しずつ言葉にしていき、これからの臨床活動に活かしていきたいと思います。

研修生とともに育んだ保育のチームワーク

横浜市立保育所保育士●1995年採用

新入園児からの「好きじゃない」の一言とインターンへの不安

3年ほど前に印象に残る出来事がありました。新年度が始まり、クラスの担任になって2日目のことです。入園したばかりで、新しい環境に慣れず初日泣いていたAが、昼寝の時間、ふざけて大きな声を出し始めたのです。してはいけないことを敢えてし続けるAにそれまでの不安な表情はありませんでした。私は、何度かAを注意しました。そのとき、体と表情をこわばらせたAの口から出たのは、「好きじゃない」の鋭い一言でした。これから生活をともにする大人に対して、幼い子どもの口から出てきたその言葉に私は衝撃を受けました。同時に、なぜそんなことを言われなければならないのかと傷つき、悶々としたのです。

担当のクラスは、Aだけではなく全体的に幼く、子どもたちはよくけんかをし、泣きました。保護者が迎えに来ても素直に喜べず一騒ぎしてしまう、何人もの子が一斉に自分の話を聞いてもらおうと大きな声を出すなど、クラスはいつもざわざわとしていました。一人ひとりへの対応に追われ、1日が終わると疲れ果て負担を感じるときもありました。

翌年、旭区独自の取り組みとして臨床心理系のインターンシップ事業が始まり、研修生がクラスに週1回入ることになりました。その年の対象児はAではなく、Bになりました。担任になり2年目でしたが、知らない人がクラスに入ると興奮し、必死に自分をアピールし合う子どもたちの姿が目に浮かび、大丈夫だろうかと最初は不安を感じました。研修生は午前中クラスに入り、子どもたちと生活をともにし、午後カンファレンスが行われました。心理士の方のお話を聞くことは今までにもありましたが、研修生ではあっても心理士という職種の方と、同じ保育の場で一緒に子どもたちと関わっていくのは、まったく新しい取り組みでした。全体を保育しながら研修生の動きも視野に入れ、対応を学び取っていきたいと思いましたが、同時に、自分にそんなゆとりはあるだろうかと心配もありました。

保育内容の再認識

実際の保育の場では、研修生は一つひとつの言動について丁寧に観察し、見立て、心の動きを読み取りながらBと関わっていました。保育士は、集団の中でBのような気になる子を個別対応するものの、ずっとその子だけと関わっていくことは不可能で、十分対応できないこともあります。研修生のBへの関わりは、Bの立ち直りのきっかけになることも多く、心強いものでした。

「さっきBちゃんがふっと先生に近づいて、頭を撫でてもらいましたよね。振り返ったとき表情がかわっていましたよ」と、こちらが何気なく行ったことに対する子どもの反応も、研修生が見届けてくれることがありました。日頃保育の中で私たち保育士が当たり前のように行っている環境構成や対応も、普段は自分の中でただ流れで行ってしまうようなことについても研修生の視点で新たに意味づけていただくことが多々ありました。たくさんの大切なことを再認識することができたと思います。

協働による異なる視点からの支援

事業の2年目には、前年から心配していたAが対象児となりました。クラスの子も成長し、けんかや泣くことは減りましたが、週明けの落ち着かなさ、自分の話を聞いてほしくて声が大きくなる姿は変わっていませんでした。研修生が再びクラスに入り、何人かの女児が順に研修生のひざに座り、甘え、次の活動までのエネルギーを補充する場面がよく見られました。Aは、その様子を目にし、研修生を試し困らせたり、わざと目立って注意を引こうとしていました。時に研修生に荒い言葉を投げかけるなどして、なかなか素直に気持ちを表せなかったのですが、研修生の来園を喜ぶ姿を次第に見せるようになりました。

ある日のリズム遊びの活動の中での出来事です。大柄なAには苦手な動きが始まろうとしたとき、Aが研修生に「疲れた」と素直な気持ちを打ち明けました。「そうなんだ。では休憩すれば？」とAは研修生に気持ちを受け止めてもらいました。一方で保育士は普段のAの様子、日々の関わりや願いから「まだ疲れてはいないだろう、Aならできる」とAを励ましました。このように、時に違う視点からの見立てで、保育士と研修生から異なる対応が生まれることもありました。後日、青木先生の元、行われたグループスーパービジョンでは、研修生と保育士はそれぞれ異なる場面で援助者となることができるとあり、その異なる専門性からの異なる視点双方が大切であることを学びました。

また、スーパービジョンで「その子の特徴はどんなだった？」と研修生が問われる場面がありました。ＫＩＤＳ（乳幼児発達スケール）を使うなどして、統計的に一つひとつの発達の項目を確認し、状況を把握することが臨床心理には大切であることを、私たちも学ぶことができました。

インターン事業からの学び

研修生とたくさんのエピソードや気付きを語り合い、共有し、共感し記録を積み重ねていったことは、私たちの貴重な財産になったと思います。また、話し合い後の研修生のまとめを見せていただくことで、見立て、視点などの記録や表現の仕方についても学ぶことができました。1年間1人の子の心身の発達を見つめ、心理と保育の専門家が一緒になってその子を援助し、お互いの振り返りを習慣にしてきたことは保育の質の向上、そして子どもの成長にも繋がりました。1人では気が付かなかったことも、研修生がいたからこそ気付き、理解することができました。そして、カンファレンスすることで保育士が専門性を活かして行っている環境構成や配慮についても伝え、お互いに視点を広げ、子どもの理解を深めることができたと思います。

今年度はカンファレンスに、他のクラスの職員も参加し、共通認識することができました。このことは、Aの対応だけでなく、ほかの子どもへの関わり方のヒントとなりました。このように、異職種の専門家とチームで相談し合い、より良い支援を考えながら保育するということは、私たちにとって大きな力となりました。私たちはこの事業で得た経験をこれからの保育や保護者対応にも活かしていけると思います。

Aの父は厳格で、心を推し量るのは難しいと感じます。また、週明け「みてみて」「きいてきいて」と注目を浴びようとしたり、時に思い通りにならず、捨て台詞を吐いてしまうなどするAの姿から、家庭での過ごし方など心配な面も残っています。しかし先日、Aの母により、Aを取り巻く子どもたち、同じクラスの保護者、保育士に対し、感謝の気持ちが伝えられほっとする場面がありました。また、周りの子も成長し、いけないことはいけないとAに対し指摘しつつもその存在を認め、時に癒し仲良く過ごす姿をみると、お互いの成長を感じ嬉しく思います。卒園まで残り少ない日々ですが、大切に過ごしていきたいと思います。2年間、貴重な機会を与えていただき、この事業に携わらせていただいたことに感謝したいと思います。

臨床心理士の研修生を受け入れてみて

石川陽子
前横浜市旭区こども家庭支援課川井宿保育園園長

研修生受け入れは、とまどいからスタート

保育園では毎年保育実習生を受け入れていますが、臨床心理士の研修生受け入れは初めてのことでしたので、受け入れが決まったときは、研修生に何を指導するのか、何をしてもらえばよいのか、何を見せればよいのかといった疑問や不安な気持ちが保育士から出てきました。私たちは、保育現場で「気になる」と感じる子どもが増えてきていることを実感しています。何か診断を受けているわけではないし、すぐに療育センターなどに繋がる必要があるということではないけれど、集団生活において気になる行動が見られるのです。

そういうときは、担任と主任・園長で原因や対応を考え、また会議などで担任の気付きや悩みを職員みんなで共有し、一緒に考えていきます。他の職員の見立てやアドバイスを聞けることは、担任にとって視野を広げて保育を振り返ることができ心の支えにもなります。時には担任だけでなく、他の職員も含めて役割分担しながら対応することもあります。

しかし、対応を考え実践しても、すぐに結果として目に見えて表れることは少なく、時には『この対応でよいのだろうか』『保育の中でできることが他にもあるのではないだろうか』と不安になることもあります。そんなとき、臨床心理士に相談し保育士とは違う視点から一緒に考えてもらえることの有難さを保育士たちは知っていましたので、『保育現場を知る心理士が増えてほしい』『とにかくやってみよう』という前向きな気持ちに切り替えてスタートしました。

始まってみると、研修生は「なんでもお手伝いします」と前向きで明るく謙虚な姿勢でしたので、保育士は安心し構えていた表情は次第に和らいでいきました。

カンファレンスでは『目から鱗』の研修生の見立て

研修生がクラスに入るのはお昼寝前までの半日ですが、子どもたちにとっては〝毎週1回来

て遊んでくれる優しい先生〟でした。保育中は、時には対象児のそばに寄り、また時には離れたところから観察していました。子どもたちがお昼寝をするときに別れ、事務室でその日の振り返りシートを作成し、担任と園長と3人で振り返り（保育カンファレンス）をします。

スタートしたばかりの頃は、互いに要領を得ず、それぞれが何をどう伝えたらよいのか、どこまで相談してよいのかと、今思えばぎこちない振り返りでした。研修生が子どもの行動から読み取ったことを伝え、保育士の行動を褒めても、保育士側は保育の経験もない若い心理士の卵から自分の保育を評価されているような感じを受け、研修生の言葉を素直に受け入れられないということもありました。しかし、研修生と担任の関係ができてくると次第に保育士が受け入れられるような伝え方になっていきました。

このようにして回を重ねるうちに、保育士は自分の方が子どものことはよく知っていると思っていたのに、行動の意味の見立てが少し違っていたことに気付かされたり、保育士が気付かなかった子どもの気持ちに気付かされたりして、『目から鱗』のようだったと言います。また、何気なくおこなっている保育士の言動に、意味のあることだと気付かせてくれたこともありました。

ある日、食事の支度を始める直前に友達とトラブルがあった対象児は、1人だけ支度をせずに遊び続けていました。対象児の悔しい気持ちを汲み取り、担任は終わりの目安だけ伝えその子のタイミングで終えられるまで遊びを続けさせたということがありました。振り返りで研修生が、「先生があの状況の中であの子に遊び続ける時間を与えることは勇気のいることだったと思うけれど、あの時間を与えられたことであの子は気持ちの整理をつける時間が持てたのです。だから、あの子は心の中でトラブルを自分の力で終わらせてみんなの中に戻れたのです」と伝えてくれたことがありました。保育の中でこのような場面は珍しいことではないと思います。保育士は瞬時に判断して子どもに言葉を掛けています。しかし、このように一場面を捉え、保育士の関わりを心理士の立場で意味のあることと言ってもらえた保育士は、大きな自信に繋がったと思います。

また、研修生の見立てから子どもが困っていることや課題についての理解が深まることで保護者への伝え方や内容が変わっていき、より具体的に保護者にアドバイスしたことによって子どもに良い形で返ってくるということもありました。

こうして、受け入れ期間の9か月、研修生は大事なチームの一員となっていくのです。

保育現場のエンパワーメント

振り返りでは、研修生がいない1週間の間に保育の中でやってみること、気を付けて見ていく点なども一緒に考えます。そして実践し、翌週に研修生に伝えるという形ができていきます。1週間の対象児への関わりや反応、変化や気になること、保護者とのやり取りなど研修生に伝えたいことは、保育士に簡単に記録してもらいました。研修生は次に保育園に来たときに、保育室に行く前にその記録を見るので1週間の出来事を繋げて見てもらえたように感じます。

担任は自分自身が学んだことを、日々の保育や会議の中で他の職員に伝えます。それは、使命感ではなく自分自身が理解し納得できたからこそみんなに伝えたいという感情が湧いているように感じました。ある日の会議では、各クラスから上がってくる気になる子のケースについて話していたとき、「自分たちが子どもの気持ちに寄り添っていると思っていても、気付かぬうちに保育士目線が優先になっていること」や「子どもの視点に立って考える」ということを話してくれました。保育士は子どもの「行為を褒める」ことをしますが、その行為のもととなっている「気持ちに寄り添う」ことが大事なのだと他の職員に伝えたのです。あるクラスでは、そのことを活かして保育士が言葉掛けを少しだけ変えて保育していくと、クラス全体が落ちついていくのを感じることができました。気付きをもらい、実践し、変化を実感したことで、担任だけでなく他クラスの保育士もまた成長することができたのです。

研修生との振り返りには多くの職員に交替で参加してほしいと思いますが、体制上その時間の確保はなかなか難しいものです。しかし、担任が良い学びができるとそのことは他の保育士にも伝わり、保育現場のエンパワーメントとなっていると感じます。ですから職員体制が厳しい中でも振り返りの時間に担任が出られるよう、主任を中心に時間の調整をして他クラスの保育士も応援します。

おわりに

この事業は、研修生だけでなく自分たちも学べることを私たちは実感しています。保育士は日々の保育の中で子どもの行動を『何か気になる』と感じた時、一人ひとりのことをもっと多角的に考え関わりたいと思いながらも、日々忙しい業務の中で思うようにできないことがあります。保育士の最初の見立ては間違っていなくても、保育士の目線だけでなく心理士の目線で1人の子どものことを我がこととして一緒に考えてくれる人が保育園の中にいることはありがたいことであり、こういう仕組みが体制として整っていくとよいと感じます。

臨床心理士も含めたチーム保育を行うには保育士も対等に話ができるための土壌をつくっていくことが大切であり、この事業がその1つであると感じます。

研修生受け入れにあたっては、園長も保育士も手探りでのスタートでした。しかし、研修生の謙虚で前向きな姿勢、保育士の子どもへの思いの深さあってこそ、この事業が良い結果をもたらしてくれていると感じました。そして、青木先生によるグループスーパービジョンや園長・担当保育士向けの研修を行うなどのバックアップ体制ができているからこそ、学びが深まっているのだと感じます。

保育臨床の学びを通して、チーム保育を創造する

青木紀久代◉お茶の水女子大学基幹研究院准教授／本誌編集長

1 はじめに

横浜市旭区の子育て支援策は、とても魅力的です。ここで紹介されている一連の事業すなわち、「保育資源ネットワーク事業」「旭区養育支援強化事業」そして「臨床心理系インターンシップ協働支援事業」は、いわゆる待機児童対策と並行して、旭区が子どもと家族の暮らしを豊かにしていくために、保育所を拠点とした「生きた」子育て支援策を模索し続けてきたものです。

筆者は、「旭区養育支援強化事業」から「臨床心理系インターンシップ協働支援事業」への発展プロセスに関わってきました。保育の質を高めて、子どもの育ちを応援することに貢献しようと、専門家や学生、行政のプロがどんどん協働の輪を広げてきました。この事業の概要と、今も発展中のプロジェクトに参加中の方たちの声も合わせながら、この足跡をたどり、改めて子育て支援における心理臨床の新しい形について、考えてみたいと思います。

2 保育所を拠点とする養育支援強化事業の示唆するところ

旭区は全国と同じく、保育所の待機児童対策を推進している最中です。保育所はどんどん増えているのに、今もって1000人以上の待機児童がいて、多くの自治体に共通する課題があります。もう一つが、子ども虐待の問題です。これも、社会的動向と同じで、年々増えており、そのリスク回避をどのようにしていくか、あるいは支援策を講じていくのかも、大きな課題となっています。

各地の子ども家庭支援センターは、1997年の児童福祉法の改正から、社会的養護を担う相談支援機関として、児童相談所の機能を助ける役割を担ってきました。2004年以降は、各自治体が、地域に密着して、子ども・子育ての相談を行うことが重要視され、その後も、要保護児童対策を地域で推進していく必要が高まりました。住民の暮らしに近いところで、相談機会を増やしていくことは、それなりにメリットがありますが、相談技術の質の担保やシステムづくりの整備も当然必要となり、新たな課題を抱えることとなってきました。これは、多くの自治体に共通する課題だと言えます。事実、子ども家庭支援センターには、途中から常勤の心理職が配置される改正が行われています。

また、地域に多くの保育所ができたことは、子育ての社会的資源が増えたことですから、そこを多機能化して、様々な付加価値をつけていくことが、重要になってくるでしょう。

心理職には、そうした多機能化に貢献する働きが期待できます。例えば、要保護児童対策としての養育支援にも、予防的支援がもっと期待できるようになるでしょう。子ども家庭支援セ

ンターでは、支援がしにくい対象にも、確実に手が届くようになります。また、相談動機の薄い親は、自らが子ども家庭支援センターに足を運ぶことはほとんどありません。しかし、保育所ならば、子どもと親が分離しており、子どもの様子から支援のニーズを先取りしていくことが可能です。それに、毎日子どもの様子を見ることができますから、ネグレクトや不適切な養育について、まず子どもを援助しながら、介入のチャンスを捉えることもできるでしょう。

あるいは、子どもの発達支援においても、実際の生活の中で見守り、手厚く援助していくことが可能になります。

旭区の場合にも、こうした効果を実感しており、また継続的に何度も同じ人が相談に乗ってくれるシステムを利用してみると、保育現場で抱える様々な相談が気軽にできるので、日々の保育を行っていく上での安心感が違ってくることが、成果として見えてきています。

しかし、心理職の配置を増やしたくても、保育現場で活躍できる臨床心理士が少ないという声が上がったところから、次の事業が発展しました。

青木紀久代（あおき・きくよ）――お茶の水女子大学基幹研究院准教授。博士（心理学）。臨床心理士。**【主な著書】**『いっしょに考える家族支援――現場で役立つ乳幼児心理臨床』（編著、明石書店、2010）、『社会的養護における生活臨床と心理臨床』（共編著、福村出版、2012）、これからの対人援助を考えるくらしの中の心理臨床シリーズ『①うつ』『②パーソナリティ障害』『③トラウマ』『④不安』『⑤認知症』（共監・編、福村出版、2015～）、『実践・保育相談支援』（編著、みらい、2015）など。

3　現場のニーズを探る

保育臨床のできる臨床心理士に、どうやって出会えば良いか。これが、筆者が最初に受けた旭区からの相談でした。本当に、一口に保育臨床と言っても、いろいろな実践事例があります。既存のイメージは、巡回発達相談のような役割が強く、旭区や横浜市全体へ多機能型の働きをどうやって援助していくかも、難しいという状況でした。

しかし、区の方々のこれまでの取り組みや、一定期間臨床心理士が継続的にかかわった保育所での、現場の変化などを伝えてくださることを傾聴しながら、だんだんと、単なる人材の紹介ではなくて、保育の質を向上するためのシステムづくりを、人材養成の観点から創造的に行う必要があるのだと理解しました。

区の方々のヒアリングで、臨床心理士の活用実践のない保育現場からあがっていた意見のうち、筆者が重視したのは、次の2点でした。

一つ目は、圧倒的な専門性で保育の場が支配されてしまうのではないか、という懸念でした。つまり、結局のところ、これは保育者が研鑽して、保育の質を上げさえすれば、問題は解決し、臨床心理士は、必要ない、という考えにつながります。

二つ目は、相談したいことはいろいろあるかもしれないけれど、何をしてくれる人かわからないし、難しいことを言われても現場で対応できない、といった意見です。

この他にも、今の臨床心理士がとても有能で人柄の良い人であったから、成果が出ているのであって、臨床心理士なら、誰でも同じ結果が出せるものでもない。したがって制度にしていくには、リスクが高いといったことなどもあがっていました。確かに、個人の能力による部分は、成功の要因として大きいのかもしれませんが、これでは、そもそも何を専門性と見なしているのか、何を成果と見なしているのかも漠然としたまま、具体的なところが何も見えてきません。

現場の多くがこのような先入観があり、また行政側も、既に人員が配置されている保育現場に新しい職種を投入するための積極的でポジティブな説明をどうしていくのが良いのか、暗中模索している状況だということが伝わってきました。

4　専門家の人材養成のニーズにどう応えていくか

かつて臨床心理士は、試験的に学校に入り、その成果をもってスクールカウンセラー事業が展開しました。現在の大学院臨床心理士養成課程には、スクールカウンセラーを目指す学生が多くいます。実際の職場があり、キャリアイメージが持ちやすく、関心をもってこの分野の心理臨床を学ぶことができていると言えるでしょう。既存のカリキュラムの中でも、特に、個人だけに焦点を当てた心理臨床ではなくて、コミュニティ援助をしていくためのアプローチの基本を習得していきます。

一方、保育や子育て支援に関する心理臨床分野は、公務員試験を受けて児童相談所や子ども家庭支援センターに配置されることが多く、あるいは、各種の児童福祉施設に勤めて、現場で専門性を磨いていくことになります。

保育所に勤める機会はあまりなく、大学院で保育臨床といっても、子どもの発達の知識と家族支援、コミュニティ援助、というように、複数の科目にエッセンスが分散しており、まとまった実習プランも多くはありません。仮に心理臨床を行うことを専門とする教員がいれば、実習するチャンスはあるかもしれませんが、実習先に心理職がいなければ、学びが始まる機会も閉ざされてしまいます。

「臨床心理士子育て支援合同委員会」では、資格取得後に、保育臨床を行う人材を育てるために、ここ10年にわたって１０００人を超える大規模研修を毎年開いたり、多分野とのコラボレーションを企画した本誌の監修などを行ったりするなど、啓発に努めてきました。実際に、巡回発達相談以外にも、保育カウンセラー、キンダーカウンセラーなど、様々な名称で仕事をしている心理職がだんだんと増えてきました。その仕事内容は、保護者からの相談や保育者のメンタルヘルスまで、実に幅広いものとなっているのが現状です。

保育現場では、臨床心理士にどんなことを求めるのか、どんなことができるのか、採用する側もされる側も、長らく手探り状態が続いていたのだと言えましょう。そこで、もしそうならば、現場で保育士を育てるように、臨床心理士も育ててみてはどうか？　と旭区に、提案しました。

5　保育現場で学びあいのシステムを創る

こうして「臨床心理系インターンシップ協働事業」が、誕生しました。もちろん即戦力となる経験豊かな臨床心理士を投入すれば、多くの示唆を保育者に与えることができると思いますが、先述の現場の不安を思えば、協働的な関係を構築できないリスクも大いにあります。一人職場で、心理職がこのような状況に置かれては、職務をしていく上でも大きな弊害になってしまうでしょう。遠回りに見えたとしても、心理職が保育現場で活用される土壌づくりをすることが、先決だと考えました。

筆者は、これまで保育臨床を志す大学院生を多く育ててきました。保育現場に一緒に入り、筆者が心理臨床を行うところを実際に見せながら、一人一人を数年がかりで育ててきました。

こういう教え方も、大事なことなのですが、もっとそれを広く学べる仕組みを整えて、波及効果が期待できるものに変えていく必要がありました。そこで、コミュニティ援助の原則通りに、自らの活動をデザインした上で、区の方と、一からプログラムを作っていきました。

まず、臨床心理士を沢山導入するのではなくて、臨床心理士を受け入れるための保育者の方の理解を先に作っていくように発想を変えました。それから、いろいろ手を出さずに、一人の子ども理解を軸に、10か月が展開するように仕組みを整えました。

それができて、研修生の登所から退所までの、細かなプログラムを作り、迎える準備を整えていきました。一番ポイントにしたことは、一日の振り返りの時間を、担任や主任、園長と、必ず作って記録をまとめるところです。

保育所では、子ども理解のためのカンファレンスをすることは、実際にはなかなか難しく、保育の場でちょっと気になる子どもがいても、そのまま一人で抱え込んでしまうことも少なくありません。わずか週に一回15分～30分程度であっても、一人の子どもについて、同じ場で過ごしながら、別の見方をする他者と話し合う体験は、保育者の側にも大きな洞察をもたらすきっかけとなっていきました。それが、担任に起これば、主任や所長は、保育士の成長にこの機会が生かされたことを実感します。

研修生が任されるのは、緊急性の高い支援や重い障害の支援を必要とするケースではありませんが、多くの保育所で、子ども理解の質が向上したり、他の子どもの理解や対応に波及効果が見られています。

自分と同じ保育士の卵の実習の時には、手本を習えばよい、と言った実習の仕方になりがちですが、心理職の研修の振り返りには、保育者の方も新しいアイディアがわいてくる体験を多くされていました。

この特集の、研修生と担任そして所長の感想には、一連の体験が、生き生きと綴られています。

6 待機児童対策の先へ

これまで、待機児童の急激な増加と、その対策の推進は、国の子育て支援策の最優先課題でした。横浜市はその先頭を走ってきた最たる自治体の一つです。

いわゆる施設という「箱もの」を作ることは、行政の得意とするところですが、そこに集う子どもたちが増えた結果、小学校就学前教育施設の代表は、今や幼稚園とはかならずしも言えなくなってしまいました。約半数が保育所ないしは認定こども園に通っているのが現状です。幼稚園教育要領、保育所保育指針、認定こども園教育・保育要領が、今回3歳以上の内容を統一したのもうなずけます。

保育所の存在は、かつて児童福祉法に規定された「保育に欠ける」子どもを預かる社会福祉施設でしたが、1997年の児童福祉法の改正から、「地域子育て支援」の機能が加わりました。これまで支援の対象外だった地域の住民にも、還元されうる地域福祉の観点からしても、望ましい機能を持つようになったと言えます。

しかしながら、一方で、厚生省と労働省が統合される現実から、これが少子化対策の目玉となり、男女共同参加、すなわち女性の働く権利と合体していきました。延長保育や多様な形態の保育の拡張は、子どもの権利擁護、健全育成という福祉の視点と働く女性の権利擁護とが、せめぎ合う問題です。

いずれにしても、保育所は、現代子育て家庭の多数派が利用するところとなり、子どもの早期教育や社会の女子労働を支える機能など、まさに歴史的な価値の転換期にあります。社会の情勢に単に受け身的に流されずに、様々な変化を好機ととらえて、果敢にチャレンジする横浜市旭区の自治体としての力が感じられると思います。

多くの子どもの発達支援の要となり、ひいては、地域社会の健康と安全に貢献できる機関となるためにどうやって深化させていくか。これを実際に、地域の生活者の視点から、システムを作っていくなかで、一連のプロジェクトが立ち上がってきたと言えるでしょう。

7 チーム保育の出発

私たちの2年間を見守ってくださった前区長が、「チーム保育」に心理職が必要ですね、とおっしゃいました。これこそが、協働の在り方であり、一つの専門性を他の専門性に対して優位とせず、共に問題解決と発展に向けて知恵を絞り、力を合わせていく関係が育ってきたものと思われます。

この関係には、常に新しいアイディアや工夫がわき、子ども理解も進んでいくチャンスが沢山あるので、総じて、集団にエンパワーメントが起こるでしょう。

新区長に激励を受け、旭区における研修も、新年度がスタートしました。極めてボトムアップな感覚から始まった事業でしたが、多くの方々にご理解とご支援をいただきながら、横浜市の他区へも、保育所における心理職の活用が発展中です。

この事業を通して、横浜市の行政には、地域のニーズから立ち上がってきた活動を、温かく見守り、育む風土があることを実感しています。

前横浜市旭区長

池戸淳子氏に聞く

2016年から横浜市の養育支援強化事業の一環として公立保育園に心理職のインターンシップを導入している横浜市旭区。区長（2018年3月現在）の池戸淳子氏に本事業への取り組みについてうかがいました。

聞き手　宮下基幸（福村出版）

――臨床心理系のインターンシップ協働支援事業に対する思いを聞かせていただけますでしょうか。

池戸淳子氏（以下、池戸）：私は2年前に区長に着任しましたが、そのとき、すでに旭区の保育園では臨床心理士と保育士という異なる専門職の方々が、現場で一緒になって子どもを支援するという『保育所を活用した養育支援事業』が進んでおり、とても良い事業だと思いました。それは私自身初めて子どもが生まれたとき、親として新米で子育てが何もわからないところを教えてもらったのが保育園であり、園長先生にいろいろな相談をしながら、親としても保育園に育てていただいたという思いがあります。そのような自分自身の体験からも、保育園は家庭の中でのことも含めて、子どもの育ちや成長を支えていく役割というのが、これからは強化されることが必要なのではないかと思っています。

私が保育係長をやっていたときも今もそうですが、児童虐待や養育に課題がある家庭の子どもは、保育園の緊急入所のランクが高くなるという仕組みがあります。以前からそういう課題を抱えた家庭の子どもを保育園で預かるということはありましたが、そういう子どもたちへのアプローチというのは、保育園つまり保育士にお任せだったのですね。

また、緊急入所になるような子どもたちのほかにも、ちょっと気になる、もしかしたら親と子どもの関係がうまく築けていないのかな、なんていう子どもも現場に増えていると思います。このようなちょっと気になる子どもたちに、早い時期に支援を行えば、その子どもたちの育ちというのは、関係性が回復していく方向に行くということを、旭区の養育支援強化事業に助言いただいている子どもの虹情報研修センターの増沢高先生や、このインターンシップ事業のご指導いただいている青木紀久代先生からたくさんお話を伺って分かりました。

そして、この事業に参加した研修生からも、「最初はどうなるのかな、大丈夫かなと思っていた子どもが、1年間見ているうちに、他の子どもと同じような反応ができるようになり、子どもの力ってすごいと感じた」という声を聞きました。スターティングストロングと言われていますが、もし親と子どもの関係がうまく築かれていないのでしたら、早い時期に、そこに専門家が関与することで、子どもの成長を健やかな方向というか、本来の方向に向かわせてあげることは、その子の成長に大きく影響します。このようなことからも、保育園の役割というのは本当に大きいと思いますし、この事業に大きな意味合いを感じています。

横浜市では、これまで保育園における臨床心理士との連携というのは、保育士たちのモンスターペアレント対応を支援するというのが主な関わりでした。それだけではなくて、ちょっと気になる子どもたちの対応に苦慮する保育士たちに対して、違った視点からアドバイスをするような役割で、保育士と臨床心理士のチーム保育というか、異なる専門家が関わって保育の質の向上を図ることが、これから先の子育て支援という意味では、とても大きな意味があるのではないかと思いました。

――チーム保育というのは、区長の言葉だと思います。どんな思いで、そんな言葉を思い付かれたのでしょうか。

池戸：横浜市の公立園の保育士は、例えば障害児の保育など、いろいろなことを自分たちが一生懸命勉強して長年支えてきたというすばらしい実績があります。自分たちで発達や障害を勉強して、本当に苦労してやってこられたと思います。公立保育園での障害児の全園受け入れは平成10年からですが、自分たちで勉強しながら、手探りで現場の中で心理士的な仕事も含めて保育士たちは担ってきたのだと思います。そのため、保育士の中には、臨床心理士という心理の専門家が入ることで、逆に不安な気持ちになる方もいるかもしれません。ただ、旭区では「保育園での臨床心理士の役割というのは、研修生も含めて心理査定や診断をするのではありません」と言ってきました。あくまでも、保育は保育士の仕事で、保育士のサポートという意味で関わっていただいています。それを保育士に分かってもらえるようになったからこそ、チーム保育という言葉が出てきたと思います。

――研修生たちは外部の人間なので、受け入れてくれる環境がないとチームに入れないのではないかと思います。受け入れてくれるフィールド、チームをつくる力が旭区にあるように思います。

池戸：平成24年から保育園に臨床心理士を配置していますが、その心理士の方々が保育園での自分たちの役割を開拓してきていただいたというのはあるかもしれません。保育士と心理職との協働という風土や雰囲気をつくってくれたので、旭区の保育園では、カンファレンスが普通に行われていて、みんなでそれぞれが気付いたことを出し合って、じゃあ次はこういうふうにしてみようって意見を言い合っています。そういうことができるようになったのはすばらしいことで、まさにチームだと思います。

――インターンシップ事業は始めて2年間が経過しましたけれども、どのような手応えを感じていらっしゃいますか。

池戸淳子（いけど・あつこ）――横浜市役所にて、市民局人権・男女共同参画担当部長（平成23年5月～平成27年3月）、政策局女性活躍・男女共同参画担当理事（平成27年4月～平成28年3月）、旭区長（平成28年4月～平成30年3月）を歴任。平成30年4月より文化観光局長。

池戸：インターンシップ事業は、平成30年が3年目となりまだ年数が浅いのですが、臨床心理士が保育の現場に入るという養育支援強化事業は、もう5年になります。

保育士という立場からすると、全く違う分野の専門家が現場に入ってくることで、どうなっちゃうんだろうという不安は、やっぱり最初はあったと聞いています。

でも、保育士が臨床心理士の言葉で気付かされることも、多いと聞きました。自分たちが普段やっていることに対する意味付けなど、これはこういうことになるから、その対応で大丈夫ですという、普段当たり前にやっていることの意味付けを、心理の専門家から言葉として整理をしてもらうことで、保育の自信が持てるようになったと。最初は、ちょっと大丈夫かな、怖いなというような気持ちがあったけれど、結果として、すごく良かったという声が上がっています。

以前、保育士さんから聞いたエピソードですが、怪我をして登園してきた子どもに、保育士は「どうしたの？」って聞くけれど、心理士は「痛かったね」って問いかける。まずは寄り添って、痛かったねって言ってあげたほうが、もしかしたら、お家で起こったことを話してくれるかもしれないという心理士の言葉に、はっと気づかされたと言っていました。このように心理士からは、保育士とは違った視点からのアプローチがあると話してくれました。

保育園という現場で研修生を受け入れてくれた保育士の姿勢もありますが、事業が自然とカンファレンスなどにつながっていて、効果があがっているのです。

それから、研修生から、臨床心理士を目指す人たちというのは、インテークから入ることが多いけれども、集団の中でちょっと気になる子を見つけて1年間を見ていくというのは、現場の体験として、非常に新鮮だったと聞いています。そういう意味で言えば、現場の保育士や研修生にも、さらに今保育園で活躍していただいている臨床心理士の方々にとっても、保育園はとても新鮮なフィールドであり、自分たちの専門性を再認識したり、もう一遍、自分たちのやっていることの意味を再確認したりする良い効果を与えていると思います。

――今後は、さらにもっと発展させていく計画はあるのでしょうか。

池戸：旭区が区の自主事業として始めた保育士と臨床心理士の協働による養育支援事業は、保育園の所管局であるこども青少年局から応援をもらって5年になりますが、やっぱり良いものは全市的に広げていきたいという思いがあり、市内18区で同様の体制をつくる提案を行いました。

現在、旭区での取り組みを踏まえ、全市的な展開に向けて準備をしていただいていますが、まずは公立保育園中心で行うことになっていま

研修生に修了証を授与する

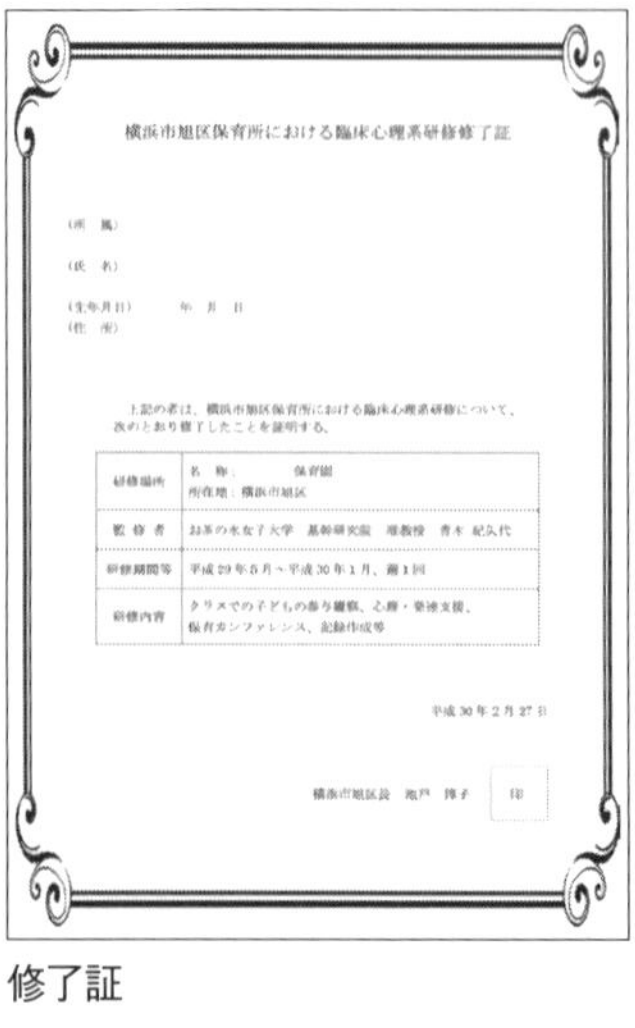
横浜市旭区保育所における臨床心理系研修修了証

（所属）

（氏名）

（生年月日）　　年　月　日
（性別）

上記の者は、横浜市旭区保育所における臨床心理系研修について、次のとおり修了したことを証明する。

研修場所	名称：　　保育園 所在地：横浜市旭区
監修者	お茶の水女子大学　基幹研究院　准教授　青木 紀久代
研修期間等	平成29年5月～平成30年1月、週1回
研修内容	クラスでの子どもの参与観察、心理・発達支援、保育カンファレンス、記録作成等

平成30年2月27日

横浜市旭区長　池戸　　印

修了証

す。

旭区では、民間の保育園にも臨床心理士を派遣しており、また、今回の研修生を受け入れていただくところに民間の保育園も入っていますが、民間の保育園も非常に関心が高く、先進的なところでは、心理士を雇用している園もあるようですので、課題としての認識はあると思います。

旭区での5年間の取り組みを拡大する方向で他区にも進めていくことになっていますが、いきなり18区で同じように取り組むのは難しいと思います。まずは、私たちの現場でやっていることがどれだけの成果があって、保育士側からもこれは良い制度だとお墨付きをもらって、そこから広げていくのがベストだと思います。

私は、保育園というのは、単純に子どもを親から預かる場だけではないと思っていて、将来を担う子どもの育ちにとって、とても大切な場であると思っています。そういう意味からも、保育士だけで抱えるのは難しいだろうという思いもありましたので、こういう良い事業を皆さんに知っていただいて、もっと広げていきたいという信念を持って提案をさせていただいたということです。

――単なる行政のただの一つのプランの提案ということではなく、区長が、かつてお子さんを育ててもらったという思いからずっとつながっている感じがして、素晴らしいなというふうに思います。

池戸：そういう気持ちは持っています。かつて保育園に子どもも自分も育ててもらったという思いとつながっています。

私は、6月に出産して2か月後の8月1日には、子どもを保育園に入れていました。至らない親を育ててもらい、首の据わらない子どもを小学校まで育ててもらったという中で、悩みを相談する機会もありました。保育園は私にとって特別な場所なのです。また、保育園には発達障害の子どもなどは一定数いますし、その他の障害のある子どももいます。そういう子どもたちとの関わりとか、先生に教えてもらうことがたくさんあったので、親として育ててもらった現場だと思います。

私の場合は民間の保育園にお世話になりましたけれども、園長先生方から、「親を育てるのも私たちの仕事です」ってはっきり言われましたので、保育園は単に子どもを預かってもらう、親の代わりだけをしてもらう場所じゃないという認識は、今考えると当時からありました。今回、旭区長として初めてこの事業に係わったとき、やっぱり私の中では、つながっていると思いましたね。

ただ、親の悩みがここ20年の間で随分と深く、また広くなってきていると感じています。そういう意味からも保育園の役割というのは、20年前よりさらに重要なものになっているのだろうというところからのスタートですね。

私の課題認識は、要支援家庭の子どもを多く預かる公立の保育園からのSOSです。どうしても公立の保育園にそういう子どもたちが集まってしまう中で、保育士の知見だけでは対応が非常に難しいという現場のSOSを区役所の我々が受けとめて、それでは臨床心理士とコラボレーションしてみようというような発想で始まったと認識をしています。

現場の生の声を聞いたところから始まった事業なので、臨床心理士を受け入れる態勢とは、保育園の側から何とかしなきゃいけないというところから出てきたという意味で言えば、今回の事業はスタートしやすかったと思います。他の専門性とのコラボレーションは、保育士たちからの発案でもあったのですね。

――最後になりますが、インターンの学生や、保育士、あるいは、子育て支援に従事する方々に、そして読者に向けて、今後の展望、あるいは、こういうことをもっと要望するというようなメッセージをいただけますか。

池戸：インターンで来られている研修生の皆さんから、本当にいい経験をしたとか、先ほども言ったように、子どもの成長の力ってすごいと感じたなどの声を聞き、臨床心理士の通常の研修フィールドの中では得られない経験をされていると思っています。

今年度から新たな国家資格として公認心理士が誕生します。国としても、これからの社会、さまざまな問題を抱える社会の中で、心理職の方に頑張ってもらいたい、活躍していただくフィールドが広がっていくという意味で国家資格をつくったのだと思っています。これから先、病院や施設など、いろいろなところで心理職の方々が活躍する場はあると思いますが、特に子どもの分野で活躍していただける心理職の方には、将来の投資という意味でも、今後ますます期待を寄せるところです。保育という現場で経験をしたことをきっかけに、子育ての分野での心理のエキスパートという方が、これからもっと増えていただけるとありがたいと思っていますので、ぜひ頑張ってもらいたいと思います。

それから、保育士にとっては、先ほども言いましたが、横浜市の保育士は公立民間ともに、保育の専門家としての能力がとても高くて、園内で起こっている問題をいろいろとサポートしようと思って、一生懸命に努力して勉強をされています。でも、これから先は、さまざまな専門分野の方々の知恵も合わせながら、チームで保育をしていく時代だと思います。学校ではスクールカウンセラーの配置が始まっており、教員と他職種のチームが定着してきました。そして良い結果も出ていますので、なかなかすぐには難しいかもしれませんが、小学校の前の保育園や幼稚園から始めることが必要だと思っています。すでに現場で取り組んでいる旭区から、多職種によるチーム保育が広がることを期待しています。

（2018年3月2日、横浜市旭区区長室にて）

小特集

子育て支援と臨床心理士
――保育現場との出会い

本誌の創刊号には、子育て支援におけるコラボレーションということで、多分野の方々と討議をした内容が収められています。そこから15号を重ねてきた現在、各地域の子育て支援の場に、臨床心理士をはじめとする心理臨床家の存在が、だんだんと身近に感じられるようになってきたのではないでしょうか。

この小特集は、保育所を中心とした子育て支援の現状と課題について、臨床心理士と保育者が集い、初めてのシンポジウムを行った内容を中心にまとめたものです。

まず横浜市の行政の立場から、宮本氏の論考が寄せられています。保育は行政と一体になって展開していますので、地域の保育を考えるとき、行政がとらえる家庭の状況、支援のニーズというのは、子育て支援者にとって重要な情報になるでしょう。

次に保育士会の代表として上村氏から、保育者の視点からとらえた子育て支援のニーズについて、具体的に論じていただきました。臨床心理士もその現場で一緒に問題の改善に向けて取り組める事柄が生き生きと示されています。

これらに対して、臨床心理士の立場から、どのように協働できるかの論考が２本掲載されています。まず、増沢氏は、要保護児童の観点から保育所の新たな役割と臨床心理士との協働の形を提示くださいました。そして、高橋氏は．全国的な立場から、臨床心理士と子育て支援の取り組みを概観し、今後の課題と可能性を示してくださいました。

いずれの論考も大変興味深く、保育現場で心理臨床家と協働する機会が広がる様子を実感できるものとなっています。

青木紀久代（お茶の水女子大学基幹研究院准教授／本誌編集長）

横浜市の子育て家庭を取り巻く状況

宮本正彦◉横浜市役所子ども青少年局子育て支援部長※肩書きは発表当時のもの

横浜市は、政令指定都市、日本最大の基礎自治体です。人口が372万人、戦後一貫して人口は増え続けていましたが、国より少し遅れて平成31年度をピークに人口減少になっていく見込みです。一方、就学前の児童、0歳児から5歳児、これは、平成16年から減少を続けており、少子高齢化が着実に進んでいるという状況です。

結婚・出産の状況ですが、晩婚化、晩産化が進んでおり、横浜市の平均初婚年齢の推移ですけれども、もうすでに、男性ですと30歳を超え、女性が29歳ぐらいになっています（図1）。晩婚化が進むということは、お子さんを持つ年齢も、それに従って遅くなってくるということです。その結果、第2子、第3子の出産を諦める方も出てきています。合計特殊出生率は、国よりも低く、ここ数年は国と同様微増の傾向は続いているのですけれども、依然として低い水準にあります（図2）。

次に、家庭の状況です。共働き世帯が増加し

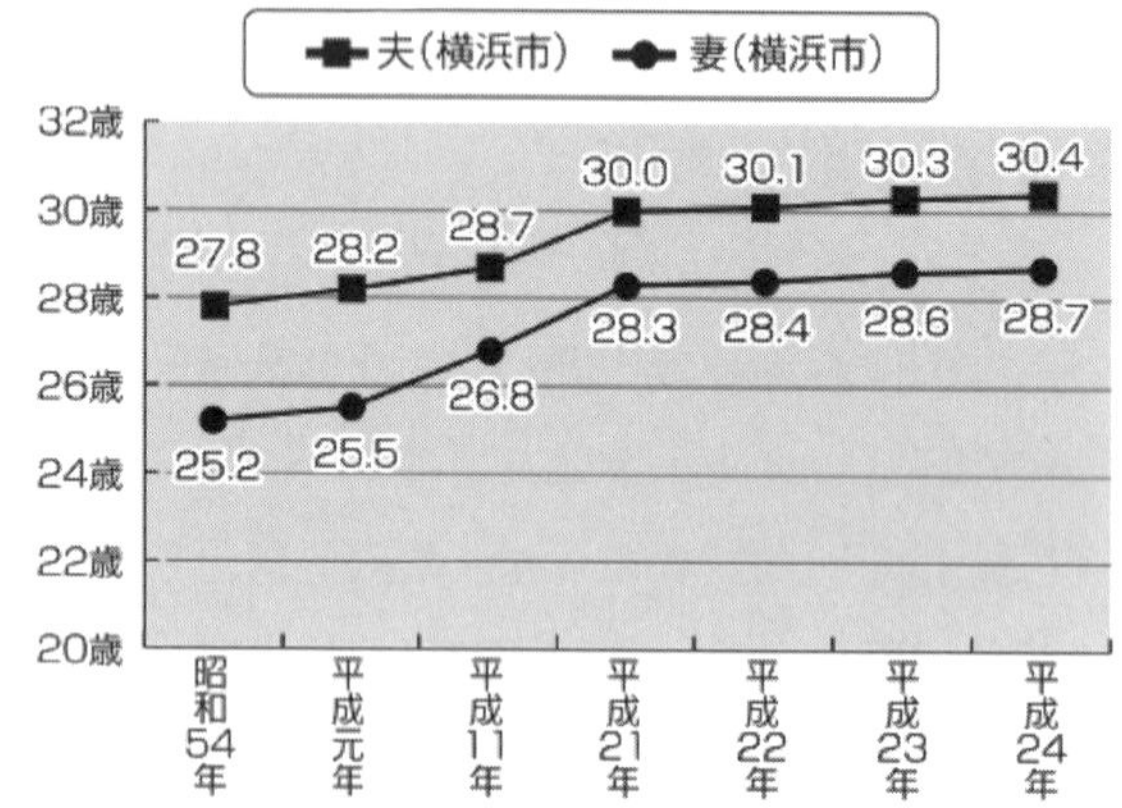

図１　横浜市の平均初婚年齢の推移

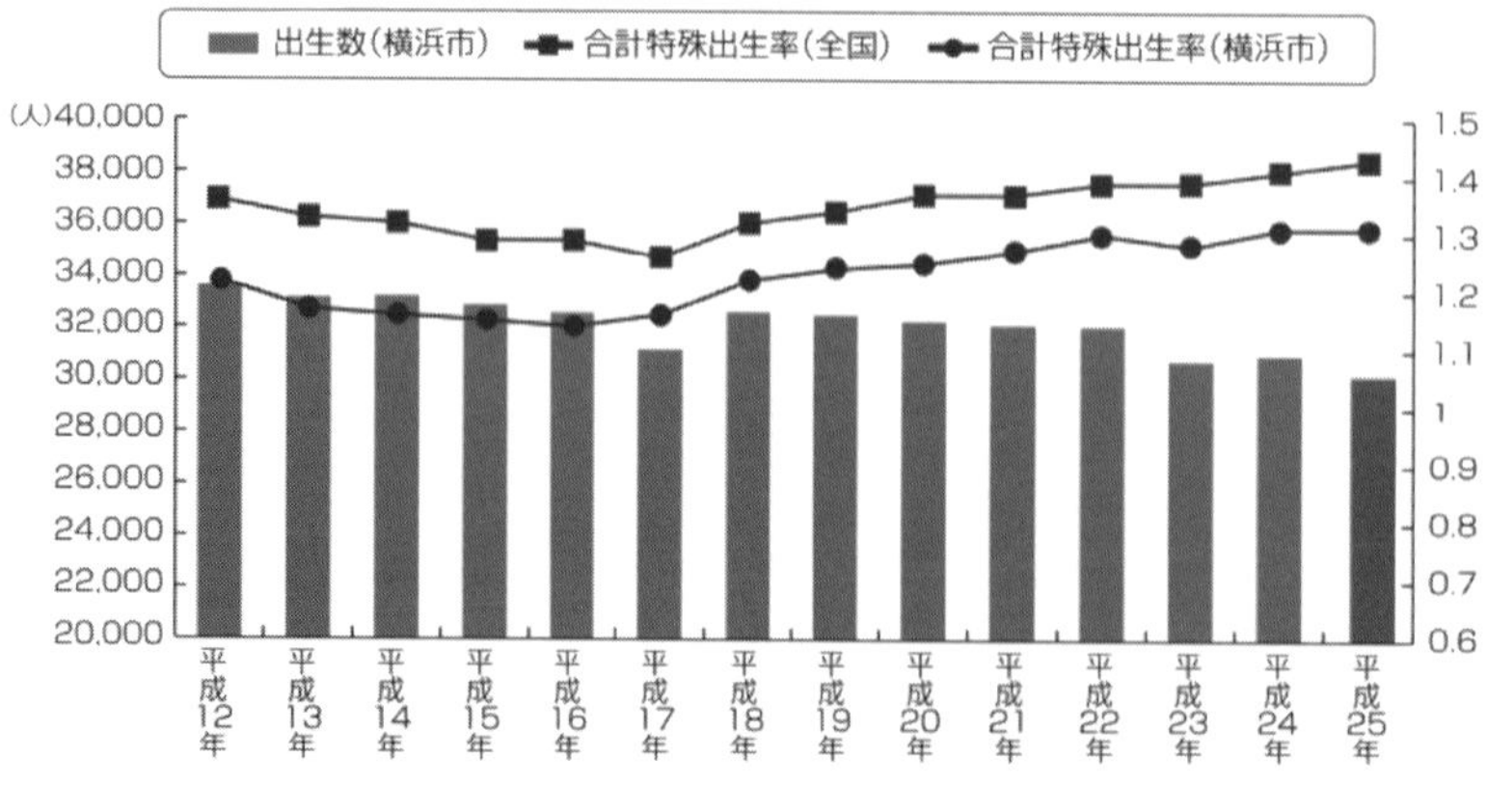

図２　横浜市の合計特殊出生率、出生数の推移

ており、平成7、8年あたりを境に、共働き家庭が専業主婦の家庭と逆転をするという状況が続いています。共働きが増えているのですけれども、男性の長時間労働、これは、依然として続いています。父親の帰宅時間、これは、横浜市の子ども・子育て支援事業計画策定に向けた利用ニーズ把握のための調査、平成25年度調査ですけれども、これを見ますと、19時以降に帰宅をするお父さんが約8割です（図3）。したがって、平日、お父さんが子どもと過ごす時間、何と0時間から1時間、これが約44％です。お母さんの場合、山が3つありますが、最初の山が4時間から5時間ぐらい、これは、恐らく働いているお母さんのピークだと思います。次が、7、8時間、これは、多分、パートで働いているお母さんと思われます。最後が12時間とか14時間、この辺りが専業主婦のお母さんかなと思います。いずれにしても、父親よりは長い時間を子どもと過ごしているということがわかります（図4・図5）。

一方、地域の状況です。隣近所との親しい付き合いというのが徐々に減少しています。親しい付き合いというのは、「困った時に相談したり助け合ったりする関係にある」「一緒に買い物に行ったり、気の合った人と親しくしている」などが、大体親しいと思える関係だと思います。「たまに立ち話をする」というのが親しいかどうかはちょっと疑問ですけれども、取りあえず、比較的親密な付き合い方をしているという方が昭和50年には、31・8％ありました。ところが、平成25年には、13・8％に減少しています（図6）。一方、平成25年、道で会えばあいさつぐらいするという方が半数、それぐらいの関係しか地域とはないということがよくわかります。顔もよく知らないというのは、9・2％です。特に集合住宅、マンションなどは、そういう方は多いのではないかという気がします。

さらに、周囲からの支援について、68％の方、3分の2以上の方は、緊急時には支援があると答えているので、まあまあ安心にはなるのですけれども、一方、緊急時にすら支援がない方、これが16・2％もいるという状況です（図7）。

それから、保護者の状況についてです。これは非常に驚くべき結果で、われわれも、この調査の結果が出た時に愕然としたのですが、子どもが生まれる前に赤ちゃんの世話をしたことがない人、要するに、自分のお子さんが生まれて初めて子どもと接する、子どもの世話をするという方が、何と約75％いらっしゃる（図8）。つまり、4分の3の方は、自分の子どもが生まれて、どう子どもと接していいかわからないということです。次に、現在、子育てに不安を感じたり、自信を持てなくなることがあるですが、よくある、時々あると答えた方が、約6割です。これは、0歳から5歳のお子さんを持つ親御さんに聞いているのですけれども、年齢別に見ても、0歳でも、5歳でも、ほぼ同じ状況です。大体6割の方が、よくある、時々あるというような答えをしています。

また、子育てで負担に感じることは、体の疲れ、精神的な疲れ、それから、気が休まらないとか、あるいは、自由な時間が持てない、などが多く（図9）、子育てをしていて感じる悩みは、食生活、子どもとどうして過ごしたらいいのか、あるいは、子どもの健康のこと、子どもの発育・発達のこと、こういったことに、保護者の方は悩みを感じていらっしゃるという状況（図10）が見て取れます。

さらに大きな問題があります。子どもの貧困、つまり子育て家庭の貧困というのが大きな問題として、今、クローズアップされてきています。これは非常に有名な数字ですけれども、子どもの相対的貧困率、24年で、16・3％、約6人に1人のお子さんが貧困状況にあるということです。

横浜市も、子どもの貧困対策に関する計画を2016年に作りまして、その時に調査をしました。現在の暮らしは苦しいですかという質問に対して「大変苦しい」「やや苦しい」と答えた方は、全体で約3割でした。これをひとり親世帯に限ってみますと、約6割の方が、生活が苦しいと言っています。次に、物質的略奪、こ

「帰宅時間」をお答えください。

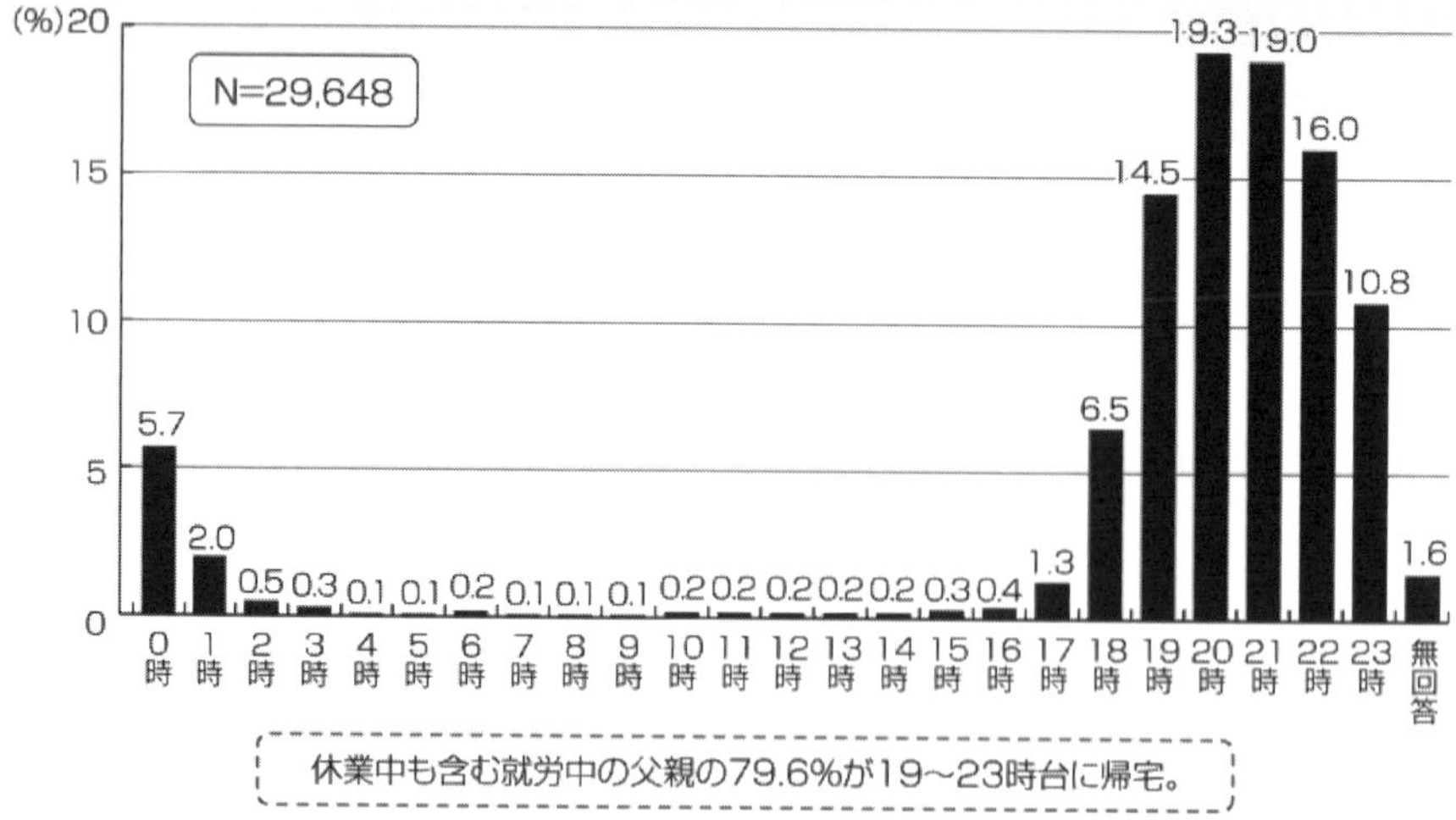

図３　父親の帰宅時間

平日、子どもが起きている間に、子どもと一緒に過ごす時間は何時間くらいですか。

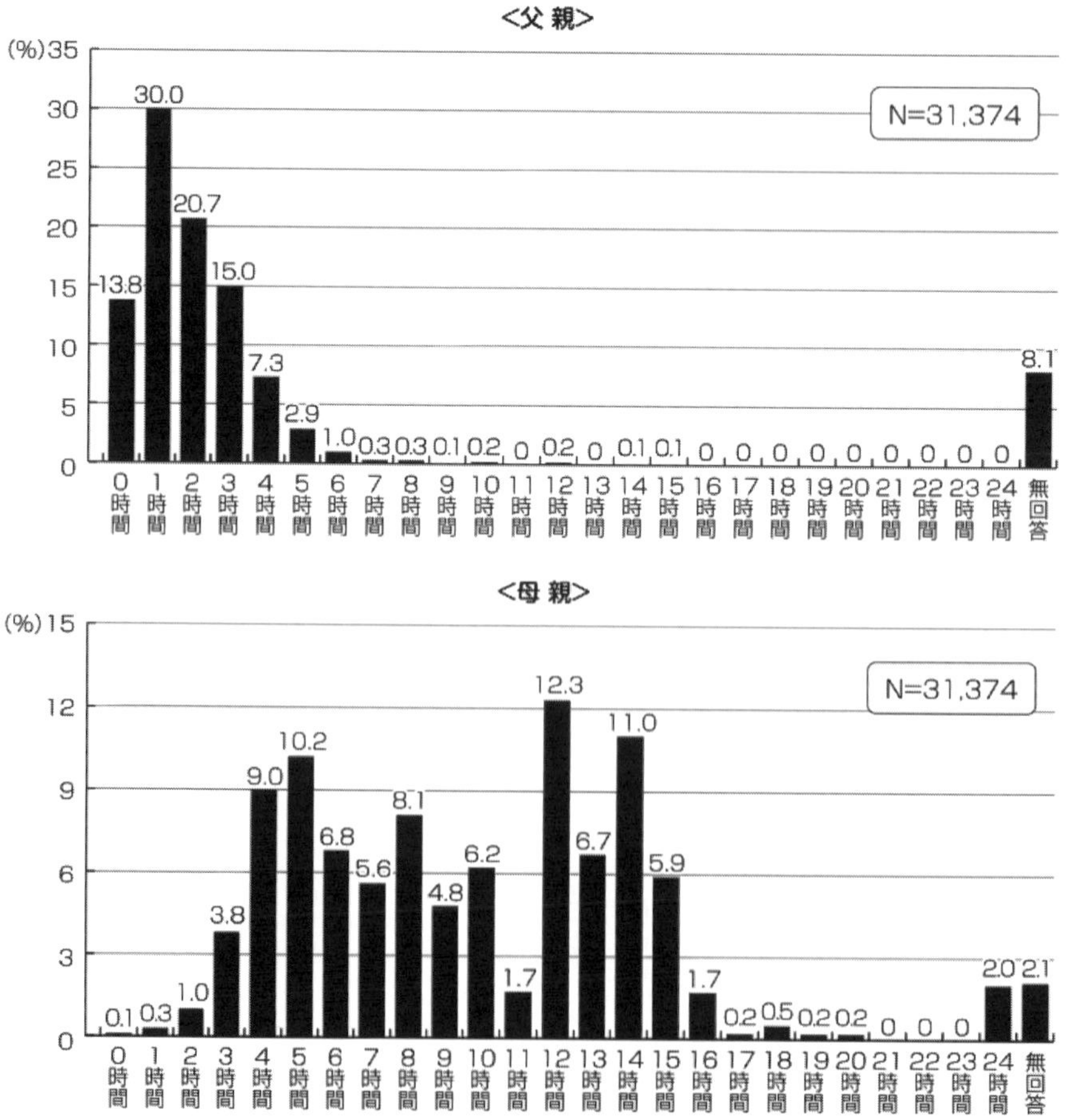

図４・５　子どもと過ごす時間

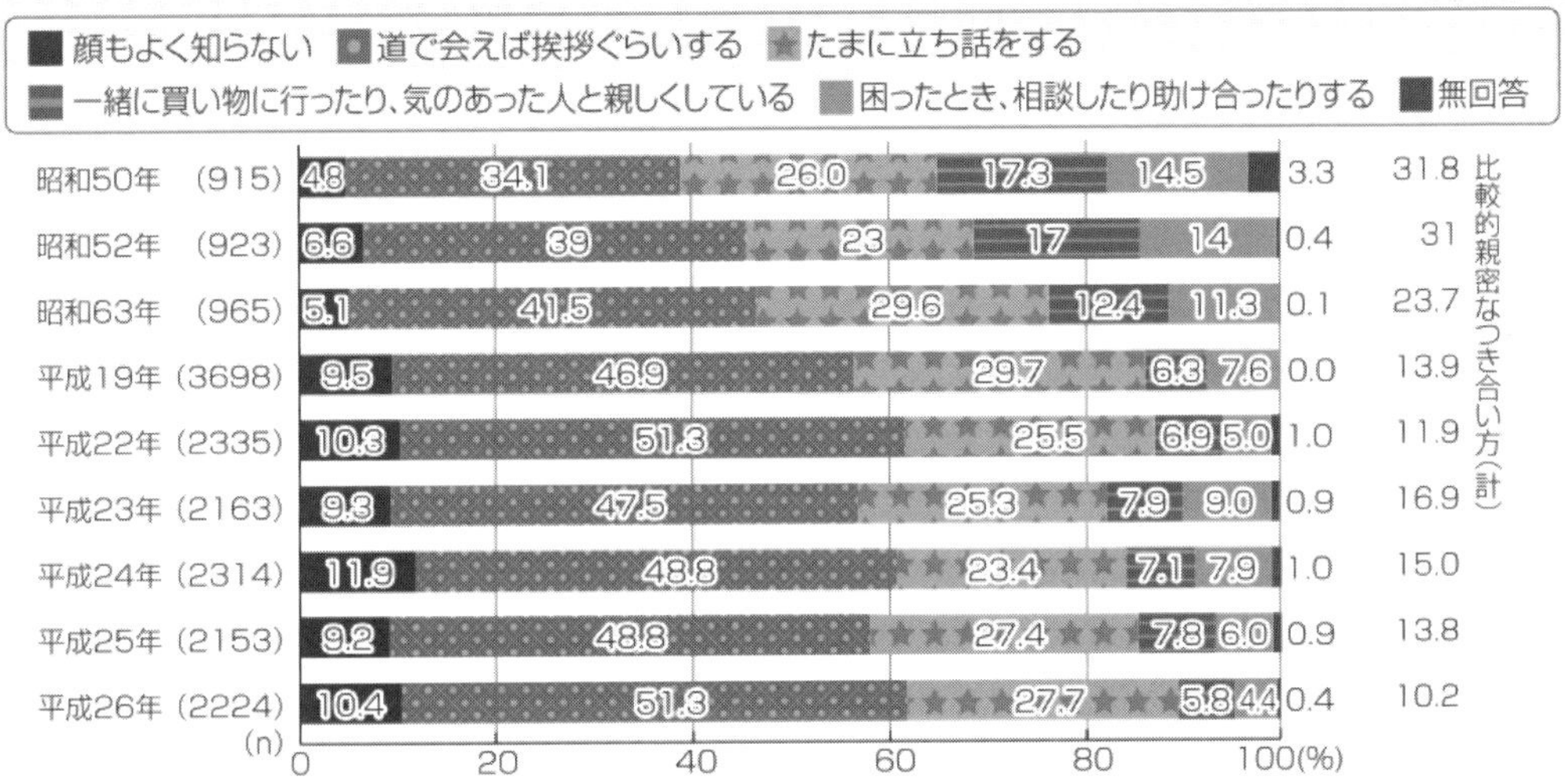

図６　隣近所との付き合い

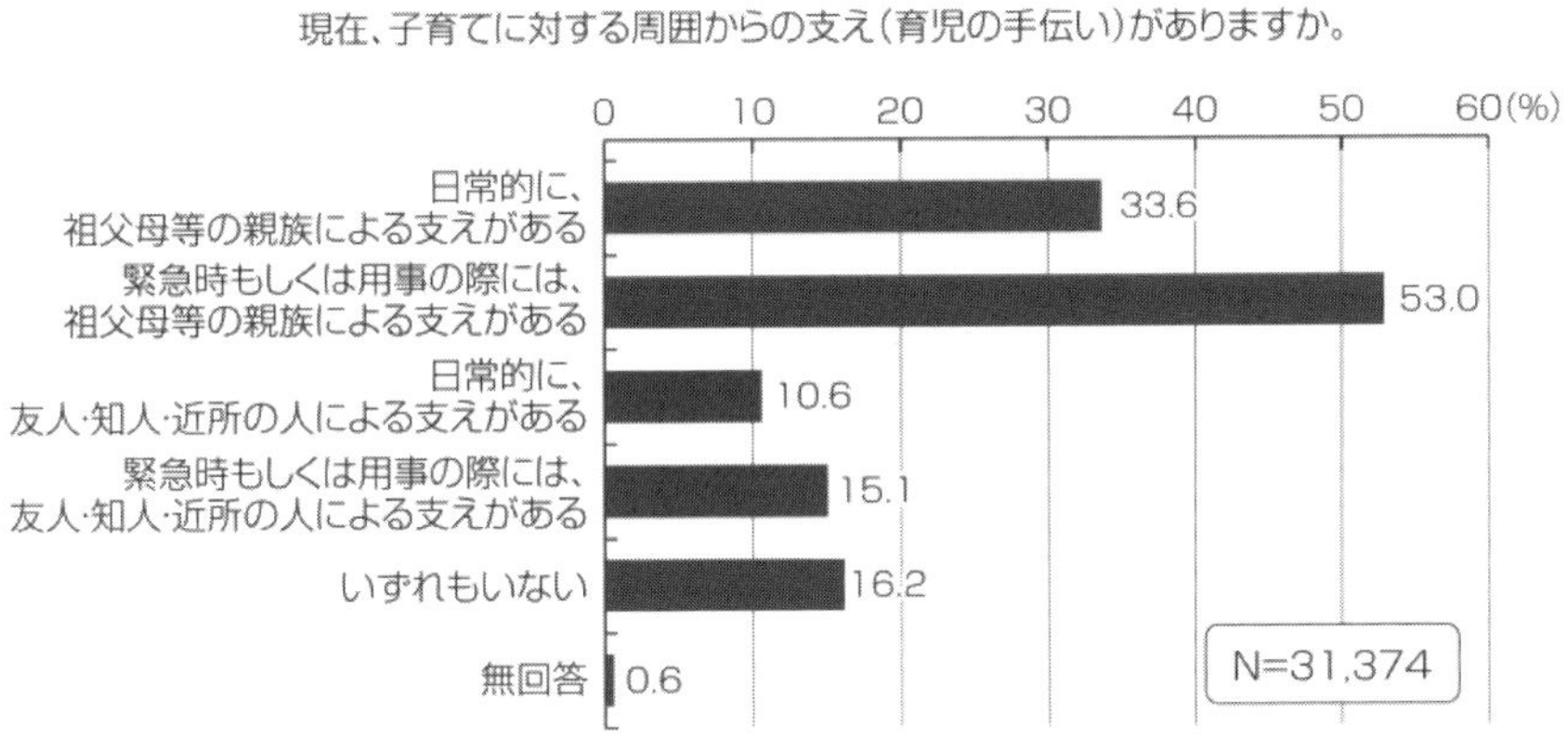

図７　子育てにおける周囲の支え

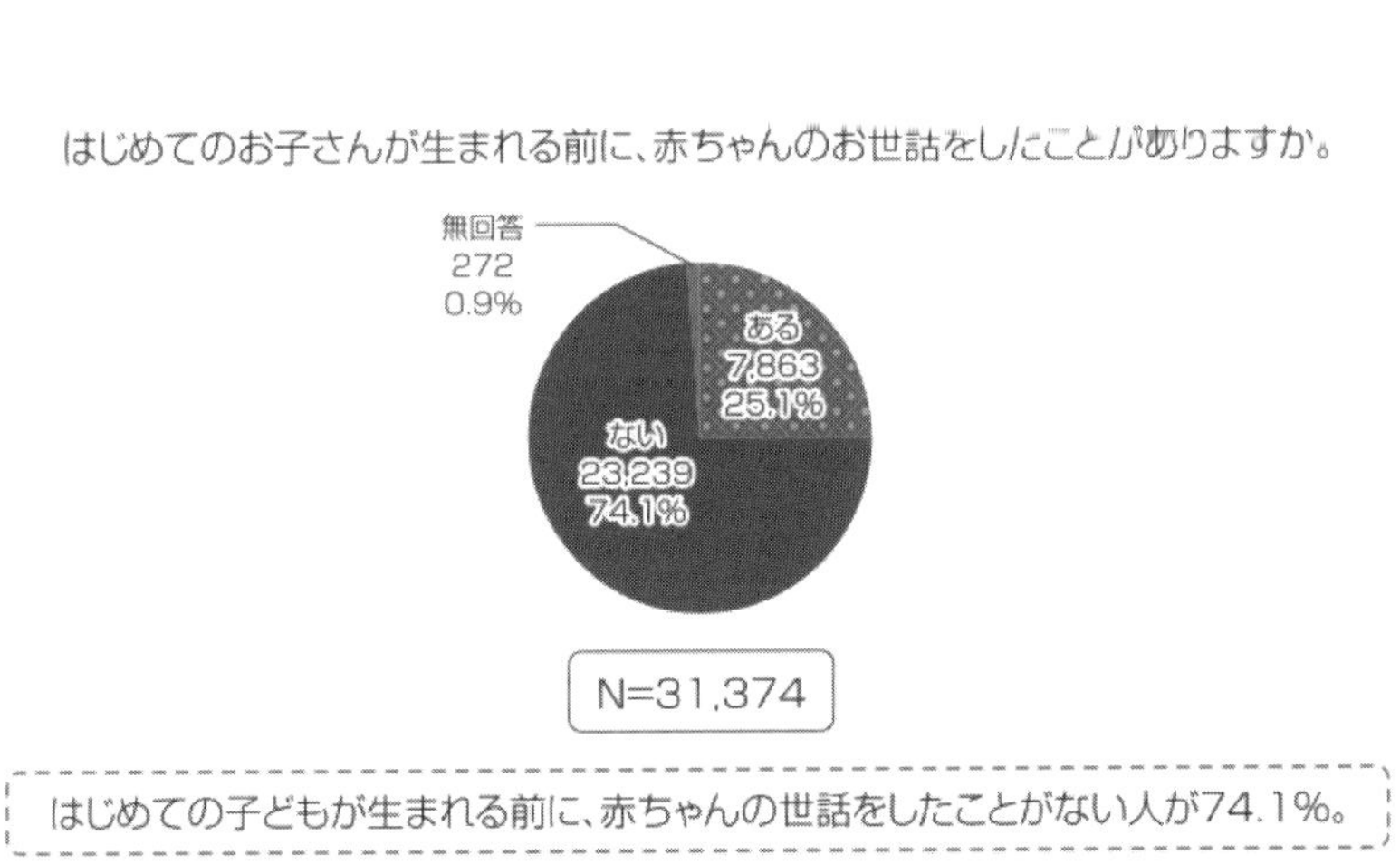

図８　赤ちゃんの世話の有無

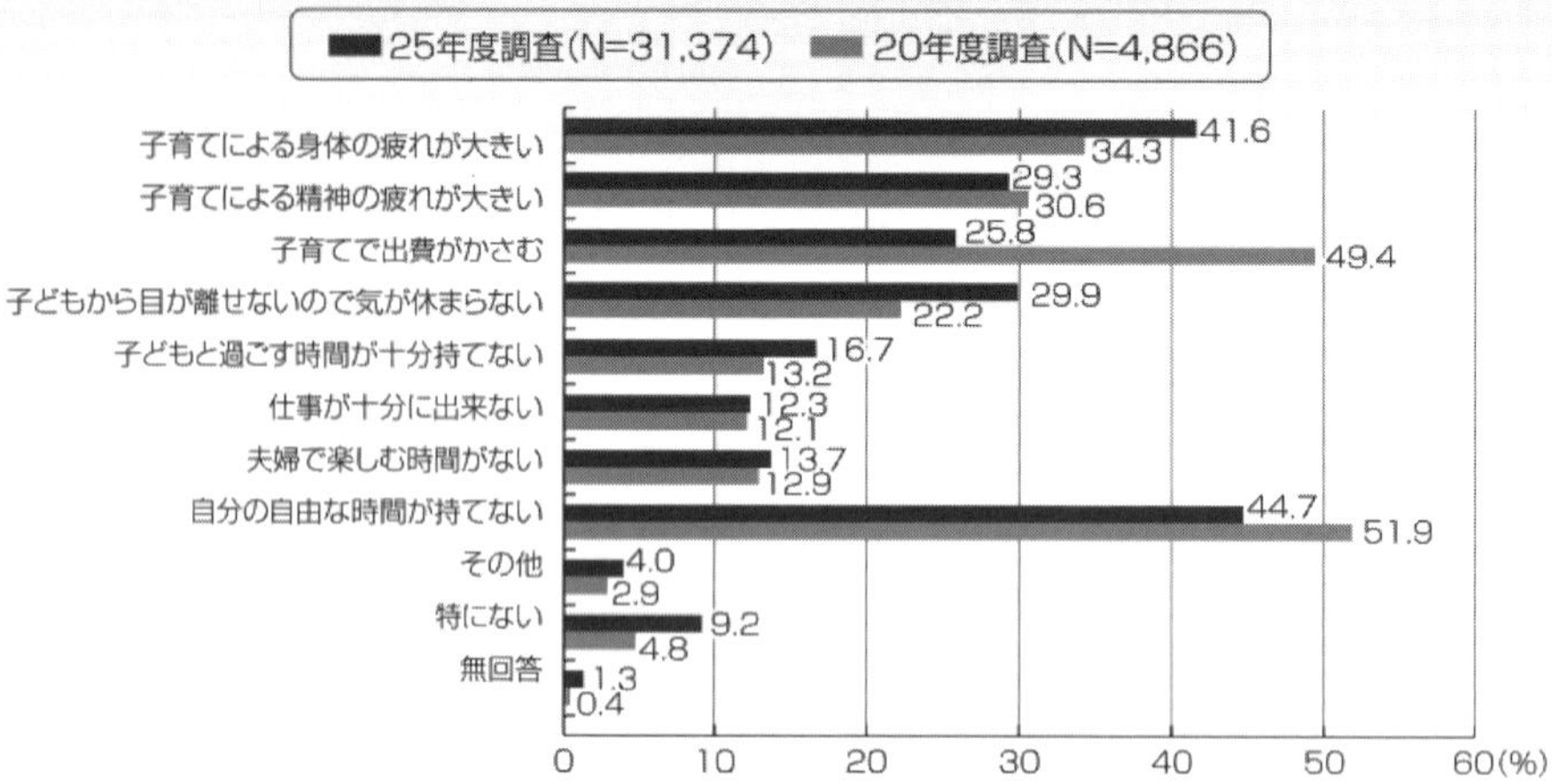

図９　子育てで負担に感じること

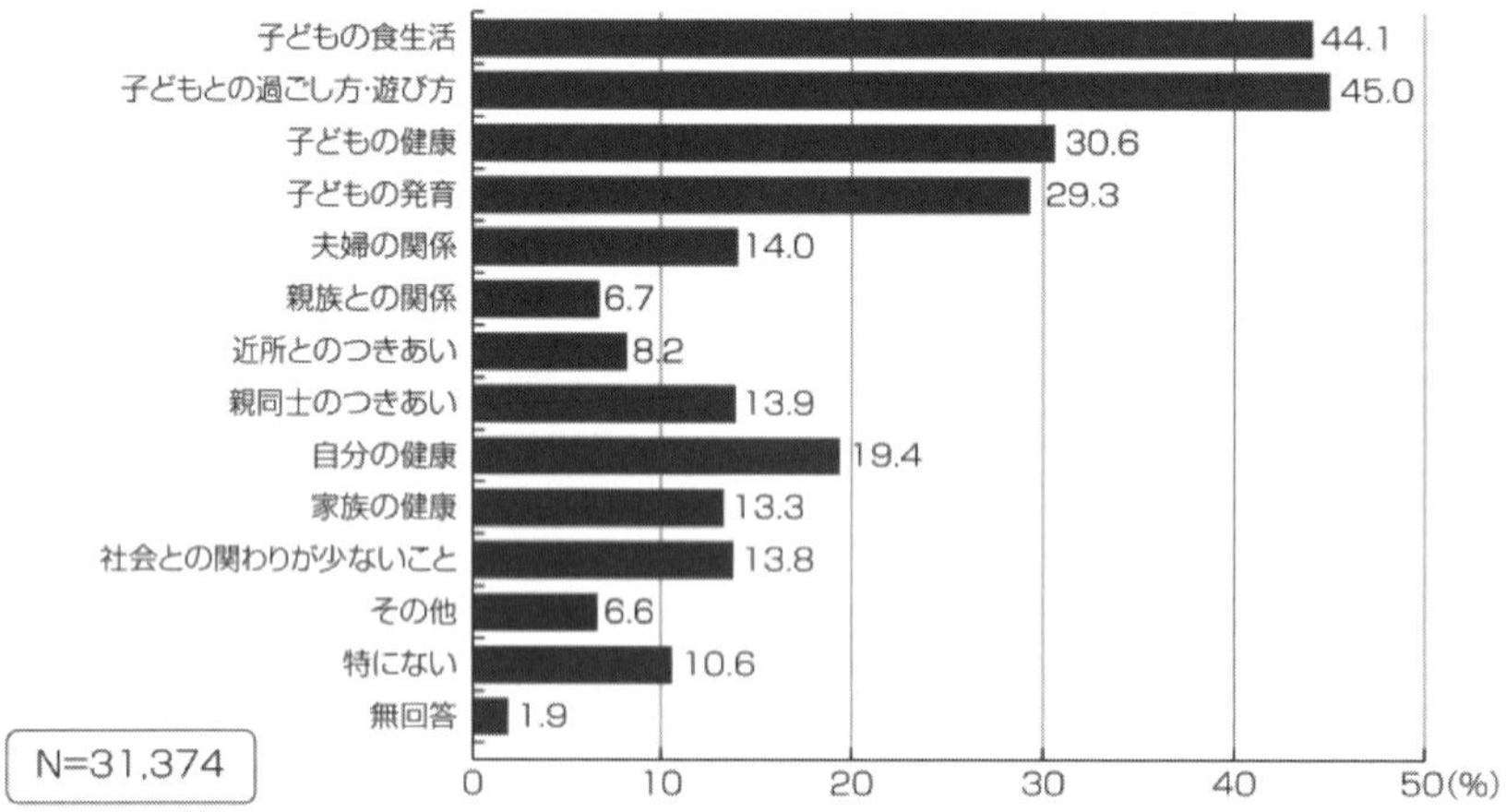

図10　子育てをしていて感じる悩み

れは、生活に必要不可欠なもの、これすら十分に手に入らないというような状況を言いますが、これについても調査をしています。「過去1年間に必要とする食料が買えないことがあった」「よくあった」「時々あった」、これらを合わせると、市民全体では約4・6%ですけれども、ひとり親世帯ですと、16・6%の家庭が、食料すら買えないということがあったと答えています。かなり深刻です。さらに、子どもの「文具や教材が買えないことがあった」については、市民全体だと、食料よりやはり少し増えて4・7%、ひとり親世帯ですと、20%弱の方がこういう状況にあるという結果になっています。

　これらの調査から、日常的な支援がないとか、日中、子どもと2人きりで家にいるとか、子どもとの接し方がわからない、仲間が欲しい、不安や悩みを聞いてほしいというような不安感や負担感、あるいは、孤立感、孤独感を感じている子育て家庭の姿が見えてきます。さらに、経済的不安や経済的な困窮が影を落としている状況です。横浜市の就学前児童の在籍状況を見ますと、3歳～5歳はほぼ幼稚園とか保育所を利用していますが、0～2歳に限ると、66%、3分の2が在宅です。在宅で、本当に1人で悩みを抱えている家庭が多いのだろうと思います。

　このような家庭に対して、どういうふうに子育て支援をしていくのか、横浜市では「横浜市の子ども・子育て支援事業計画　よこはまわくわくプラン」としてまとめました。

たとえば、「よこはまわくわくプラン」の基本施策6「地域における子育て支援の充実」では親子の居場所充実を掲げています。週3日以上開設が条件で、まず「地域子育て支援拠点」というものがあります。横浜では、各区に1か所、今、2館目をつくっている区もありますが、これが現在19か所あります。その他「親子のつどいの広場」、これは、マンションの一室ですとか、空き店舗などを活用した居場所です。それから、幼稚園、認定こども園、保育所にも広場があります。そういった親子の居場所が、今は、合わせて132か所ございます。これを計画最終年次、平成31年度には、167か所まで増やそうと思っています。167か所というのは、ベビーカーを押して歩いて大体15分圏内に1か所はあるという数です。

それから、新制度の利用者支援事業というのを18区の地域子育て支援拠点で、2017年1月から始めています。これは、子育て家庭の相談窓口で、各拠点に専任の相談員（「横浜子育てパートナー」と呼んでいます）を置きまして、個別な課題に対応していこうというものです。

その他、「よこはまわくわくプラン」では、ひとり親家庭の自立支援、あるいは、DVへの対応などの施策も掲げています。

現在、0～2歳に限ると66％が在宅なのですが、数年前は、在宅の率が7割ぐらいありました。在宅の率が年々減ってきているのです。つまり、保育所に入る子どもが増えているということです。横浜市は、平成25年度に待機児童ゼロを達成したのですが、その後も利用申請をする方が年々増えています。それに合わせて保育所の定員も増やしています。

利用児童数、利用率を見てみると、平成17年から比較をしますと、約2倍、利用児童数も、利用率も、約2倍に増えています。これだけ保育所が増えているということです。したがって、当然のことなのですけれども、0～2歳といえども、在宅施策だけでは十分ではない。ましてや3～5歳については、保育所、幼稚園が担う役割が増えています。

それと歩調を合わせるように、保育所保育指針や幼稚園教育要領の改定の中で、いろいろな役割が付加されています。保育指針には保育所の役割として子育て支援を記載しています。平成20年度改定で、保護者支援、地域の子育て家庭を含むとされました。幼稚園教育要領も、平成10年、地域の子育て支援を記載し、平成20年度改訂でさらに明確化をしました。かつて、例えば保育所であれば、お子さんの保育をする、ご家庭に代わって保育をするというような役割だったものが、子育て支援という分野に保護者支援というものも含まれてきて、いろいろな役割が保育所に付加をされてきた、こういうような状況にあります。そうなると、本当に保育所、幼稚園の役割が、ますます重要になってきているといえると思います。

※図版はすべて「横浜市子ども・子育て支援事業計画――子ども、みんなが主役！ よこはまわくわくプラン」より引用転載

保育の現場で起きていることと支援の課題

上村初美◉全国保育士会会長

保育の普遍化とニーズの多様化への対応〜30年間の保育政策から

はじめに、現場の立場からこの30年ほどの保育政策・制度を振り返ってみます。日本の保育政策は、少子化の進行、夫婦共働き家庭の一般化、家庭と地域の子育て機能の低下等を見据えながら制度の見直しが行われてきました。

児童福祉法が大きく改正されたのは1997（平成9）年です。それまで、「措置」という市町村による行政処分の位置づけであった保育所の入所が、市町村と保護者の間の「契約」に切り替わりました。つまり、保育所の入所は多くの人にとって必要な、普遍的なサービスであると位置づけられたのです。また、保育に関する情報提供や地域住民に対する育児相談が、保育所の努力義務として定められました。

2001（平成13）年の児童福祉法の改正では、現場の保育サービスの充実の観点から、ベビーホテルなどの認可外保育施設への監督強化とともに、保育士資格の国家資格化（名称独占や業務の定義など）がはかられました（2003（平成15）年11月29日に施行）。私たち保育士は、法制度上も位置づけられると同時に、より大きな責任を負うことになりました。

保育の質の向上をはかるため、社会福祉基礎構造改革の一環として、2001（平成13）年に第三者評価事業が導入されました。また、保育所保育の理念や保育内容・方法を体系的に示した「保育所保育指針」は、1965（昭和40）年に策定され、厚生省児童家庭局長通知としてはじめて示された後、関係法律の改正に合わせて、1990（平成2）年、2000（平成12）年、2008（平成20）年に改定をされました。2008（平成20）年の改定では、保育所における子育て支援に関する記述が充実され、また、それまでの局長通知から大臣告示へと位置づけが変わり、法的にも規範性のある重みが持たされています。なお、保育所保育指針は改定の都度、幼稚園における同様のガイドラインである「幼稚園教育要領」と内容の整合性をはかり、すでに3歳以上児の保育内容についてはほぼ同様になっています。

直近では、「保育所保育指針」の改正が2017（平成29）年3月に告示され、1年間の周知期間をおいて、2018（平成30）年度より施行されます。今回の改正で打ち出された内容は、乳児・3歳未満児保育の記載の充実、幼児教育の積極的な位置づけ、「子育て支援」の章の新設などがあげられます。幼保連携型認定こども園教育・保育要領、幼稚園教育要領も統一性をもって見直され、同時に施行されます。

少し前に戻り、2015（平成27）年より本格施行された「子ども・子育て支援新制度」により、全ての子ども・子育て家庭を対象に、幼児教育、保育、地域の子ども・子育て支援の質・量の拡充を図る仕組みがつくられ、保育士の処遇改善や保育士確保対策も進められているところです。

今、求められる子育て支援とは

では、保育現場における子育て支援、保護者支援の現状は一体どんなものでしょうか。冒頭で触れた「家庭と地域の子育て機能の低下」は、具体的にどのような形で現れ、私たち保育士は、何を支援していけばよいのでしょうか。

家庭の状況としては、核家族化の進行と、さらに、1人親家庭の増加について考慮する必要があります。核家族化は、戦後の高度経済成長期から続いてきた世帯構成の変化ですが、子育てに関しては、共働き世帯の増加とともに、特に母親への負担がより重くなったといえます。最近は、父親も育児を担う意識を高めるようにと、〝イクメン〟という言葉が作られたり、国が打ち出した「働き方改革」も、育児を念頭においた内容になっています。ただ、子育ての現場からすると、労働時間の短縮だけに取り組むのではなく、たとえば子どもが急に体調を崩した時など、休みたい時に休めるような体制をつくることが必要ではないかと考えています。

また、1人親家庭の増加は、子育てに悩む保護者がより孤立化しやすい状況につながっています。子どもの成長や発達に向けた保育、保護者支援は保育所でも取り組んでいますが、子どもが保育所にいられるのは小学校に就学するまでの期間です。家庭全体を長期的に支えていくためには、保育所の取り組みだけでは十分ではありません。以下に支援の必要な保護者と保育所での関わりの例として、2点を示します。

(1)保護者の自己解決力、自己コントロール力の低下をふまえた支援

自制がきかずにすぐにカッとなってしまう保護者がいらっしゃり、そうした家庭のお子さんも保育所を利用されています。私たちは、毎日子どもとその保護者と接しながら、適切な関係を維持し、また、関係機関ともネットワークをつくり、個々の対応を吟味しつつ、保育と子育て支援を展開しています。

(2)心の問題を抱える保護者を受け止めながらの支援

心の問題を抱えていらっしゃる保護者もたくさんいらっしゃいます。ご自身に具体的な病気や障害がなくても、子育てに悩み苦しんでいる方は多くいらっしゃいます。私たちは、そうした保護者の思いをまず受け止め、どういった支援ができるのか、職員が1人で抱え込まないように配慮しながら取り組んでいるところです。

子育て支援の事例から

(1)「子どもと遊ぶ」とは

保育は、生活や遊びの充実を通して、子どもの身体的・社会的・精神的発達の基盤を培うことをめざして行われています。現場では、保育士が子どもとたくさん触れ合い、保護者には保育参加をしていただきながら、いろいろな遊びの提供に取り組んでいます。保育士は、この子に対してその関わりでよかったのかを、その都度振り返ります。また、子どもの「楽しい」という思いを保護者にどうやって伝えていくか、子どもの成長している姿をどう伝えていくかなど、遊び一つを取りましても、課題意識を持ちながら取り組んでいます。

たとえば私の園でも「1日、よくお父さんに遊んでもらったんですよ」という保護者の声を聞きます。遊びの内容を聞いてみると、「6時

上村初美（うえむら・はつみ）――1975年より、4年間幼稚園教諭として勤務し、1979年より、砂山保育園（福岡）に保育士として勤務。現在、副園長。2011年より、全国社会福祉協議会全国保育士会会長、現在に至る。

間、8時間も、ゲームやDVDを観てました」……これを集中力の育ちにつながる遊びといってよいのでしょうか。遊ぶことの意味を分かっておられない保護者もいらっしゃり、子どもの発達と成長は、生活と遊びを通して進むことをきちんとお伝えしていかなければなりません。

(2) 食事から見えてくる保護者の意識や認識

家庭全体の傾向としては、子育てに関する意識や認識の高さないしは低さが両極端にふれているように思います。最近は、「キャラ弁」がテレビなどで話題になったりもしますが、保育の現場から見える、子どもとその家庭の食は、楽しいばかりではありません。

私の園では月に1回、「お弁当の日」を設けています。ある子どもは二段重ねのお弁当箱を持ってきました。一段目は焼き飯、2段目は小さく切ってあるトマトだけだったりします。また、離乳食段階の子どもの家庭でびっくりしたのは、お弁当箱いっぱいに〝ぼうろ〟を詰めてきたことです。お豆腐だけが入っていたこともありました。家での食事にしても、こぼすと床が汚れるから嫌だといって、4歳児なのに保護者が食べさせている実態が、私の園だけでなく他の保育所からも見えてきます。

また、家庭での食事について保護者にうかがうと、離乳食に関しては、レトルト食品をかなり多く使っているように感じました。便利に使えるレトルトの離乳食を否定するものではありませんが、それが常に使われていることはいかがなものかとも感じます。そうした家庭でも、離乳食から幼児食に移行する時は味付けを薄めにしているなどしていますが、保護者が食についてどのように捉えているかを考えると、私たちの支援すべきことは数多くあります。

(3) 子どもに合わせた生活習慣、生活リズムを整える

食に限らず、生活全般で、子どもを育てていく家庭での状況にも課題があると感じています。子どもの生活を大人の都合に合わせている現状は、皆さんもよく耳にされることと思います。夜遅くに食事や買い物に行くなど、生活リズムが子どものためでなく大人の時間に合わせているという家庭も大変増えてきております。

保育の現場では、特段の障害があるわけではないにもかかわらず、4歳児で入園してきておむつをしているお子さんにも出会います。家でおねしょをしたら洗濯が大変だからと、5歳児でも寝ている時にはおむつをしているというお子さんも何人もいました。

「子ども・子育て支援新制度」では、標準時間として11時間、保育施設でお預かりすることができます。さらに延長保育で1時間伸ばすこともできます。そうなると、どれだけ家庭で子どもと保護者が接しているのでしょうか。

子どもの年齢が3歳未満であれば、改正育児・介護休業法によって勤務時間の短縮が義務化されていますが、それでも0歳児を18時まで保育所でお預かりしている実態はあります。18時の降園ですと帰宅や夕食は19時を過ぎ、就寝は20時あるいは21時になるでしょう。そして次の日、また朝8時には保育所に来るのです。保護者が子どもに向き合う時間は十分に確保されているでしょうか。

(4) つながり続ける——家庭に寄り添った支援

単に保護者の意識や認識を改めたり高めたりするだけでは解決が難しいことに加え、貧困に直面している家庭や心の問題を抱える保護者のケースも年々増えています。保育所としての支援は、どのように進めていけばいいのでしょうか。保育所は子育てをする保護者が社会と出会う最初の窓口だと、私は考えています。まずは子どもが保育所に通い、生活習慣を身に付け、家庭ともつながり続けることが大切です。朝、なかなか保育所に子どもを連れてこられない世帯に対して、保育所の職員が家までお迎えに行くような対応が日常茶飯事になっているケースもあります。そうして保育所に子どもがきちんと登園すれば、日々食事も健康チェックもでき、保護者も子ども以外の時間を作れます。

先述の、私の園で実施している月1回の「お弁当の日」は、解決すべき課題があるかどうか

は別にしても、私たち保育者が、家庭での子育ての様子を知る貴重な機会でもあるのです。

保育士の働く環境を整える

こういった現状をふまえた支援の難しさを考えていくと、保育士の仕事を選ぶ人が少なくなっていく、早くに退職してしまう、という状況にもつながっているのではないかと思います。厚生労働省の統計では保育士の平均勤続年数は短く、7年以下の方が約半分を占めるという統計調査があります。そうした事態を食い止めるために保育士の処遇改善は重要ですが、解決すべき課題はそれだけではないように思います。保育士としての責任の重さ、事故への不安、これから保護者との関係性が難しい、こういった悩みも大きくあります。

私は、保育士のメンタルヘルスの面から考えてみました。仕事の悩みを解消する方法が分からない。新人期ほど現場が忙し過ぎて、友達や同僚たちに相談をすることができない、する時間がない。また、横のつながりの不足や、自己効力感の不足があったりします。また、相談相手によって対応や答えが違うことがあり、先輩保育士や主任、園長、いったい誰に相談すればちゃんとした答えが出て、相談に乗ってもらえるのか。そのような現状もあります。そうなると、自信が持てなくなり、私の保育はこれでいいのかしらと思って離職していく。こうした現場は各地にあるのではと思います。

また、ストレスへの対抗手段の欠如があります。保育士は、子どもが好きでこの世界に入ってきていますが、多くの場合、仕事や課題の負荷が増し、発生しているストレスをどう解消していけばいいのか。私たちは、それを解消する方法を身に付けていません。打たれ強さ、強い人であれば切り替えもできるのですが、耐性力が低い人たちは離職していくことになります。

また、保育業界の雰囲気として、いわゆる「聖職者感」もあります。つまり、この仕事は「聖職」であると信じて身を捧げるように仕事をしている人たちも多くいます。今は少しずつ「労働者感」も生まれてきたと思いますが、依然として残っています。

保育士もつながり続けることが大切

では私たちは、疲弊している保育士たちに対して何ができるのでしょうか。やはりここは、いろいろな専門職の方とネットワークをつくり、課題に対応するとともに、自分のメンタルヘルスの面からも、疲弊しないようにちゃんと立ち直りができていくようにしていくことではないかと思っています。保育士にできること、臨床心理士にできること、また、社会福祉士にできること、保健師にできること、栄養士にできること、看護師にできること、それぞれがあります。誰がどこを担当すればよいのか、そして、それらのネットワークづくりができていくことで、働きやすい職場環境の構築ができていくのではないかと思います。

その際、私たちは、子どもとたくさん遊ぶ。遊んで、その子どもの成長した姿、保護者が子どもを理解したことの喜び、こういったことを保育の専門性のもとに言語化して伝える力を高めなければなりません。ネットワークにただ加わるだけでなく、きちんと発信し、伝えていくその先に、子どもにも保護者にもいい笑顔が出てくるでしょう。これが私たちの喜びにつながったり、やりがいや誇りになったりするのではないかと思います。

国では、研修を受け、経験を積んだ保育士の処遇の改善のために「保育士等キャリアアップ研修」を打ち出しています。全国保育士会でも、保育士・保育教諭のキャリアアップについて研究報告書をとりまとめ、発信しています。

事例でご紹介したように、現代の子どもと保護者には解決すべき数多くの課題があり、その対応は容易ではありません。自らの専門性を高め、様々な専門職とのつながりを強め、この仕事に誇りと責任を持って働き続けることができる環境を整えていくことが、保育士確保の面からもとても重要でないかと考えております。

社会的養護の子どもたちの保育における保育カウンセラーの役割

――横浜市旭区の実践から

増沢　高◉子どもの虹情報研修センター研修部長

はじめに

横浜市旭区では、保育所を活用した養育支援強化事業をしています（詳細は本誌「子育て支援の地域実践モデル＠横浜市旭区」参照）。旭区が臨床心理士を非常勤で雇って、保育所に保育カウンセラーを2名置きました。私は、その保育カウンセラーのスーパーバイザーを5年くらいしています。そのことを通じて感じていること、そして、そこからいろいろとまとめたものを報告いたします。

社会的養護とは、広義で言えば、子育て支援も含めます。狭義で言えば、児童福祉施設あるいは里親という、家から分離された子どもを支援するということです。私はそういった領域でずっと仕事をしてきましたけれども、社会的養護で、今、一番の問題となるのは、児童虐待です。そこで、児童虐待と保育所との関係を中心に述べます。

集団になじめない子どもたち

保育所でスーパーバイズを始めてまず思ったのは、施設には虐待を受けて入所する子どもたちが多いのですが、施設の子どもたちと同様の課題を抱えている子どもたちが、保育所の保育カウンセラーから「このケースを相談したい」とあがってくる中にかなり多いということです。これって、施設にいるような子どものケースだけれども？　というようなケースが、保育所からあがってくるのです。それは、つまり、集団保育になじめない子どもたちだろうと思います。上村先生も触れていますが、4歳でも5歳でもおむつをしている、そうすると、たぶん、ほかの5歳児、4歳児と同じような生活スタイルとは随分異なる。そうした側面が多いと、一般的な集団になじめないわけです。

一般的な子どもたちと異なる様子というのは、非常に個別性が強くて、一人ひとりのケースを個別に理解して対応する必要があります。集団を一つにまとめて、こういう活動をすれば動いていくということとは違った発想が要るということです。

要保護・要支援児童と社会的養護

要保護・要支援児童について少し触れておきます。要支援児童とは「保護者の養育を支援することが特に必要と認められる児童」と言われているものです。それから、要保護児童というのは、「保護者のいない児童、または、保護者に看護させることが不適当であると認められる児童」のことです。この要保護児童の中から、社会的養護、つまり、在宅支援から施設入所、あるいは里親に移行してくる子どもたちがいるということです。

そして、ここで重要なのは、この要保護児童あるいは要支援児童が全て施設に来るかというと、決してそうではなく、実はかなりの人数が保育所に通っているということです。また、虐待防止の観点から、保育の実施が必要な児童については、優先的に取り扱うと児童福祉法の中で定めがあります。そのため、こういった虐待を受けている子どもたちが優先的に保育所に入所しているという現実があります。

これは、児童相談所のソーシャルワーカーや児童福祉司が、子どもの在宅支援を継続するか、施設入所に措置変更するかを考える時に、就学前の年齢であれば、保育所に通えるか否かというのが、非常に重要な判断基準になるということです。このことをまずお伝えしたいと思います。

社会的養護についても少し触れておきます。社会的養護の定義は、「保護者のいない児童や、保護者に監護させることが適当でない児童を、公的責任で社会的に養育し、保護するとともに、養育に大きな困難を抱える家庭への支援を行うこと」ということです。広くは、在宅支援も含める定義ですけれども、狭義では、「施設等、家庭からの分離による支援」ということで、施設養護、ファミリーホーム、里親養育など、現在、約４５００名から５０００名の子どもたちが家庭からの分離の対象になっています。

児童虐待対応の枠組み

施設入所等の措置を判断する機関である児童相談所が扱っている児童虐待対応件数が年々増えており、２０１５年度では10万件をついに超えました。いまだ前年を下回ることがありません。増え続けています。

今、こういった児童虐待を扱う枠組みというのは、大きく三つのステージで考えるようになっています。まずは市区町村レベルで、一般の子育て支援とハイリスクケースつまり要支援ケースや要保護ケースも在宅支援で行います。難しくなると、次は、児童相談所ということになります。当然、児童相談所には課題を抱えた子どもたちがたくさんいるわけですけれども、そこで施設や里親に振り分けられるわけです。

実は施設や里親にいく子どもたちは、児童相談所に来る子どもたちの５％です。十数年前は、約2割の子どもが施設に行くというのが通常だったのですが、今は、どんどん対応件数が増え続けていて、わずか５％しか施設や里親に行っていません。95％はどこに行くかというと、そのまま在宅支援となっていきます。そして、在宅支援を行う時に、就学前であれば、保育所に行っているかどうかということが、非常に重要なポイントになるわけです。また、施設を退所すれば、家族再統合というかたちで、家に戻ります。その時も、保育所に通うかどうかが家に戻す判断をする際の非常に重要なポイントなのです。

要保護児童の家族の問題

社会的養護で扱う子どもたちや家庭は、本当に経済的に困っている方々が多いです。それから、同居・別居を繰り返すというような不安定な家族です。ジェノグラムを描いてみると、要保護ケースの場合は、離婚・再婚、同居・別居、同居・別居と、非常に複雑になっているケースが多くみられます。同居・別居には、当然、転居が伴います。一定の場所に居続けずに、移っていく、非常に不安定な家族というケースも増

増沢 高（ますざわ・たかし）――子どもの虹情報研修センター研修部長、明治大学大学院文学研究科兼任講師。千葉大学大学院教育学研究科教育心理修士課程修了。千葉市療育センター相談員、情緒障害児短期治療施設「横浜いずみ学園」セラピスト・同学園副園長、子どもの虹情報研修センター研修課長として勤務後、平成21年4月より現職。【主な著書】『事例で学ぶ社会的養護児童のアセスメント』（明石書店、２０１１）、『虐待を受けた子どもの回復と育ちを支える援助』（２００９）、『日本の子ども虐待第2版』（共著／２０１１）、『社会的養護における生活臨床と心理臨床』（共編著／２０１２）、『日本の児童虐待重大事件２０００－２０１０』（共編著／２０１４）いずれも福村出版。

えてきているのではないかと思います。子どもにしてみれば「一貫した居場所のなさ」につながっていきます。

　それから、家族機能の低下も問題です。基本的な生活の維持の難しさ、そして、子育て機能においては、生理的・情緒的応答性が非常に低く、しつけ等が充分になされていないケースが多い。そして、家庭内暴力など、おうちの中が安心できる安全な場所として感じられないという状況の家があるということです。

　さらに、保護者のモデルが不適切であることも問題です。健全な、健康な生活者のモデルが不在で、逆に大人の不適切モデル、たとえば、性的に不適切なモデルとか、衝動のコントロールの悪い保護者が暴力で物事を解決するのをモデルにしてしまうなどです。性虐待というのは、直接身体接触があるものだけではなくて、性的な行為を見せる、アダルトビデオを子どもと一緒に見るなど、不適切な性の刺激に汚染される状況もあてはまります。また、ＤＶの家庭、ＤＶの目撃というのも児童虐待の定義に入ります。心理的な虐待です。そういった暴力で物事を解決していくという大人をモデルにしていくこと、その他、家族の課題は多々あります。

　このような家庭の場合、さらに養育者自身についていうと、実は、過去、やはり虐待やいじめを受けていたというような逆境的体験を持つ養育者も多いということで、世代間伝達、世代間連鎖の問題も考えていかなくてはなりません。養育機能の低下というのは、この連鎖の問題を抜きには考えられないことで、最も重要な視点として考えていく必要があると思います。

要保護児童の課題

　以上のような家庭の子どもたちが、いったいどういう課題を抱えてしまうのか、私は5つの視点が必要と考えています。

　まず、①身体的な課題が当然あります。そして、②初期の心的発達です。初期の心的発達が、人格の基盤形成で非常に重要です。そこが非常に脆弱になってしまうということの問題があります。次に、暴力を受ける等による③心的外傷体験の影響、ＰＴＳＤの問題です。それから、先述した④不適切な大人のモデルによる誤学習。そして、⑤喪失体験です。養育者が代わってしまう、あるいは、居場所がどんどん変わってしまうことにより、人生の連続性が保証されず、大切な人やものを失ってしまう子どもたちが、要保護のケースには多いということです。

初期の心的発達の阻害

　特に、0歳児の生理的な要求や情緒的な要求に十分に応答する対象者、養育者がいないことから、基本的信頼感の未獲得、アタッチメント形成の不全という問題が生じて、世の中、世界、周囲、そして、人に対する不審や恐怖を心の核に刻みつけてしまいます。

　それから、ここが非常に重要だと思うのですけれども、幼児期前、1歳、2歳、3歳の養育の中で、しつけがなされないということに伴う自律性の獲得の阻害です。しつけを受けるということは、自分の中の欲求・衝動をコントロールする力を身につけることです。また、かんしゃくを起こす子どもはこの年齢に多いですけれども、そういった自分の中の情緒的な混乱を、あやされながら鎮静させていく力を養育者の手によってだんだん獲得していくわけですが、そういった手だてが十分に取られていない。その結果、外に対する不審と恐怖、内側の衝動や欲求をどうすることもできないという本当に生きづらい状況を課題として抱えてしまうことになります。

心的外傷体験の影響、ＰＴＳＤの問題

　それから、心的外傷体験、虐待の文脈ではよく言われますが、保育の現場で本当に困るだろうなと思うのは、虐待の問題というのは、子どもが家庭の中でＰＴＳＤにつながるような大きな心的外傷体験を受けたとしても、それを伝えてくれる保護者がいなければ保育者にはわからないという事態が多々生じてくるということです。そうすると、保育所でいろんなフラッシュバックが起きているとか、各種のＰＴＳＤ症状が出ても、そのもとになっている体験がどんなものかが保育者にはわからないわけです。

それと、心的外傷体験が1回限りではなくて、長い間繰り返されることも、こういった領域の問題です。これを、ハーマンは複雑性PTSD、ヴァン・デア・コークは発達性トラウマと呼ぶわけですけれども、繰り返されるトラウマ体験が、子どもの発達そのもの、人格形成に深く影響を及ぼしていきます。

そして、通常、つらい体験をした時には、必ず、体験に対して手当てをする養育者がいて、何とか乗り越えます。嫌な体験、つらい体験がない子どもというのは、逆にいないと思います。それをちゃんと手当てしてもらうということが大事なのですが、要保護ケースの子どもたちは、その養育者が不在であるという問題を抱えているわけです。

喪失体験

たとえば、家での愛着形成が十分でない0歳あるいは1歳児が、保育所で保育士さんといい関係がつくれても、家庭の事情で転居するとなれば、その保育士さんと別れなければいけません。あるいは、地域の在宅支援で保育所の先生方が、本当に大事に子どもを扱ってきても、家の事情で施設入所になれば、そこでまた寸断してしまいます。これは、子どもにとっては非常に大きな喪失体験、ダメージになります。

要保護や社会的養護の子どもたちには、支援者同士が手を組むことで、喪失した人やもの等を埋め合わせていかなければならないという課題があるのです。

悪循環を断ち切る

要支援の子どもが陥る悪循環

これらの課題に対して、すぐに治療的な支援や育ち直しを考えたいわけですが、まず考えなくてはならないのは、悪循環を止めるということです。こういった子どもたちは、まず、集団になじめません。たぶん、様々な失敗を繰り返すでしょうし、叱責される可能性も高まり、非難もされるでしょう。それは、何も保育士からだけではなくて、地域のいろんな大人の目や、子ども同士が非難するわけです。そして、いじめの対象になるかもしれない。もう仲間には入れてあげないという疎外の対象にもなって、排除されるかもしれない。そうした可能性があるわけです。

そうすると、子どもたちは救われるべき地域社会で、さらに自尊心を低下させ、傷つき、不審感・被害感を増大させて、問題行動や症状を増幅させていきます。そうやって思春期に至った子どもたちが、多くの問題を起こしているという現実があります。

ここを、なるべく早期のうちに良循環に変えていきたい。この悪循環を止めたい。良循環に変えたい。それは、もう一度、愛着の対象となる人に出会うことであり、安心できる暮らしがそこにあることであり、成功体験をその子なりに積んで、承認や称賛を得て、そして、適切な社会化のモデルに出合っていくことです。治療教育的なことは、そこに付加される一部分であると思います。

保育所・幼稚園での支援の難しさ

この良循環をつくっていく場所がどこかと考えると、就学前であれば、保育所、つまり、家庭以外で一番長く時間を過ごす場所です。保育所、幼稚園がどれほど大事なところかということです。早期の段階で、回復と育ち直りを展開できる重要な場であるということと、そして、特別な治療的な技法というよりも、保育所の生活を中心とした支援の展開、生活臨床の視点です。これを展開することが大事なのですが、保育所の現場は、これがなかなか難しいわけです。

というのは、一般的な子どもは、健全育成と発達促進ということを考えた保育の展開、あるいは集団保育という、集団的なアプローチが可能です。そして、健康な子どもに合った保育プログラムで、子どもたちは健やかに育つはずなのですが、課題を抱えた子どもたちは、個々、それぞれ事情が違う、抱えている課題も違うため、個別的アプローチを意識しなければなりません。個々のアセスメントに基づく保育を展開しなければならないのです。これは、ものすごく難しいことだろうなと思うわけです。

保育カウンセラーの役割と重要性

ここに、保育カウンセラーの役割の大事なところがあると考えています。それは、横浜市旭区の実践を通して、その心理職のやっていることを見て、また、スーパーバイズをしながら強く思うところです。その核になるのは、保育士・職員と、この子どもがどういう事情の中で、どういう課題を抱えている可能性があるのかということを一緒に考えて、一緒にアセスメントをして、子どもを適切に理解していく歩みに貢献していくということです。心理職が、治療的な手だてを行う前に磨いていかなければいけない一番大事なところは、アセスメントとコンサルテーションです。

保育所でカンファレンスというのは、ほとんど馴染みがないと思います。社会的養護の現場もそうでした。児童養護施設やその他の施設で、カンファレンスというのは、今は、もう当たり前になってきてますが、たぶん、平成になってからようやく位置付けられた取り組みです。

全ての子どもにカンファレンスする必要はなくて、難しい子どもをきちんとカンファレンスして、そして、正しい理解をしていく。ここに、心理職が協力し、貢献していくということです。また、保育の現場から保育所以外のネットワーク、関係機関にこのケースの難しさをきちんと伝える時に、やっぱりアセスメントの内容を説明するという意味でも、心理職の役割は大事だと思います。

また、職員のメンタルヘルスへの支援も心理職の重要な役割です。課題を抱えている子どもがなかなか問題が改善されないと自分の保育がいけないからだなどと考えてしまいがちです。それは、保育士のせいではなくて、この子が抱えている課題、こういう事情からだと説明するだけで、保育士の心の負担は随分違ってくると思います。さらに、子どもや保護者への直接的な支援も大事になってくると思います。そういった意味で、保育カウンセラーは、まだまだ全ての保育所にいるわけではないですし、本当に一部で展開されているだけですけれども、今後、大いに期待したいと思っております。

臨床心理士と子育て支援の取り組み

髙橋幸市◉心理支援オフィス緑蔭舎代表／本誌編集委員

子育て支援分野における臨床心理士の活動

臨床心理士は社会の様々な分野で活動をしていますが、とりわけ子育て支援の分野では以前から多くの臨床心理士が業務に従事してきています。その活動内容は、図1に示しているように、生後間もなく始まる乳幼児健康診査（以下、乳幼児健診と略）における発達相談から始まって、子どもの成長に伴い家庭や集団保育における適応の相談へと広がり、就学に関する相談から学童期、思春期の行動上の相談へと拡大していきます。

乳幼児健診は子どもの身体の発育状況や栄養状態、各種疾患の有無、予防接種、精神発達の状況等をチェックし、保護者から各種の相談に応じ、早期受診や早期療育に結び付けることによって子どもの健やかな発育を促進する仕組みです。この中で臨床心理士は、主に子どもの精神発達に関する相談、あるいは言葉の発達に関する相談を中心に担当しています。それは発達障害や知的障害の可能性を念頭に置いたもので、保護者の不安を受け止め、発達の状況をアセスメントし、発達を促進するための方策や必要な療育について助言を行っています。

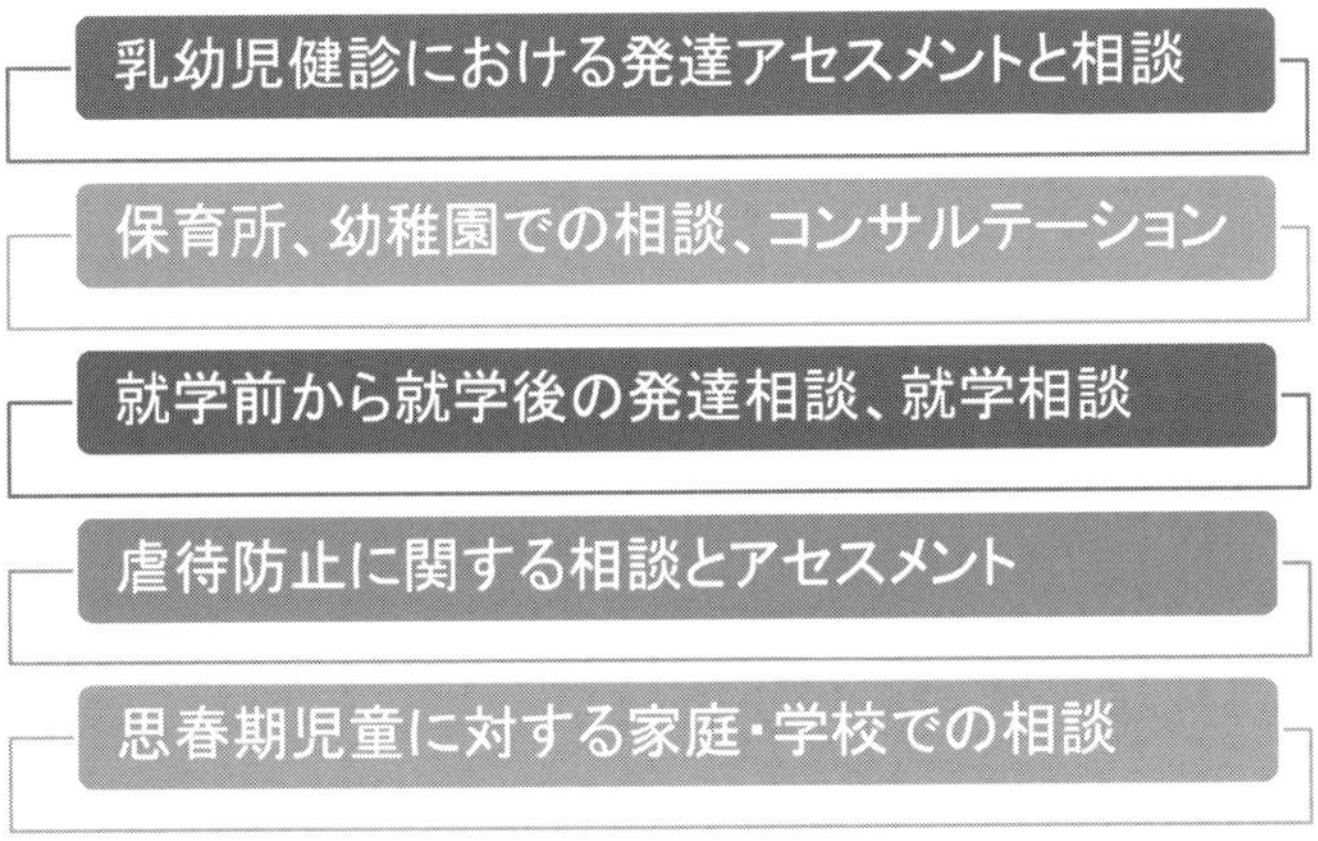
乳幼児健診における発達アセスメントと相談
保育所、幼稚園での相談、コンサルテーション
就学前から就学後の発達相談、就学相談
虐待防止に関する相談とアセスメント
思春期児童に対する家庭・学校での相談

図1　臨床心理士の子育て活動支援

子どもに発達上の遅れや特性があれば、それはその後の集団保育や就学についても影響しますから、相談支援の枠組みは継続することになります。また、発達上の遅れや特性が〝育てにくさ〟に通じれば、虐待リスクも高まることから家族関係や養育力という点でもアセスメントは欠かせませんし周囲の支援は必要となってきます。

近年、児童虐待の件数は増加を続けており、各種報道でも社会的な問題となっています。

乳幼児健診においても虐待の兆候やリスクについて早期の発見と対応が求められており、臨床心理士は子ども本人だけではなく母子関係や来場はしていない父親との父子関係、夫婦関係にも視野を広く持つ必要があると言うことができます。

子育てに関する施策や制度の変化

深刻化する児童虐待の増加に対応するために児童福祉法が数次にわたって改正されました。これまでは主に児童相談所を中心とした都道府県圏域の対応が中心でしたが、市区町村を実施主体とすることで地域住民により身近なサービスを提供することが可能になりました（ここで言う〝区〟は東京23区を指します）。市区町村には児童相談所の相談・対応機能と同等な「市区町村子ども家庭総合支援拠点」を設置することが決まり、要保護児童対策地域協議会の活用によって住民に身近で効果的な取り組みが期待されています。また、従来からある母子保健センターをその対象を妊娠期から育児期まで拡充し、保健機能だけでなく福祉機能も横断的に有する「子育て世代包括支援センター」の整備を進めることも決まりました。市町村はこれらの機関によって、文字通り妊娠期から18歳までの児童とその保護者に対して、児童虐待防止活動や子ども家庭支援のサービスを展開してくことになります。

より子どもを産み育てやすくする社会をつくることを大目標にして、子ども・子育て支援法が施行されました。最大の目的は待機児童の解消を目指して保育の場を整備することですが、この他にも地域の子育て支援の充実を目的として、11種類という多くのメニューからなる〝地域子ども・子育て支援事業〟が全国の市町村で一律に法定化されました。その中でも、地域に子育て支援の拠点を設置し、住民相互の子育て情報や交流を促進し地域での支え合いを進める地域子育て支援拠点事業や、新生児の産まれた全家庭を訪問して虐待リスクの低減に努める乳幼児家庭全戸訪問事業、保護者の稼働で放課後の子どもたちの受け皿となる放課後児童クラブ等が全国の津々浦々の市町村で実施される意義は大きいと考えています。

新しい法律によって進めようとしている児童虐待防止対応にしても、子育て支援のサービスにしても、その支援の対象となるのは様々な特性と発達を持った子どもと多様な家族関係にある家族です。子育ての困難や交流の場での不適応が話題になる時、その背景にはこのような子どもの特性と家族関係に関する深い理解と造詣を有する臨床心理士を活用することが質の高いサービスを提供する一助になると考えています。

臨床心理士の地域援助機能

臨床心理士の行う活動について、4つの基本的な機能が挙げられます。それは、心理的アセスメント、心理面接、心理臨床的地域援助、研究活動の4つの機能です。心理的アセスメントは、事前に関係者から得られる支援対象者（以下、クライエントと称す）に関する行動、発達、対人関係、コミュニケーション、家族関係等に関する情報に加え、直接クライエントに面接して得られる情報や、時には心理検査を活用できる場合はその情報も含めて総合的に、多面的にクライエント像の理解を進めます。この心理的アセスメントで得られたクライエントの理解を基にして、改善の方策を探ります。

心理相談は、面接と対話によってクライエントの思いや不安を理解します。クライエントを肯定し、エンパワメントすることができればクライエント自身の回復力を引き出すことが可能になるでしょう。

心理臨床的地域援助は、関係職種とチームを組み連携・協働して対応することがほとんどですから、他職種にも活用できる有効な心理的アセスメントを提供することが求められます。通常は予防活動に軸足を置いた取り組みをしながら、時には虐待対応の場合など危機介入に参加する場面もあります。直接クライエントに接触しなくても、支援関係者へのコンサルテーションは、支援関係者のクライエントに対する理解や対応力が向上するという点であらゆる場面で有効です。

全国都道府県臨床心理士会の地域活動の現状

全国の都道府県臨床心理士会においても地域の要請に応じて様々な地域援助活動を実施しています。しかし、児童福祉や子ども・子育て支援関連の事業はその進展が急速であるためにか、必ずしも十分に対応できてはいません。一般社団法人日本臨床心理士会では全国の活動状況を把握することを目的にここ数年、地域子ども・子育て支援事業に関してその取り組みの実情を調査してきました。図2はその状況ですが、11種類あるメニューの中で、都道府県臨床心理士会が組織として関与しているものは、「5 要保護児童等の支援に関する事業」と「10 放課後児童クラブ」であることがわかります。しかし、この両者にしても会員個人による関与の方がはるかに多いことから、会として組織的に関与できているものはいまだ少ない実情にあるようです。

今後改正児童福祉法や子ども・子育て支援法による全国の市町村の取り組みが本格化すれば、心理職の活用も進み、各地の臨床心理士会への協力の相談や依頼が増加することも予想されます。一方で、人材の供給に関して組織的に対応する手段として、市町村の行政と委託契約を締結するという方法がありますが、契約を受託す

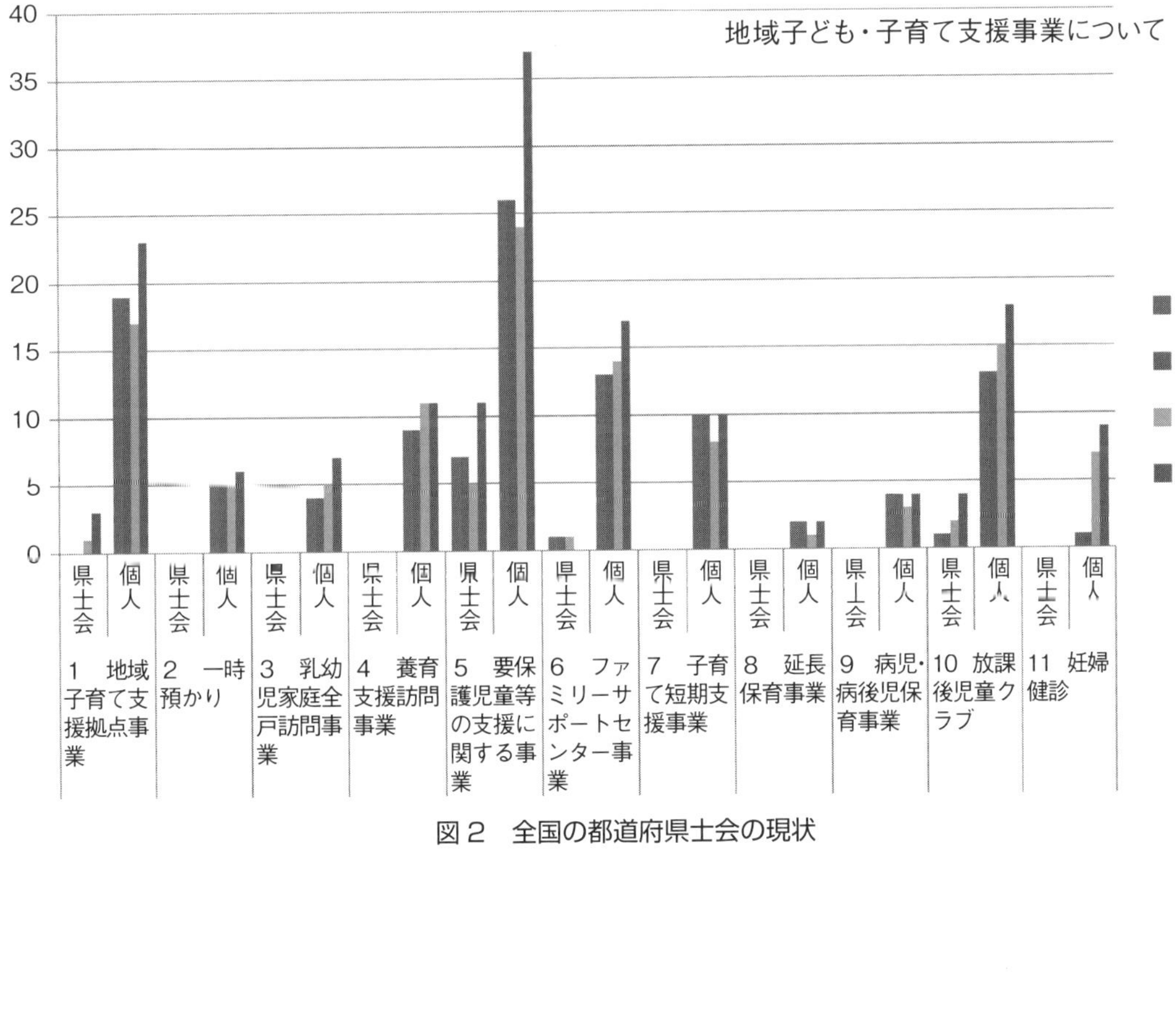

図2　全国の都道府県士会の現状

るためには受託する側に何らかの法人格が必要で、いまだ任意団体が多い道県臨床心理士会にはそれに対応するだけの体制が整備されていません。折しも、心理職の国家資格が公認心理師という形で成立しました。行政の実施する住民サービスに、国家資格が優先して活用されるのは理の当然とも言えますから、今後は公認心理師に声がかかることが増加することも容易に予想されます。

今後の課題と展開

　児童福祉や子ども・子育て支援に関する国の方針は、前述の二つの法律の施行という形で示されました。これまでは先駆的な自治体に限定されていた取り組みが、全国で変わりなく取り組まれることになります。これまでとは比較にならない量の人材が必要になるでしょう。その一つとして、臨床心理士あるいは公認心理師が求められる場面も増加すると予想しています。日本臨床心理士会としては、そうした地域からの要請に応えられる人材と品質を職能団体として供給していかなければなりません。都道府県という地域にあっても、身近な行政とタイアップしていくためには、新たな公認心理師の職能団体作りが急務になります。しかも、その職能団体は法人格を備えることが必要です。すでに法人格を取得している都府県臨床心理士会はごく一部ですから、多くの道県臨床心理士会にとっては新しいステージに向かうための大きな課題となります。

　また、臨床心理士あるいは公認心理師のこの領域における方法論についてもステージアップする必要があると考えています。伝統的に臨床心理士は、自らの意思で来談するクライエントを前提にしてアプローチの方法を開発・洗練してきた歴史があります。しかし、この分野で対応するクライエントには問題意識や改善意欲のニーズの乏しい者も少なくありません。こうしたニーズの乏しい当事者とどうやって支援関係を構築していくかということに関する方法論も開発する必要があります。さらに、ニーズが乏しく来談しないけれども客観的には支援の必要性が高い事例にアプローチする方法として、アウトリーチがあります。アウトリーチとは、クライエントの生活の場で心理的アセスメントや心理面接等の支援を提供する訪問型支援を指しますが、相手の生活の場では流動的な変数を抱え込んで支援関係を不安定にすることにもつながります。クライエントとの支援関係のバランスを保ちながら心理支援行為がクライエントに侵襲的にならないように関係をコントロールし、クライエントの生活に対する意欲を引き出して生活に対する自律感を高めることができるように心理支援のサービスを実現するにはどう工夫したらいいのか、さらに実践を蓄積する必要があると考えています。

髙橋幸市（たかはし・こういち）——児童相談所や児童自立支援施設を経て、現在心理支援オフィス緑蔭舎代表。福岡大学大学院人文科学研究科博士課程前期修了。臨床心理士。一般社団法人日本臨床心理士会副会長、児童福祉委員会委員長。臨床心理士三団体子育て支援合同委員会委員。

参考文献

・児童福祉法等の一部を改正する法律（平成28年法律第63号）
・子ども・子育て支援法（平成24年法律第65号）
・髙橋幸市「福祉分野における公認心理師の具体的な業務」『公認心理師の基礎と実践　第1巻 公認心理師の職責』遠見書房　２０１８

TALK

ONO YOSHIRO

児童精神科医

小野善郎が語る

思春期の育ちと移行支援

高校教育の常識へのチャレンジ

和歌山県精神保健福祉センター所長
小野善郎

児童精神科臨床と教育の関係

私たち児童精神科医のところにやってくる子どもたちの多くは「学校に行けない」、つまり不登校がきっかけになっています。もちろん、学校に行けなくなっている背景や要因は一人ひとりで異なりますが、子どものこころの診療と学校教育とは切っても切れない関係にあり、子どもの臨床家としては教育と無関係にはいられません。それどころか、子どものこころの問題のほとんどが学校と関連したものであるとすれば、学校がなければ子どもの精神科は不要になるのではとさえ思わされます。

たしかに、学校教育は子どもの育ちには欠かせない要素であり、学校のない子育てはあり得ないかもしれませんが、それにしても学校が子どもたちの生活や親の子育てにこれほどまでに大きな影響を持つようになると、まるで子どもの育ちが教育に支配されているかのように見えます。それがもっとも如実に表れるのが高校受験を控えた中学3年生です。不登校だけでなく、発達障害、さらには虐待や貧困などの過酷な育ちの結果として、学校適応や学力に困難がある生徒たちの前に高校進学は大きな壁になって立ちはだかります。高校進学率が99％となり、高校が事実上の義務教育になった現在では、たとえ中学校で不登校になったとしても、高校に進学しない選択肢はありません。高校を卒業していなければ生きていけないという不安が不登校の子どもたちをさらに追い込みます。

子育ての目標は「大人になること」

不登校にはならなかったとしても、学校教育に支配された子どもの育ちは、成績や受験などの具体的な「目標」や「成果」に追われがちで、幼児教育から大学卒業まで良い教育を受けさせることが良い子育てと思い込まれるほどまでに、子育てと教育は同一視される傾向があります。受験を中心にした教育は、テストの点数や偏差値という具体的な数字で成果を見ることができるので、子どもたちはますます目標に追い立てられることになります。親にとっても志望校への合格が目標になり、最終的には大学受験が子育てのゴールと思い込んでしまいます。

子育ての中で教育の価値が否定されるものではありませんが、少なくとも私たちが勘違いしてはいけないのは、近代国家として成熟し、大学までの教育が広く普及した現在では、教育は明治時代のようなエリートの養成や立身出世の手段ではなくなったと

特別企画

海外在留邦人の家族と子育て支援事情

グローバル時代、世界各地で暮らしている在留邦人とその家族。多様化する地域社会の中で経験する人種や言葉の違い、宗教・文化、医療・教育・福祉など社会制度の違いには戸惑いや不安が尽きません。慣れるまでは孤立化によるストレスを抱えることもあるかもしれません。そこで出産から子育てをする母親、子どもにフォーカスしながらどのような支援が行われているのか、海外在留邦人と家族の子育て支援事情を現地で支援に携わっている方に当事者の声も交えながら紹介していただきます。今回は人種の坩堝世界の大都市ニューヨークからです。

グローバル時代の子育て支援

小野善郎◉和歌山県立精神保健福祉センター所長

ニューヨークでの出会い

研究活動や学会参加などでアメリカには20年ほど往き来をしてきましたが、ニューヨークには特別なご縁があったわけではありませんでした。しかし、たまたま旧知の精神科医である吉田常孝先生（現在パプアニューギニア日本国大使館参事官兼医務官）が外務省の医務官になられて在ニューヨーク総領事館に勤務されたことがきっかけで、２０１０年から毎年のようにニューヨークを訪れて、日本人コミュニティーの皆さんが企画する講演会やイベントに参加させていただくようになりました。ちょうどその少し前の２００６年にニューヨーク周辺の医療系邦人支援グループのネットワークである邦人医療支援ネットワーク（ＪＡＭＳＮＥＴ）が発足して、子育てに関する団体も積極的に活動するようになっていたこともあり、さまざまなイベントが企画されるようになっていた頃でした。

ニューヨークでのイベントは単なる講演会というよりも、リフレッシュメントやワインも用意されて、参加者同士の交流もできるアットホームな雰囲気があるものでした。その上、講演会後の懇親会でさっそく次の企画で盛り上がったり、新たなネットワークが生まれたり、回を重ねるごとにつながりが広がっていくのもとても楽しい経験になりました。現地の皆さんの熱意とおもてなしに、ついついおだてられて「来年も来ます」と言ってしまい、気がついたら7年間に9回訪れていました。

しかし、あくまでもボランティアとしての参

在ニューヨーク総領事館での講演（2010年9月24日）

加なので、学会参加や研究費での渡米を利用していましたが、それだけにとどまらずニューヨーク・シティ・マラソンに参加するついでに講演という私的な旅行を活用することもありました。しかし、そこでの多くの出会いから学ぶものは多く、私の臨床や研究に大きな影響を与えたことも事実です。日本の臨床家や研究者はとかくアメリカから「学ぶ」という気持ちが強いかもしれませんが、アメリカの日本人コミュニティーの子育て支援の中に入ってみると、これまでとはまったく違う視点として、異文化の中での日本人の子育てをとおして子育ての本質や文化的な特性をあらためて認識する面白さもありました。そんな魅力もあって、ニューヨーク通いが今も続いています。

共通のテーマとしての思春期

ニューヨークでの最初の講演会は2010年9月24日にニューヨーク日系人会とJAMSNETの共催による第4回シニア・ウィークのイベントとして、総領事館で「発達障害をめぐる日米の違い」についてお話しました。児童精神科医のお話として「発達障害」は定番のテーマですが、同じ「発達障害」といっても日米では概念的にも医療や教育での対応にも大きな違いがあります。私にとっても、普段とは少し違う視点から発達障害について考えて理解を深める機会になりました。

その後の企画では、発達障害のような特定の問題というよりも、より一般的な子育ての問題や悩みについて取り上げていくようになり、日本人が多く住んでいる郊外の日本語補習校で保護者向けにお話しさせていただくこともありました。誰もが慣れない海外での子育てにはさまざまな苦労はあるでしょうが、具体的な問題は個別的なもので、「海外での子育て」として一括りにできるようなものではありません。それでも現地の子育てに役立つ内容を求めて、JAMSNETのメンバーの方々とテーマの模索を続けました。

そのなかで子どもの年齢や障害の有無にかかわらず共通の心配事として出てきたのが「ティーンの問題」で、アルコールやドラッグ、セックスや暴力など、何かと問題の多い思春期が中心的なテーマになり、その後の講演では思春期の問題行動や大人への移行、さらには、思春期の親子関係やその基盤となる愛着の問題など、子育ての本質に迫るような方向に進んでいきました。社会文化的な背景が違っても、子育てには思春期は普遍的なテーマであることをあらためて実感することになり、私の現在の臨床活動にもとても貴重な示唆を与えてくれました。

在留邦人——もうひとつの日本

児童精神科医としての海外での子育て支援の意義は、何といっても母国語である日本語での情報提供や相談ができるということにあります。どこで生活して子育てをしていたとしても、日本的な考え方や習慣を持ち続けていることが多いので、現地の文化に完全に溶け込めるものでもありません。ニューヨークのように情報が豊富な地域であっても、それだけではしっくりこないところも残るので、やはり日本語による情報提供やちょっとした助言がとても役立つことは少なくありません。海外で子育てをすることが多くなってきた現在では、日本語での子育て支援の必要性はさらに高まることと思います。

外務省の統計によれば、2016年10月現在、

小野善郎（おの・よしろう）——和歌山県精神保健福祉センター所長。和歌山県立医科大学卒業後、大学病院、児童相談所などで児童青年期の精神科医療に従事し、2010年より和歌山県精神保健福祉センター所長。医学博士、日本精神神経学会専門医、日本児童青年精神医学会認定医。近著に、『思春期の子どもと親の関係性―愛着が導く子育てのゴール』（2016）、『続・移行支援としての高校教育―大人への移行に向けた「学び」のプロセス』（2016）、『思春期の育ちと高校教育―なぜみんな高校へ行くんだろう？』（2018）、いずれも福村出版。

海外在留邦人は約134万人にもなり、48番目の都道府県といってもいいほどの人口といえます。もっとも人数が多いのはアメリカ（42万人）で、次いで中国（13万人）、オーストラリア（9万人）と続きますが、生活の本拠を海外に移した永住者を除き、いずれ日本に戻るつもりの長期滞在者については、アメリカ（23万人）、中国（12万人）に次いでタイ（7万人）が第3位になり、日系企業の海外進出にともなって上海やバンコクなどのアジアの都市で子育てをする家族が増え続けています。海外の日本人学校、補習授業校、現地・国際校に通う小中学生だけでも約8万人にもなります。

今や日本人の子育てもグローバル時代を迎えています。私の活動もニューヨークだけにとどまらず、これまでにバンコク日本人学校やカナダのトロントとモントリオールでも講演をさせていただく機会がありました。長期滞在者がほとんどのバンコクと永住者が多く日本語がうまく話せない子どもたちも多いモントリオールとではずいぶん様子が違いますが、それでも日本人として共有できる子育ての智慧は確かにあると思います。ますます世界に広がる日本人の子育てにも目を向けていただき、さまざまな立場からの支援が広がっていくことが期待されます。

NYすくすく会——海外育児支援グループの取り組み

関久美子◉NYすくすく会代表

はじめに

NYすくすく会は、2003年から小児科医の加納麻紀先生と共に活動を行っている子育て支援の自助グループです。ここニューヨークで多くの妊婦さん、子育て家族にお会いし、お手伝いをする機会、母子保健に関わっていた経験がNYすくすく会の支援グループを作るきっかけとなりました。

NYすくすく会ではニューヨーク近郊で子育てをしている日本人家族、妊婦と新生児から2才児頃までの母親を対象に、日本語で妊娠・出産・育児情報、医療情報を提供しています。最近は長期滞在、永住家族も増えていることから、思春期の子育てについて、日米の文化の違いを考慮した講演会を企画しました。海外での日本人向け子育て支援の実践を紹介し、今後のニューヨークすくすく会の課題について考えてみたいと思います。

責任感と戸惑い

海外での子育ては、初産のお母さんはもちろんのこと、初めてのことばかりで、何を、どこから、誰に聞けばよいのか戸惑うことが多くあります。子育ては夫婦で協力して行うことも、誰もがよくわかっているつもりですが、夫の渡米に伴って渡航する場合など、夫は仕事を、妻は家庭と暗黙の責任分担があり、妊娠、出産子育てで、夫に迷惑をかけないようにと頑張る女性は多いと思います。渡米後は身近な家族や気心の知れた友人からも離れ、孤独になりがちと言われています。日本のご家族や友人とメールや携帯、ラインでつながっているように思えても、本当のところはどうなのでしょうか？　海外で生活して感じる言葉の問題、文化の違いによる問題、そのために起こる悩みをわかってもらえると感じられるのでしょうか？

日本語を話す小児科医の加納麻紀医師のもとには、多くの子育てのご家族が診療に来ます。産後、新生児検診に訪れる日本人のお母さんは、はじめは元気に、明るく応対をされるそうです。診療が終了し、先生はいつもお母さんに尋ねる言葉があります。「お母さんは大丈夫ですか？」、ほとんどのお母さんは「ハイ、大丈夫です」と返事をされるそうです。そして、先生は、また尋ねます。「そうですか、夜は眠れますか？」、

「ハイ、何とか……」。そろそろ、帰る支度をする頃に、最後の「本当にお母さんは大丈夫ですか?」、「……」、3度目の問いに、返す言葉が見つからず、涙が止まらなくなってしまうお母さんが多いと話されています。

自らも2児の母親である加納麻紀医師は、異国地で生活する不安、言葉の問題、文化・システムの違いによる医療・福祉の問題から起こる戸惑いや悩みなどを身をもって知ったことで、日本語での子育て支援の必要性を強く感じていました。日本の助産師でもある筆者もまた、知人に母乳育児の支援を頼まれることが多く、メディアの発達で情報や知識は豊富になっているにもかかわらず、直接的な介入の支援が少ないことを実感していました。言葉の問題は、母親が育児に対して、日本語で情報を理解する時のような確信感がなく、自信を持って育児に望む経験を妨げているように思われます。加納医師の声かけによって、医療サービス機関に働く各々が感じていた必要性を具体的に、日本語での子育て支援を定期的に持ち、お母さん方の地域でのネットワークつくりに役立てたいと、「NYすくすく会」を立ち上げました。

海外での出産を選択

ニューヨークは一世の町と呼ばれ、主に、駐在や留学、研究で渡米されたご家族が多いと言われています。1990年頃は、現地で妊娠をしても、出産は日本ですることを決めておられる日本人ご家族がほとんどでした。言葉の問題に対する不安はもちろん、医療システム・健康保険や医療制度の違いで、妊娠、出産が自費となることからマンハッタンでの妊娠出産の自己費用が2万ドルを超えてしまう高額な医療費も考慮すると、現地での出産はあまりにもメリットが少ないように思えたのでしょう。しかし、会を発足させた2004年頃には、ほとんどの日系企業が現地の健康保険を駐在者へ提供していました。現地健康保険への加入によって、出産のほぼ90%は保険でカバーされ、高額な医療費の心配が解消されていました。ほかにも要因はあると思いますが、現地での妊娠・出産・育児が健康保険を使ってできるようになったことで、海外での出産を選択をする日本人の若い家族が増えたと思われます。近年は、ニューヨークの日本人妊婦、10人のうち9人以上が現地での出産を考えていると言っても過言ではありません。それに伴い、NY近郊では日本語が使える診療所、歯科、カウンセリングなど施設が多く開業しています。日本人向けに個々の問題に対する有料の医療、精神、教育のサービス業は益々増える傾向にあります。しかしながら、日本語で情報を提供する福祉関係、妊娠、出産、子育て家族への支援は20年前と同じ現状です。このことは、海外の日本人子育て家族と現地コミュニティとの関わりが弱いという指標にもなると思われます。

情報を日本語で確認する

海外で、妊娠・出産・育児情報の提供を日本語で聞くことで、言葉の問題から生じる不安を減少できることを、筆者は経験から知っています。病気ではない健康な子育て家族が海外で安全に、安心して生活をするために、日本語で互いの話ができる仲間に会う機会、一緒に考えることができる場が必要です。

妊婦さんとその家族を日本語で支援する目的で、「妊婦さんとパパと懇談会」は、30回以上続いています。ニューヨークで出産を迎える妊婦さんとご主人を対象に、小児科医の加納麻紀先生が日本語で妊娠中の生活、日米の医療の違い、赤ちゃんの気になる病気、事故の予防の話をします。筆者は、アメリカでの母乳育児のコツ、無痛分娩の話、出産後、自宅に戻ってからの話などをしています。

会は、初めてお会いする人がほとんどですので、参加者の皆さんが気軽にディスカッション形式でお話しができるように、お茶やおにぎりなどを提供して、和やかな雰囲気を作るように工夫をしています。妊娠中の不安や質問にやさしく、分かりやすく情報を心がけています。参加者へのアンケートの答えから、「日本語で、妊娠出産情報を確認できることで、海外での出産も日本と同じように行われることを知り、安心感が得られた」、さらに「英語の理解へ自信がでた。自分の理解が間違っていなかったと分かって安心した。信頼して出産に望むことができるようになった」という言葉をいただいています。会が終わるころには、初めて知り合った方々とは思えないほど和やかな雰囲気となり、共通の悩みを持っている同士の連帯感もあってか、メールや電話番号の交換をし、ママ友のネットワークができています。

「乳幼児の救急蘇生の講習」は米国日本人医師会のボランティア医師の協力により、2011年前から開催しています。2017年は15回目のワークショップを行い、小さな命を守りたいと大勢のお母様、お父様に真剣に参加いただいています。救急蘇生専用の赤ちゃん人形（baby Anne）を使ってのデモンストレーションでは、ご自分のお子さんを世話するように慎重に蘇生の体験を経験します。この講習会では、米国日本人医師会のボランティア医師方の寸劇もあるのですが、ちょっと笑いを誘って、緊張の中にも和やかな雰囲気があります。ご両親が実際に行う身をもっての蘇生の体験は、将来の事故防止、緊急時に対応できることを学び、安心につながると感謝の言葉をいただいています。

長期滞在、永住の子育て家族が多くなったことも踏まえて企画した「思春期の親子関係を考える」では、和歌山県精神保健福祉センター所長で和歌山県子ども・女性・障害者相談センター子ども診療室長を併任する小野善郎氏をお迎えすることができました。「思春期の親子関係は、今までの子育ての経験だけでは太刀打ちできないことが多く、親としても自信が揺らいでしまうことが多いこと、しかし、思春期の子供と親の関係性をしっかりする、知識やスキルではなく、親と子の愛着の関係性が大事である」というお話にあらためて「親の子どもと向き合う姿勢の大切さを考えさせられる」「専門家に頼るだけでなく、親子の信頼関係を信じたい」という声を多く聞きました。海外に住む外国人は、マイノリティーと呼ばれ、国籍、親の経済状態や学歴に関係なく、特にアジア系の子どもたちは差別を経験することがあります。親が子どもたちをどのように支援できるか、日本語で精神的な分野の情報や知識を得ることで、自分の育児に自信を取り元し、励まされることがあるのです。

今後の活動と課題

きっかけの場をつくりネットワークを広げる

近年、芸術家やサービス業を営んで在留する若いご家族が多く、長期滞在、永住する日本人家族も多くなり、妊娠、出産、育児を共通の課題として、ニューヨーク近郊のいろいろな地域で、子育て中のお母さん方が意欲的に子育てグループを作り、地域でのプレイデイト、子育てに関する情報を共有する機会を持つことが多くなっています。NYすくすく会の活動もまた、ご家族の背景や要望に合わせて変化してきたと言えます。

妊娠、出産の共通のテーマを持つお母さんが知り合うきっかけの場を作ることで、地域に戻った母親同士がネットワークを作り、お互いを支援できるようになると考えるからです。NYすくすく会への参加がきっかけで、地域の中で知り合ったお母さん同士の世話や励ましが、なにものにも勝る心の支えになったと話す母親は、

関久美子（せき・くみこ）――山形県出身、順天堂病院小児外科で6年、順天堂浦安病院で6年ほど看護師、助産婦として勤務。1990年、東京海上メディカルサービスの海外勤務で渡米。1996年、ニューヨーク州看護師の資格を取得。その後、結婚、出産、1女の母としてアメリカ生活27年目。2015年よりオバマケアーのナビゲーターとしてNY州の健康保険への登録・加入のお手伝いをニューヨーク日系人会で行っている。また、2016年にNY州の生命、障害、健康保険のエージェントの資格を修得し、New York Life生命保険会社に勤め、アメリカでの生命保険の販売と啓蒙を行っている。

海外で出産育児を一緒に経験したママ友は〝一生の宝〟とも言っていました。

ここ数年、ニューヨーク近郊ではお母さん方が作られた子育てのサークルが活発に活動をされている様子を見聞きしています。今後は、NYすくすく会が他のサークルのお母さん方と協力し、子育てサークルの支援ができるような活動をめざしています。

日本語での情報提供の大切さ

会では今後も、日本語で子育て情報を提供する既存の企画を続けていくことは意義のあることと感じています。

アジア系米国人口センサス連合のセンサスデータによると、日本人ニューヨーカーは、教育水準が高く、高所得、児童・高齢者の貧困率は低いという結果が出ています。そして、ニューヨーク市に住む日本人は、米国市民になる可能性は低く、また、全体の他国民よりも英語の理解能力が低いという結果が出ています（AAFNY、2004）（個人的には、英語の理解の能力が低いということは真実ではないと感じています。センサスデーターは自己申告のため、日本人の謙遜した答えが反映しているだけのように感じるからです）。このことは、日本人子育て家族にとって、いかに日本語での情報の確認が必要になるのかを考えさせられます。英語の情報を日本語で確認することで、自分の子育てに対する自信につなげることができるのです。

言葉の問題がある場合、出産時の問題、新生児の健康の問題、夫との意見の不一致、新生児の世話の援助の欠如、情緒的支援の欠如が強いストレスとなって、産後うつの発生要因につながりやすいと言われています。啓もう活動、情報や知識を日本語で提供する支援は、海外で子育てをする日本人のために必要不可欠なものなのです。

特に、コミュニティの中での産後のうつに対する日本語での啓もうは不可欠です。産後の女性にとって、問題が起こった時期に適切な精神面、身体面の支援や助けと治療を容易に求められる状況にあることが重要と言われています（APA、2007）。産後うつ病の助けを求める人々のための教育は、異文化理解のもとで行われて初めて効果があると言われています。標準的な母親の役割、親子関係には文化的な違いがあり、産後のうつ病を見逃してしまう危険があることも事実です。日本語による、メンタルヘルスに関する正しい情報を提供することで、海外の子育てと日本的な考えの違いを受け入れ、異国での生活に適応できるように支援をすることができると思われます。

NYすくすく会では妊婦やその家族へ、産後うつ病について日本語で教育、現地の支援のリソースを提供していきます。初めての出産に不安を持つ妊婦、産後の母親は、家族や周りの支援があることで育児の未熟さを支えることができ、多くの不安やストレスが緩和されることがあるのです。「これでいいのだろうか？」と自分の子育てに疑問や不安を持った時に、周囲からの支援で、妊娠中から親となる自信を育て、不安を持ちながらも、うつ的な気持ちに前向きに向き合うことができるようになる母親は多いのです。専門家の援助を求めることはもちろん大切なことではありますが、予防としての健全な精神を保つため、親の力を高める支援がより重要と考えています。

NYすくすく会は、邦人医療支援ネットワーク（ジャムズネット）http://www.jamsnet.org/のメンバーでもあり、会の中だけでは対応が困難、専門家の介入が必要と思われる深刻な問題は他の医療、福祉、教育団体へ紹介、協力をいただいています。そして、私たちの支援活動は米国日本人医師会　http://www.jmsa.org/の助成に支えられ続けていけることに感謝しています。異国での育児支援活動に対して、今後も資金面からも皆様の理解と協力を深めていただけることを願っています。

NYすくすく会の活動から

最後に、NYすくすく会の会員の方からの声を紹介します。

山田明日香さんからのメール

マンハッタンで子育てをしているお母さんより、お礼のメールをいただきました。「昨日、今日と大変お世話になりました。改めまして有難うございました。おかげさまで体も少しずつスムーズに動くようになってきたように思います。完治までもう少し！　気持ちは焦りますが、たくさんの方にお世話になったのでしっかりじっくり治します。脱線しながらのインタビュー、少しはお役に立てたでしょうか。足りない点ございましたらご連絡ください。差し入れにいただいた中華は美味しくいただきました！」

実は、ＳＯＳの電話をいただいた時には、私はすぐに伺うことができませんでした。近くの日本人ママ友が駆けつけてきてくれたそうです。翌日、ベビーシッターのお手伝いに伺った時にお話を伺いました。彼女は、お風呂の掃除を済ませ、中腰から体制を戻そうとした時に、突然の痛みで体が動かなくなったそうです。初めてのぎっくり腰、最初に思ったことは「私がこのまま何もできない状態で子どもに事故でも起こったら、何か大変なことになる」と、子どものことばかりだったそうです。とても不安だったと言っていました。日本にいれば、きっと、すぐご実家のお母さまに頼ることもできる環境もあったと思うと、遠いところで子育てをしていることの大変さをあらためて思い知らされた気持ちだったと思います。そして、今までのご家族の支援に対する感謝する気持ちや、子どものために病気はできないという緊張感も感じたと話していました。

また、先日、ニューヨークで、自爆を試みたテロがあり、本人とそばにいた人が軽いけがを負って病院へ運ばれた事件がありました。ラッシュアワーの駅での事後で、マンハッタンの地下鉄や道路は半日ほど大混乱でしたが、彼女がこんな話をしていたことを思い出しました。「時々、街を歩きながら、何かが起こった時には子連れでどこに逃げるか、どう対応するか、危機管理の応用を考えることがあるんですよ」と。テロの話は、日本ではあまり話題にはならないかもしれません。しかし、現在、この問題は海外に住む子育て家族の大きなストレスの原因の一つであることは間違いありません。「でも、日本人同士の子育てのネットワークを作り、健康や事故への対処の危機管理を学びながら、その国の文化を楽しみながら、みんなで元気に生活できたらいいですね」

山田明日香さん

竹内　浄子さん、7か月児のお母さんから

海外での子育てにおいて、言葉の壁がやはり大きな悩みの一つです。特に医療関係の言葉は使い慣れないものが多いので、子どもの定期健診前には、ドクターに聞きたいことをまとめたり、関連する英単語を調べておいたりするようにしています。また、頼れる親族などが身近にいないのは、やはり心細く感じることもあります。

その一方で、赤ちゃんを連れていると、街中で気軽に話しかけてくれたり、手伝ってくれる人が多いのは、とても嬉しいことです。

海外で日本語や日本の文化や風習を教えていくのは難しいことと思いますが、多様性に満ちたニューヨークだからこそ、日本人としての自覚も持ちつつ、多様な文化に対しての理解、興味を持つ子に育ってくれたら良いなと思っています。海外在住ゆえに身近に頼れる人がいない中、スクスク会を通して出会えた他のお母様方との交流は、とても貴重で大きな支えになっています。ただ、ニューヨークという土地柄、数年で帰国されたり、他の国へ行かれる方も多いので、赤ちゃん期だけでなく、ぜひ今後も子どもの成長に合わせて定期的にママさんたちと交流できる場を提供していただきたいと思っています！

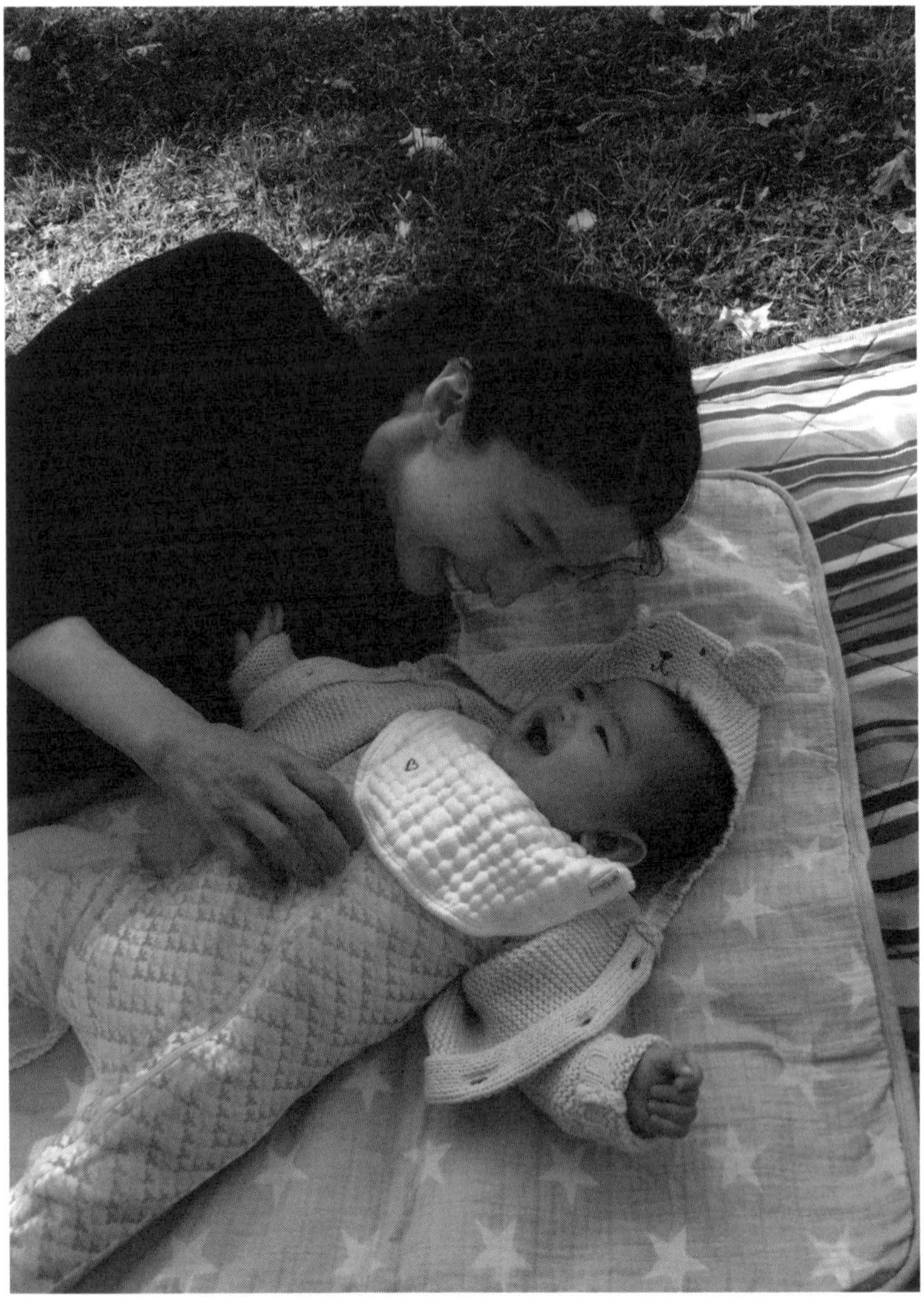

竹内浄子さん

参考資料

・Asian American Federation of New York Census Information Center (2013) Census Profile: New York City's Japanese American Population http://www.aafederation.org/cic/briefs/japanese2013.pdf
・American Psychiatric Association（APA）(2007). www.Healthyminds.org

ニューヨーク日本人教育審議会・教育相談室

——日本語での教育相談の重要性

バーンズ亀山静子◉スクールサイコロジスト、ニューヨーク日本人教育審議会・教育相談室

日本語で教育相談

ニューヨーク市近郊には多くの日本人が住んでいますが、その大半は企業や政府から派遣された数年間の短期滞在の方たちです。帯同されてきた子どもたちは英語もわからないまま、現地校に転入することがほとんどですが、時にはそれがすんなりといかないこともあります。私どもニューヨーク日本人教育審議会・教育相談室は、1993年から「日本語で」教育相談ができる専門機関として、たくさんの相談に耳を傾け支援をしてきました。

親戚や友人などのサポートシステムを失い、孤立した外国生活の中で乳幼児の子育てに困惑するお母さん。子どもが学校で発達障害を疑われたと泣きながら電話をしてくる保護者。日本では文部省（当時）ですら学習障害の存在を認めていなかった時代ですから、「日本では何も言われたことがなかった子なのに、なんでこんな外国で！」と憤慨しても仕方ありません。また、日本で不登校だった子どもが現地校に転入したものの、依然として登校できず、教育ネグレクトとして親が通報されるということもありました。

泣いているお母さんを励まし、実際に相談室に来てもらって、発育を促す遊び方など家でできることを手ほどきしました。不登校の子どもや家族に対応するのと同時に、現地校にも出向き、日本の学校における不登校の現状を伝えました。保護者には、不登校に対するアメリカの学校の対応を説明し、現地校と連携することの大切さをお伝えしてきました。発達障害に関しても米国の支援システムが充実していることや、支援がどのようにお子さんにプラスになるかを理解してもらえるように努めてきました。

それから25年。現地校にも当相談室がよく知られるようになり、日本人の子どもが不適応を起こしたり，何か困ったことがあったりすると、現地校のカウンセラーが連絡してきたり、「現地校から勧められました」と電話をしてくる人たちも増えてきました。また、近隣に日本語を話す専門家（特別支援教育教師、言語療法士、サイコロジスト、ソーシャルワーカー、児童精神科医など）も増え、専門家同士でも連携をとって家族を支えられるようにもなりました。子育て支援グループや自助グループも増えてきました。中でも、NYすくすく会は小児科医と助

産師が主宰するグループで、妊婦さんの時から専門的なサポートを受けられ、大きく日本人コミュニティを支えています。アップルタイムという特別なニーズのある子どもとその家族のグループは、情報を発信したり会員相互に助け合ったりする活動のみならず、啓発活動も活発にしています。また、米国の特別支援教育制度が進んでいるという認識も保護者の間で広まり、「子どもに支援サービスを受けさせたい」と言われる方も増えてきました。日本でも発達障害がメディアでも取り上げられるようになって意識が変化してきていることも後押ししていると言えるでしょう。

特別支援教育制度

米国では、出生から21歳まで発達に心配がある場合、無料でアセスメントをし、その結果に応じて必要な支援サービスを提供してくれます。就学前であれば、特別な幼稚園に措置されることもあれば、家庭や通っている幼稚園などに支援サービスの専門職を送り込んでその場でサポートします。また、学齢になると連邦法ESSA（「どの子も成功する」法）によって、個々の児童生徒の学びの伸びが保障されていますので、ニューヨークを含む多くの州で多層支援サービスシステムが取られており、特別支援教育の範疇でなくてもいろいろな支援が受けられるような仕組みになっています。そして必要となれば、学校の中で、学習の特別指導、言語療法、作業・理学療法、カウンセリングなどを提供します。提供形態もいろいろで、通級のスタイル、専門職が教室に入って指導する形態、特別支援学級や支援学校のほかに、特別支援教育の専門教師と通常教育の教師の2人担任制の統合クラスもあります。

当然のことながら、現地校では通常、日本語の通じない専門職から英語でサービスを受けることになります。それでももちろん期待できる効果はあります。また、場合によっては、現地校のようなサービスはないとしても、学校自体を日本語環境に移すことで状況の改善が期待できることもあります。相談室では、子どもの年齢や帰国予定の時期など個々の事情を含め、保護者と一緒にベストな選択を検討します。相談室には全米から相談の電話が入りますが、他の国や日本からもかかってきます。米国の特別支援教育制度のことを聞いて、「母子だけで転居したい」という相談もままありますが、滞在ビザ取得が難しいうえ、母子ともに英語に堪能でコミュニケーションに問題がない限りお勧めはできません。

多言語環境と発達

多言語環境で暮らしていると、発達に心配があってもバイリンガルのせいになってしまうことがあります。とくに幼児の言葉の遅れに関しては、親御さんも「バイリンガルだから」と考えがちです。

しかし、多言語環境が言語発達自体を遅らせたり、障害を引き起こしたりするという科学的エビデンスはありません。多言語を使用する家庭の子どもも、初語（単語で話す）、二語文といった初期の言語発達は年齢相応に起こるはずです。そこが大幅に遅れているようであれば、単に言語環境のせいではない可能性が高く、専門家に相談する必要があります。

反面、多言語環境で育つ過程では、それが混乱や障害ではないものの、おかしな話し方も見られます。「スクール終わったら、カミングするって」などと二つの言語を一つの文章に混ぜて使ったり、一つの言語の文法や言い回しをもう一つの言語で使ったりすること（例「トランプを遊ぶ」「お母さんは電話の上です」）は珍しくありません。語彙も、使う環境に合わせて、例えば家の中にあるものは日本語で覚えているけれど、学校で使うものは英語で覚えていることもよくあります。そのため、一つの言語だけで語彙を測定すると年齢より低いように結果が出てしまうことさえあります。このようなことは通常起こりうることですが、これを周りも意識して、不足している語彙や体験を補ったり、正しい表現に触れさせたりする努力を積極的に行うことが成長の助けになるのは言うまでもありません。

幼い子の中には、異言語環境に入って自分の話す言葉が通じないとわかると、長ければ数か月の間、学校では話さなくなってしまう子どももいます。「サイレント期間」や「ノンバーバル期間」といって、これも第二言語の習得過程においてまま見られることです。いずれ、聞き取った単語を繰り返したり、表現の仕方を覚えて独り言で練習したりして、ついに人の前で使い始めるようになります。しかし場面緘黙症（早期介入が重要）と似通っているので、見過ごさないためにはしっかりとした観察が必要です。

多言語環境で育つ子どもの中にも、単一言語で育つ子どもたちと同様に、特別なニーズを持つ子どもたちは一定数います。過剰な心配は禁物ですが、多言語環境を必要以上に言い訳にしないことも肝要です。正しい認識を持って、みんなで子どもたちの成長をサポートしていきたいものです。

バーンズ亀山静子（ばーんず・かめやま・しずこ）――スクールサイコロジスト。ニューヨーク日本人教育審議会・教育相談室（電話：1-914-305-2411）にて乳幼児から高校生までの発達、適応などに関する相談を担当。また現地校教育委員会を通じて心理教育的アセスメントを行い、学校、教師、保護者へのコンサルテーションを行っている。早稲田大学大学院、東京家政大学大学院の非常勤講師。

「日本語を育てる絵本」を探して

竹永浩之◉主夫

はじめに

「日本語を育てる絵本」をテーマに、2008年からアメリカのNYやLA、シカゴの日本語フリーペーパーにコラムを書き始めました。キッカケは2005年から育児主夫になったこと、それと同時に日本語の読み聞かせの会を始めたことでした。

うちの子どもたちや読み聞かせの会に参加する子どもたちに日本語の絵本を読んであげると、「言葉の吸収の良い本・悪い本」があることに気づきました。共通項はざっくり「言葉のリズム」「ページごとの文字数」「絵のわかりやすさ」などでした。

「あらゆる子の日本語を育てる絵本」など存在しないことはわかってましたが、面白いテーマだなと思って、ちょっと掘ってみることにしました。あと金銭的な意味でも「日本語を育てる絵本があったらありがたい」という部分もありました。

手に入りづらい日本語絵本

たとえば、NYの日系書店で日本語の絵本を購入すると、定価の倍します。値段が高くて日本語の絵本なんて気軽に買えないんです。海外にいると、日本語の絵本へのアクセスがすごく限られているんですね。

「子どもに日本語の絵本を読んであげて、この子の日本語を育てたい。でも日本語の絵本が手に入りづらい」。となると、親として現実的にやれるのは「日本語を育てる絵本を厳選して、子どもに読んであげる」になります。

日本語で書かれた絵本ガイドを何冊も入手して、いろいろ調べてみましたが、「日本語を育てる絵本」という切り口で書かれた文章や書き手にはなかなか出会えませんでした。「ならば自分で」ということで、アメリカ各地の日本語フリーペーパーに絵本コラムを書き始めました。

約300冊の絵本コラム

毎回、1冊ずつ絵本を選び、あらすじはできるだけ書かずにその本の良さのみを語るというスタイルで、これまで約300冊取り上げてきました。

選書には苦労しました。日本語の絵本ガイドや雑誌の絵本特集を読んでも、ほとんどの選者は自分の好き嫌いだけで絵本を選んでるので、あまり参考になりません。もう少し客観的、たとえば「言葉のリズム」「絵のわかりやすさ」などを基準に絵本批評する人がいてもいいと思うのですが。

ドクター・スースの存在

私が選書の際に最も重要視したのは「言葉のリズム」です。その理由となったのが、アメリカの絵本作家、ドクター・スースの存在でした。ドクター・スース作品の特徴のひとつは、脚韻を使ったそのリズム。アメリカのほとんどの子どもたちが、まるで通過儀礼かのように彼の作品に触れることを知って、日本語においてもリズム感溢れる絵本をシャワーのように浴びる時期が必要なのではないか、そのことが子どもたちの日本語を育てるのではないか、と考えました。また絵においてもドクター・スース作品のわかりやすさを参考にしました。各ページにおけるキャラクターの大きさや色使い、背景のデザインなどです。

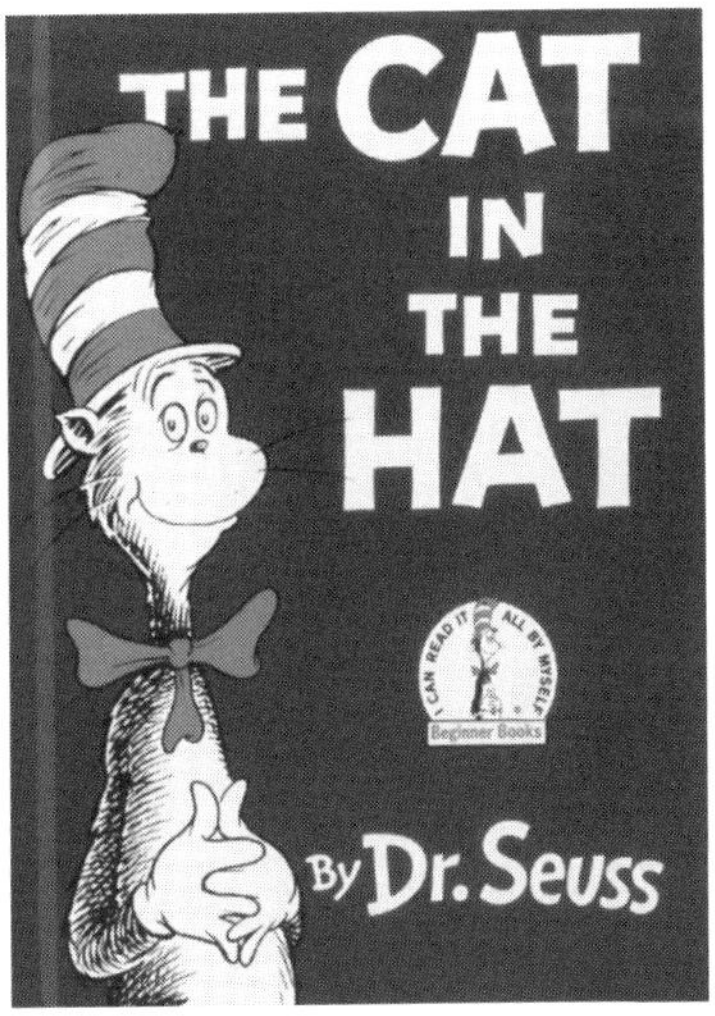

たしかにドクター・スースはアメリカの絵本作家ですが、文にしても絵にしても子どもたちを引きつける圧倒的な力があることは明らかでした。なので、日本語絵本の選書の際にもドクター・スース基準を採用しました。

正直なところ、私の「日本語を育てる絵本」選書が当たっていたかどうかは、イマイチわかりません。ただ、海外に住む日本人の親たちにとっては必要な切り口であり、おそらく在日外国人の子どもたちのためにも役立つ考え方です。今後も引き続き、「日本語を育てる絵本」を探し続けたいと思ってます。

竹永浩之（たけながひろゆき）――92年渡米。NYでのメディア企業勤務後、育児主夫に。06年から10年間、日本語の読み聞かせの会を主催。現在、ニュージャージー州に在住。アメリカ人の妻と男児2人。

小学校・中学校の新学習指導要領の改訂について

秋田喜代美
◉東京大学大学院教育学研究科教授

今回の新学習指導要領の改訂には、急激に変化するこれからの時代を見据えて、国際的な教育改革動向と連動する視点や発想が、数多く盛り込まれています。

まず最も大きな転換点は、「内容（コンテンツ）重視から資質・能力（コンピテンシーベース）の教育課程」へと軸足を置いたカリキュラムということです。時代が進むほどに教えるべき内容は増えていきますし、そこには限界があります。カリキュラムの過重負荷が子どもたちにとっても、また教師にとっても増えていきます。「＊＊教育」「○○教育」もやるとよいのではといった事柄は社会のニーズによって増大の一歩をたどります。また、現在の大人たちが学んだ内容を子どもたちはすべて同じように学ぶ必要が本当にあるのかということも考えなければなりません。その中でこれからの時代に真に必要な資質能力は何かを考えたところで生まれてきたのが資質能力の発想です。これは、日本独自ではなく、世界各国が、コンピテンシーに基づくカリキュラムへと移行してきているのです

第二に、その資質・能力として「知識・技能」「思考力・判断力・表現力」に加えて、「学びに向かう力・人間性等」の三つが挙げられているということが、大きな特徴と言えるでしょう。この「学びに向かう力・人間性」は生涯にわたって新たな価値を生み出し、人と協働して課題を達成していくために必要な力である社会情動的スキルや非認知能力とも呼ばれるものになります。そしてこの資質と各教科の内容をつなぐのが、新学習指導要領の中で述べられている各教科の「見方・考え方」になります。たとえば中学校歴史的分野であれば「社会的事象の歴史的な見方・考え方」として、「社会的事象を時期、推移などに着目して捉え、類似や差異などを明確にしたり事象同士を因果関係などで関連付ける」や、理科の「生命」を柱とする領域であれば「生命に関する自然の事物・現象を主として多様性と共通性の視点で捉える」といったように、その教科固有の思考様式や重要な概念を身に付けるということです。決して知識技能を軽視しているのではなく、そうした鍵となる教科の本質を大切にし、深く内容を理解することによってコンピテンシーを育成しようとしているということができます。だからこそ学習内容の削減は行われないということなのです。一定の知識や技能を習得することによって、これからの時代に求められる資質能力を育成しようということになります。

そして第三に、育みたい資質・能力とそのための教科内容だけではなく、「どのように学ぶか」という視点とともに提示されたこと、「どのように教えるか」ではなく「どのように学ぶか」という学習者の学習プロセスに目を向けた視点が強調された点がとても大事だと言えるでしょう。「主体的・対話的で深い学び」という

ことが、学びの有り様として言われるようになりました。この「主体的・対話的で深い学び」がアクティブラーニングということばで当初表現されましたが、特定の学習の形や技法ではないということを文部科学省が言われたことはとても大事なことだと思います。「主体的」と言う時に大事にしたいことは、特定のできる子、いわゆる学力の高い子だけが積極的になることではなく、どの子どもも自ら主体的に関わることの大切さが求められています。そして主体的になるためには、子ども自身が自分事としてなぜこの課題や問題を行うのかを感じられること、つまりどの授業時間や単元でも自分はどのような方法でやったらこの問題や課題ができそうかと見通しや期待をもって関わること、また実際に学習をした時に振り返ることによって、教師から評価されるだけではなく、自分で自分の学びの過程を振り返ることが大事になります。そのような「見通し－活動－振り返り」のサイクルを繰り返すことによって、主体性は培われていくと言えるでしょう。そしてそのためには仲間とともに相互に学び合い支え合う関係によって協働的に学ぶことが大事にされています。それが「対話的」ということです。会話と対話の違いは、研究者によって定義も異なりますが、自分とは異質な他者の言葉や考えに触れてそこから自分の考えや意見を広げたり深めたりしていく過程と言えます。対話と言うと話し言葉だけと思われがちですが、話し言葉や書き言葉、また各教科固有の表現様式によって対話することが大事だと言えるでしょう。そしてそれによって深い学びへつながることが求められています。「深い学び」と言う時に私が個人的に大事とお話しをしていることは、教師が設定した理解として深いかどうかということだけを問うのではなく、その子どもの学習過程において、実感を持って考えられたり、納得し腑に落ちたのか、自分の言葉で言い換えたり表現できるようになっているのかという点を大事にすることが必要だということです。そしてこの主体的対話的で深い学びを達成していくためには、教師がその単元で大事にしたい本質的な内容を精選して考える時間を十分にとれるようなデザインをしていくことが求められます。

　したがって、第四に、今回新たに導入された言葉が「カリキュラムマネジメント」です。各学校が自分たちで自分たちの教育課程、単元を児童生徒の実態や興味関心に合わせてデザインしていくこと、またその内容が生涯にわたって役立つように社会に開かれた内容として考えていかれることが大事なのです。大学受験のために、高校受験のために必要だから知識を暗記するという時代は終わっています。生涯にわたり学び続けられる資質能力を育成するためには学校を卒業した後も活用できる知識や技能をしっかり定着し、自ら新たな状況に活用できていくよう、学校の中においても社会とのつながりを意識した学習活動をデザインしていくということが必要になります。

　そのためには、学校を単位として、先生方自身が新学習指導要領の改定を受けてこの内容を深く理解し、新たな見方・考え方へと、単元や授業において学習活動をデザインする際の発想を変えていくこと、教員相互でそのような学び合いを行っていくこと、そしてそれが本当に生徒に効果的な教育課程として実施できているかを評価し改善していくサイクルを回していくことが求められているのです。

秋田喜代美（あきた・きよみ）――専門は、教育心理学、保育学。博士（教育学）。発達保育実践政策学センター長。文部科学省中央教育審議会教員養成部会委員。小中高等学校の授業研究や校内研修に実際に関わり教育実践研究を重ねている。

香川県臨床心理士会における子育て支援活動

竹森元彦◉香川県臨床心理士会　福祉領域委員会理事

はじめに

香川県臨床心理士会は1990年に設立され、現在、会員数251名（平成29年4月）。役員は会長、副会長をはじめ7名、各委員会理事11名。そして、10の専門委員会（広報、学校臨床心理、医療保健領域、被害者支援、福祉領域、産業領域、研修、倫理、資格問題、電話相談）を設置しています。私が所属する福祉領域委員会は、所属会員数が70名を超えて最も多く、発達障害支援部会、子ども家庭支援部会、社会的養護部会、乳幼児健診部会、高齢者支援部会に分かれます。

県内の指定大学院としては、香川大学の教育学研究科学校臨床心理専攻（第1種指定）があり、これまで多くの修了生を輩出してきました。また、2018年4月に香川大学医学部に臨床心理学科が誕生しました。今後、教育学研究科に代わり医学系研究科に大学院を設置し、「公認心理師」と「臨床心理士」を養成する予定です。学部と大学院の6年を通して〝心〟と共に〝医〟を体系的に学んだ質の高い心理専門職の養成を行う体制を整えていきます。

乳幼児健診への支援活動

2005年、平和病院（当時）の谷本智子氏が中心となり、健診に関わる会員の勉強会である「香川の健診を考える会」が始まりました。発足当初、乳幼児健診において、発達の遅れの早期発見や母親の子育ての悩みに答える臨床心理士の役割は大きく、その力量を付けたいとの思いがあり、また、異職種である保健師とのチーム・協働についても学ぶことが必要だったのです。「香川の健診を考える会」では、毎年2〜3回程度、持ち回りで現状と課題の報告や、県内の健診の情報交流を行いました。さらには、新たに健診に参加した方が困らないように、新版K式の勉強会やケース検討会を開催しました。市町村で5歳児健診が始まると、実際の進め方を情報交換し、課題について話し合いました。地域によって健診の成り立ち方が異なるなどの背景の違いがありますが、健診後の「気になった子」をどのようにフォローしていけばよいのか、「気になる子どもを持つ保護者を支える居場所」をどうするのかなどの課題が残ります。現在、健診への支援は〝乳幼児健診部門〟として、福祉領域委員会の中の一部門として位置づけています。

「こひつじ教室」――気になる親子の居場所づくり

もうひとつ、子育て支援の取り組みをご紹介します。ある乳児院が、子育て支援センターを設立したことを契機に、地域支援として、2016年に「こひつじ教室」を始めました。「こひつじ教室」とは、就学前の4、5歳児（年中・年長児）とその保護者を対象とした教室で、「お友だちとうまく関わることができない」「落ち着きがない」など、日ごろの様子で気になることがある子どもとその保護者が集まって活動をする事業です。回生病院の長谷綾子氏がコーディネーターやスーパーヴァイザーとして関わっています。

「少人数での落ち着いた雰囲気の中、月ごとのプログラムや様々なおもちゃでの自由遊びなど、普段ではできない体験や、好きなもので思いっきり遊ぶことができる『場所』、また、親子での活動や保護者同士の交流、心理士とのグループ懇談を通して、子どもの発達や子育ての悩みについて一緒に考える『場所』でありたいと願っています」とあります。〝気になる子ども〟のフォローアップとしても意義ある活動です。

具体的には、月1回土曜日の午前、1回につき5組（事前登録）、料金は無料です。もと香川大学大学院生がスタッフとして参加して、子どもたちに寄り添いながら、関わります。参加した院生は、その経験を通しての感想や意見などを、センターのスタッフと共有します。院生は、修士の時期に、子育ての悩みやその現実に（自分自身にも）向き合うことができます。ここで体験的に学んだ院生は、子育てとは何かを身をもって知り、修了後も、地域のグループ活動や健診などに参加できるでしょう。スクールカウンセラーになっても、地域の現状やフォロー先をよく知っています。

このように、健診で気になる子どもをスクリーニングするだけではなく、例えば、地域の様々な施設や大学などとウィン-ウィンの関係で、相談者や生活者の必要性に答えた形で、地域の中に何かを創り出していくことが重要ではないでしょうか。そのモデルになるように思います。

竹森元彦（たけもり・もとひこ）——香川大学医学部臨床心理学科（本年4月設置）心理療法実践学講座。鳴門教育大学大学院学校教育研究科修了、京都大学大学院教育学研究科博士後期課程（臨床実践指導学）在学中。2016年度より、香川県臨床心理士会社会福祉領域委員会担当理事。心療内科や福祉・産業領域での心理臨床、ナラティヴ・エデュケーションの開発、地域づくりの心理臨床、SVの実践的研究などを行っている。

被虐待児の心のケア——児童養護施設と大学附属心理相談室の連携

現在の児童養護施設では、虐待やネグレクトを受けた子どもたちが多く生活しています。児童養護施設内のセラピーは、あまりに生活に密着しているために、入所児は安心して自己表現することが難しいなどの課題がありました。そこで、大学の附属心理相談室と連携して、入所児へのプレイセラピーを行っています。この試みはとても効果的で、毎年数名の子どもたちが、継続的に相談室に通ってきてくれます。児童養護施設と大学附属の相談室が上手く連携すれば、被虐待児が心に抱えたアタッチメントの課題を支援できます。

ライブ・スーパーヴィジョンの研修会の試み

保護者の相談や子どものセラピーにおいて対応困難なケースも多く、特に、心理臨床の経験が少ない初心者は「これでよいのか」と自信を失いがちです。また、忙しく孤軍奮闘を続けていると、SVを受ける気持ちさえも消耗してしまうこともあります。そこで、福祉領域専門委員会では、平成28年2月、京都大学の髙橋靖恵先生を招いて〝ライブ・スーパービジョン〟を開催しました。事例提出者が提示した事例に対して、参加者全員の前でSVを行ってもらうのです。SVを目の前で見るという手に汗握る経験でした。SVを通して自分を振り返る大切さを深く感じた研修会でした。

今後に向けて

子育ての問題は、学校であっても、福祉領域でも、医療領域でも、産業でも、あらゆる相談活動の中で出会うものです。従って、私たちの誰もが、子育て支援を行っていると言えます。〝乳幼児健診〟を通して見えてきた「気になる親子」に、「こひつじ教室」のような場がたくさんあれば生活に近い場所でフォローできます。全国の児童養護施設の入所児が抱える心のケアを、近くの大学附属心理相談室でお手伝いできます。このように、地域にある社会資源を、臨床家の目でみつめて、子育ての支援の新たな可能性を示しているように思います。ウィン-ウィンの関係で組み合わせることは重要です。それらを解消するためには、孤軍奮闘では限りがあり、地域全体の力、人と人が支え合う地域の臨床力を高める方向性（地域づくり）が重要であると思います。

心理カウンセリングのツボ 6

カウンセリングのツボ

吉川眞理
◉学習院大学文学部教授／本誌編集委員

カウンセリングにおける対話とは

人々は、「幸せな人生」を望んでいます。そのような人にとって、人生は計画を立てて、それを予定通り遂行していく積み重ねだと考えておられるかもしれません。「幸せ」とは、何でしょうか？ 私たちは何もかも計画通り、思い通りに物事が進むことだと考えがちです。しかし、残念ながら実際の人生は思い通りに進むことは、まずありません。思いがけない出来事に遭遇することが人生の常といってもよいでしょう。人生において、思い描いていたことがうまくいかず「行き詰まり」を感じるとき、自分１人の力でどうしてもうまくいかない時、私たちは誰かに相談します。まずは身近な人に相談されるかもしれません。身近な人が親切であれば、親身になって話を聞いてくれて、いろいろ助言してくれることでしょう。その助言が的確であれば、私たちはその知人に感謝することと思います。

しかし、抱えている「どうにもならないこと」は、周囲の人に知られたくない問題であるかもしれません。また、ずっとどうにもならないことと格闘している間に、何がどんなふうにうまくいっていないのかもわからなくなっているかもしれません。そんな時は、身近な人に相談というのもなかなか簡単にいきません。

人生において、行き詰まりを感じる時こそ、実はその人がこれまで気づいていなかった新たな可能性に出会う機会なのです。そんな時こそ、心理カウンセラーの出番だと言えるでしょう。カウンセラーは、こちらの話を黙って聞いていて、ときどき質問をしてきます。その質問について答えていると、自分が今ぶちあたっている壁がどんな壁なのか、よく見えてきます。そして、自分がどんな道筋を、どんなふうに歩いてきたのかも、思い出されてくることでしょう。ここで、行き詰っている人にとって大きな力を与えてくれるのは、これまでの自分の歩みを否定することなく、じっと耳を傾け、今、壁の前で立ちすくんでいる自分のそばに「ともに居る」カウンセラーの存在です。

そこでカウンセラーと来談者の間に交わされる対話は、日常生活の場での対話とは質の異なる対話なのです。どのように質が異なっているのでしょうか？ どうすれば、そのような対話が実現するのでしょうか？ そこがカウンセリングのツボと言えるので、こんどは、カウンセラーの側に立って具体的に説明してみましょう。

第１のツボ――壁の存在

まず、第１のツボは、来談者の前に立ちはだかっている壁を見事に取り除いて「あげたい」という気持ちを捨て去ることです。人それぞれが人生においてぶつかる壁は、その人の人生にとって、とても大切な壁です。壁が存在していることの意味を承知していればこそ、その前で立ち尽くす来談者が、今人生においてとても重要な局面に立っていることを理解できるのです。カウンセラーとは、壁の前にいる来談者がこれまでの道筋をふりかえり、この壁にどのようにチャレンジするのか、あるいは後ろに戻って新たな道を切り開くかもしれませんが、そのことを「一緒に考えていく」存在です。この「一緒に考える」プロセスは、カウンセラーと来談者の間に営まれる対話のプロセスと重なります。対話の中で展開する考えは、来談者1人で、あれこれ考える考えとは異なる展開をすることでしょう。しかし、カウンセラーはあくまでも来談者自身が考える主体であることをしっかり認識する必要があります。カウンセラーは、聞き手であり、質問を投げかける人であり、いわばインタビュアーと言えるでしょう。

第2のツボ――唯一無二の来談者

話を聴いていく中で、気をつけておかねばならないことは、簡単にわかったつもりにならないことです。これを第2のツボとしましょう。

なぜなら、「わかる」ということは、カウンセラーの経験の中で形成してきたスキーマ（理解の枠組み）にあてはめることができたということだからです。ここに落とし穴があります。今向き合っているのは、これまで会ってきた誰かと同じ人ではない唯一無二のその人なのに、そのことを忘れてしまうのです。わかったつもりになってしまうと、壁の前に立ち尽くしているその人から気持ちが離れてしまいます。たとえ、同じような問題を抱えているように見えても、その壁をどう乗り越えていくのか、乗り越え方は人それぞれです。その人独自の乗り越え方のプロセスにずっと付き合っていけるかどうかが要なのです。よく来談者は、カウンセリングの開始当初に「他の人はどうしていかれるのでしょうか？　先生は多くの人の話を聴いているのでしょう？」と尋ねられることがあります。そんな時は「カウンセリングで他の人がどうなっていったのか、気になるのですね。でも、あなたにはあなたの解決方法があると思うので、そのことを一緒に考えていきましょう」と答えます。もちろん、カウンセリング経験により、この壁をその人なりの形で乗り越えることが、たとえ時間がかかっても、その人の人生においてとても重要なことだと認識できていることはとても役立ちます。けれど、唯一無二のその人の、壁との対決に真摯に付き合っていく姿勢は、経験のないカウンセラーにも可能なことです。たとえ経験を積んでいようとも、ともすれば来談者にうんちくを語ろうとするカウンセラーは、心理カウンセリングの専門家とは言えないのです。

第3のツボ――無限ループの突破

さて、壁の前で対話をするカウンセラーが外してはいけない第3のツボは、来談者自身の内面に潜在している新たな可能性の存在を感知し、その発動を信じることです。それが見立てやアセスメント力によって裏付けられていればなおよいでしょう。来談者自身の内面に潜在している新たな可能性を感知する力は、カウンセリングのおける重要な見立ての力です。同時にその可能性の発言を阻んでいる様々な要因や、困難についてもアセスメントできる力が求められます。壁の前に立つ来談者には、当初、壁しか見えていないかもしれません。しかしカウンセラーとの対話において、壁の前に立っている自分の姿をとらえるもう1つの視点が内在化されていきます。ところが来談者によっては、そのような視点の切り替えが難しい場合があります。その場合、対話も堂々巡りになります。カウンセリングは、らせん状に進行することが多く、堂々巡りに感じられることもあります。しかし、それが無限ループになることは避けたいところです。無限ループを突破する展開をどのように待てばよいのか、そこには本来、相当なアセスメント力が求められます。そこで、スーパーヴィジョンが無限ループ突破に役立つことも少なくありません。スーパーヴィジョンは、そのようなアセスメント力を補い、また培っていく機能をになっています。

吉川眞理（よしかわ・まり）――臨床心理士、ユング派分析家。学習院大学文学部教授。京都大学大学院博士後期課程満期退学、2000年教育学博士。1991年より山梨大学教育学部・教育人間科学部を経て2001年学習院大学着任し現在に至る。**【主な著書】**『臨床ハンドテストの実際』（共著／誠信書房、2002）『やさしく学べる心理療法の実践』（分担執筆／培風館、2003）皆藤章（編）『よくわかる心理臨床』（分担執筆／ミネルヴァ書房、2007）他。

親和性
社会行動と
親子支援
2

哺乳類の親子の協力とコンフリクト

白石優子◉理化学研究所脳神経科学研究センター親和性社会行動研究チーム研究員
黒田公美◉理化学研究所脳神経科学研究センター親和性社会行動研究チームチームリーダー

はじめに

前回は、哺乳類の子育てについて、「親」に焦点を当て、「ティンバーゲンの4つのなぜ」を柱に解説しました。哺乳類の子はみな、育てられずには生きていけないこと、哺乳類の子育ては、哺乳をはじめ共通した各種養育行動があること、それらの養育行動を引き起こすためには特定の脳内回路の働きが必要なこと、その脳内回路があっても、初めから上手にできるわけではなく、経験や学習によって、子育てが上達していくということを説明しました。今回は、親だけでなく、「子」の視点を含み、親子の相互作用に着目しながら、協力とコンフリクトという二面性を解説します。

1. 相互作用によって成り立つ親子関係

親の養育行動と子の親を慕う行動の両者によって、親子関係は成立しています（黒田ほか、2013）。親の養育行動には、哺乳、給餌、保温、外敵からの保護、衛生、巣作り、移動時の運搬などが含まれます（詳細は本誌vol.14参照）。子はそのような行動によって、栄養、免疫を獲得し、清潔に保たれ、体温を保持でき、危険から身を守ることができます。また、子は受身的に生存に必要な世話を享受するだけではなく、親に影響を与える能動的な存在でもあります（図1）。例えば、ヒトの赤ちゃんは、親が口に乳首をくわえさせなくても、乳首が頬に触れればその方向に顔を動かし、乳首を口にくわえようとする行動をとります。これをルーティング反射と言います。一度、乳首をくわえると積極的に吸啜し、親の内分泌に影響を与え、射乳を起こさせます。ルーティングや吸啜は、乳児期に観察されるいくつかの反射の1つで、経験や学習なしに、生まれながらに持っている能力です。

親に温めてもらったり、外敵から守ってもらうためには、何より接近していることが重要です。親との接近を維持する能力の発達は、哺乳類の中でも種によって少し異なっています。例えば、ウシやウマ、ヒツジなどの赤ちゃんは、生後数時間のうちに自由に動くことができる（早成性）ので、母親が移動すると、子どもは通常そのあとを追いかけます（ボウルビィ、1969／1991）。しかし、マウス、ラットなどのげっ歯類やネコやライオンなどの食肉類、私たちヒトは、かなり発達が遅れています（晩成性）。晩成性の赤ちゃんは、鳴き声を

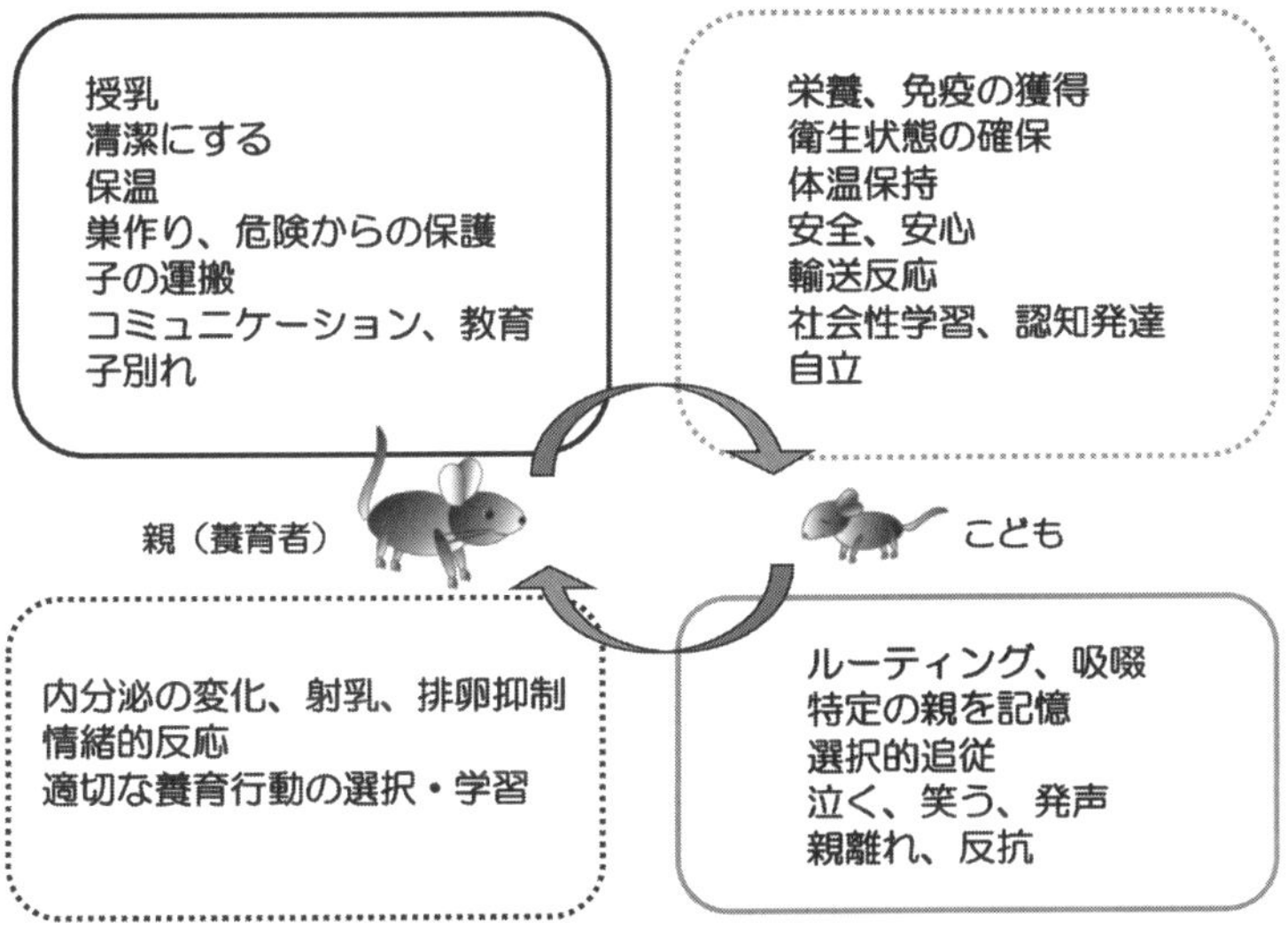

図1. 親子関係の相互作用（黒田他、2013を改変）

あげることによって自分の居場所や状態を知らせ、母親を自分の方に引き寄せることによって、親との近接を維持しようとします。赤ちゃんのそのような鳴き声はInfant distress vocalizationと呼ばれ、様々な種に共通する性質があります（Lingle et al. 2012）。例えばマウスやラットの赤ちゃんは、目が見えず、耳も聞こえず、自分では移動できない状態で生まれ、超音波発声によってシグナルを送ります。ただ、嗅覚は生まれた時から優れていますので、母親が近くにいれば、匂いと触覚を頼りに乳首を探します。また、乳首の匂いは、一部は羊水の匂いとして胎内で学習されます（Taicher et al. 1977）。さらに生後も子は「学習」することによって母親（に関連付けられた）の匂いに選好を生じることがわかっています（Landers, et al. 2012）。生後2週目になり歩けるようになると、ラットの赤ちゃんは、親の匂いを頼りに、親への接近を維持しようとするのです。

それでは、ヒトはどのようにして、親との接近を維持しようとするのでしょうか。母親との近接を築き維持するための赤ちゃんの行動を総合して、ボウルビィは「アタッチメント（愛着）行動」と名付けました。初期のボウルビィの定義では、アタッチメント行動には吸乳、しがみつく、あとを追う、泣く、微笑む、が含まれます（ボウルビィ、1969／1991）。ヒトは、誕生からの数か月間は、自ら移動することができませんので、初めは泣きや微笑によって、世話をしてくれる他者を惹きつける必要があります。ヒトの赤ちゃんも、早期に人の匂いや声を弁別する能力はあるのですが、関わりという点においてはそれほど区別してはいないようです。むしろ、周囲の様々な人に対し、その人を追視したり、手を伸ばしたり、微笑みかける時期があります。生後3か月以降には、その傾向が1人（または数人）の養育者に顕著に向かうようになり、生後半年頃に、よりはっきりと人を区別するようになります（ボウルビィ、1991）。この時期から、ようやくあと追いなどといった移動を伴う、より能動的な親への接近が見られるようになります。

自ら親に接近できる種の動物たちとは違い、ヒトの赤ちゃんは数か月もの間、泣きや発声、微笑み、頭部や手足の限られた動きだけで、養育者をつなぎとめなければなりません。それは、養育者にとって、より多くの貢献（注意を払い、状態を推測し、記憶するなど）を必要とすることでしょう。その貢献をそれほど無理なくできる時、養育者は赤ちゃんとの関わりを楽しいと感じているのだと思います。子が親との接近を維持しようとすることは、アタッチメント理論の中心ですが、その提唱者であるボウルビィ（1951）は「乳幼児とその母親（または母親代わりの人）との間に、双方が満足し楽しみを見出せるような関係があること、そしてこのような温かく親密な関係が安定して続いていることが、こころの健康にとって必要であると考えられる」と述べています。

2．抱っこして歩くことに見る親子の相互作用

皆さんは、赤ちゃんが泣いている時、どのように関わるでしょうか。まずは抱き上げ、オムツや空腹の状態など、赤ちゃんが泣きそうな原因を考えるかもしれません。その原因がはっきりわからない場合は、そのまま抱いて歩いたり、左右にゆったりと揺らしたり、肩や背中をトントン叩いてリズムを与えたり、声をかけながらあやしたりするのではないでしょうか。文化的に親子の身体的距離の近い日本では、泣いている赤ちゃんを抱っこして（時にはおんぶやベビーカーで）歩くと泣き止み落ち着いてくれるということは経験的に知られていましたが、科学的には証明されておらず、またどのようなメカニズムで生じているかという研究はなされていませんでした。

私たちの研究室では、1～6か月の赤ちゃんとその親に協力してもらい、「抱っこして歩く」ことによる赤ちゃんへの影響を実験的に調べました（黒田、２０１３／吉田他　２０１５）。この実験では、「椅子に座っている状態の母親が抱っこをする」条件と、「母親が抱っこした状態で歩く」条件を30秒ごとに繰り返してもらい、子の行動と心拍数を計測しました。すると、「母親が抱っこをした状態で歩く」条件では、「椅子に座っている状態の母親が抱っこをする」条件より、赤ちゃんの自発的な運動量が約5分の1に、泣く量は10分の1に低下することがわかりました。また、心拍数は、親が歩き始めて3秒程度で顕著に低下し、心拍変動解析を用いると、副交感神経活動（リラックス状態）の指標が確認されました。抱っこして歩くことによるこれらの反応は「輸送反応」と呼ばれています。

この現象のメカニズムをより深く理解するため、ヒト以外の動物の例を見てみましょう。前節で紹介した、ヒトやマウス、ネコなどのように未熟な状態で生まれ、自分では移動することのできない晩成性の動物では、親が子を口にくわえて運ぶことがあります。ヒトは口にくわえて運ぶことはありませんから、異なる行動のように見えますが、「運搬」という目的は同じです。

実験室のマウスにおる仔運び行動は、前回紹介したレトリービング（仔回収）テストでもはっきりと現れますが、実験場面でなくても、巣から出てしまった仔を親が巣に戻す時などにも見られるとても一般的な行動です。私たちの研究室では、母マウスが仔を運ぶ動作と似せて、実験者が母親を真似て仔マウスの首の後ろの皮膚をつまみ上げ、それによって生じる行動や生理的な変化を計測しました。すると、ヒトの親子の実験と同様に、自発的な運動や心拍数が低下し、副交感神経活動（リラックス状態）の指標が確認されました。また、仔マウスは超音波で親マウスを呼ぶ習性がありますが、仔マウスをつまみあげた場合には、つまんで持ち上げない状態と比較し、超音波の発声量が低下することがわかりました。これらの研究により、マウスの仔もヒトの赤ちゃんと同様に、運ばれている時におとなしくなり、生理的にもリラックスした状態になることがわかりました。

それでは、なぜマウスやヒトの子は輸送反応（抱っこされて歩くとおとなしくなる）が生じるのでしょうか。それを知るために、麻酔と投薬によって、仔マウスの首の後ろの皮膚触覚または固有感覚（筋や関節の近くで姿

勢制御や四肢の運動に関わる）を阻害した状態で先と同じ実験を行いました。すると、仔は暴れ、おとなしくなることはありませんでした。この輸送反応を示さない仔マウスを実験的に母マウスに運ばせたところ、通常の仔マウスと比べ多くの時間を必要とすることがわかりました。捕食者がいるかもしれない野生の環境では、仔を連れて移動することは、危険が伴う行動です。移動時に仔が暴れたり、騒いだりすれば、親子の生存は危うくなるのは当然です。このような危険を避けるために、輸送反応が備わっているのではないかと考えられます。

＊これらの一連の研究についての説明動画を、以下のURLから視聴できます
https://www.youtube.com/watch?feature=player_embedded&v=VNCfbFEmwJI

3．子の協力とその限界

ヒトの子どもたちは、輸送反応のように意識を伴わない行動や生理的変化だけでなく、より積極的な意味でも「協力的」と言えます。ヴァルネケンとトマセロが行った実験（トマセロ、2013）では、1歳すぎの子どもたちが、他者（親や養育者ではない実験者）が落としたものを拾ったり、手がふさがった他者に代わり、扉を開けたりするなどの援助的な行動をとることが示されています。これらの行動は、親の促しや報酬がなくても生起していることから、内発的に動機づけられた（つまり、その行動を子どもがしたいと思っている）行動であると解釈できます。

しかし、私たちは常に、他者のために振る舞えるわけではありません。生存している生命体は、自身の生存、健康、安全に関心を払う必要があり、利他的な特性は、利己的な基盤の上に成り立っている、とトマセロは主張します。親子関係もその例外ではありません。

夜泣きや癇癪では心身ともに疲弊させられ、「イヤイヤ期」とも言われる激しい自己主張に困らせられ、トイレの失敗や作った食事を食べないなどの苛立ち、保育所での噛みつきや引っ掻きなど、ヒヤヒヤさせられる〝事件〟も少なくありません。そのような時には、「この子のどこか協力的なんだ！」と疑問に思う親もいることでしょう。その通り、親子関係には互いに調和的な面だけではありません。親も子も、一心同体などということはなく、別々の人間であり、利害が対立することもしばしばあるものです。

4．親子間コンフリクト

先に述べた親子の対立について、トリバース（1974）は、「親子間コンフリクト（Parent-Offspring Conflict）」理論を提唱しました。進化生物学に基づくこの理論では、親の子への貢献を投資（investment）と捉え、その投資による利益と損失を考えます。コンフリクトの代表的な場面として、離乳について考えてみましょう。離乳時のコンフリクトは、ヒトだけでなく、ヒヒやラングール、マカクなどの霊長類、ネコやイヌ、ラットでも報告されています。ヒト以外のそれらの動物の親たちも仔がある程度大きくなると、授乳をやめたくなり、一方赤ちゃんたちは、もう少し長い期間おっぱいを飲み

続けていたいようです。ここで、親が赤ちゃんに与える母乳は、親の限られた資源であり、それを与えることは投資です。遺伝子を中心に考える進化生物学の考え方では、赤ちゃんと親は遺伝子を50％共有しているので、赤ちゃんに栄養を与え（投資し）、赤ちゃんが成長し、大人になり、また仔を産むことは、親にとって重要な利益です。反対に、栄養を与えず（投資せず）、赤ちゃんが死んでしまうと、親にとっても損失になります。また、いつまでも授乳を続ければ利益が増えるかというと、そうではありません。子の成長に伴い、吸い取られる資源（母乳）の量は増大しますが、それによって得られる利益は比例しないのです。そこで、親は、ほぼ十分に育った子どもへの授乳はやめ、次の子を産む準備に入り、さらなる利益を生み出す戦略を取ろうとします。しかし、子どもはもう少しの間、親から資源を受け取り続けることで自分の生存をより確かなものにしたいという戦略に基づいていますから、利害が一致せず、コンフリクトが生じるのです。

　人の場合は、離乳のほかにも、トイレットトレーニング、保育所や幼稚園の入園などの移行期に表面化するように思います。親の資源（体力、時間など）をより多く得たい子どもと、限られた資源をほかにも（次の妊娠、仕事、子以外との関わり、趣味など）費やしたい親の戦略は、一致しないものなのです。

5．子の発達過程としてのコンフリクト

　先に紹介した進化生物学的なコンフリクトとは別に、母子の観察・臨床研究に基づく分離―個体化理論（マーラー、1981）もまた、親子関係を考える視座を与えてくれます。マーラーは、母親との共生的融合から脱する「分離」と子どもがもつ個体的な性格を確立させる「個体化」の2つの側面から、子どもの発達を捉えようとしました。

　マーラーによると、生後半年から1年過ぎ頃の子どもたちは、食べ物や慰めを求めたり、疲れたり、退屈した時に、母親の元に戻り、「補給」します。「基地」として母親を活用している段階です。しかし、生後1年半近くになると、それまでの関係性とは異なり、世界についての様々な発見を分かち合う相手として、母親に働きかけ始めます。また、その頃には自身の身体を「取り扱われる」ことが不快になるようです。例えば、服を着せられる時、受動的な姿勢を取らされることに抵抗したりするようになります。母親との共生的な感覚が薄れ、分離が促進されるからこそ生じる不快であると考えられます。そのような過程を通して、さらに2歳を過ぎる頃には、母親が不在の時でも、内的なイメージに支えられ、一時的な分離に耐えられるようになっていきます。

　分離と個体化の発達は生後数か月から3歳頃を中心に段階的に進みます。しかし、年下のきょうだいの誕生など子どもにとって負荷のかかる状況が生じると、それまで上手にできていた排泄が1人でできなくなったり、失敗が増えたり、親との分離をそれまで以上に抵抗するなど、時に後退することもあります。

おわりに

　哺乳類の親たちは、多くの場合、献身的に子の世話を

しようとしますが、子はそれをただ受け入れるだけではなく、能動的に行動し、親へ影響を与える存在でもあります。その親への影響が子育ての継続を生じさせ、親子関係は、維持されます。親子関係には、そのような相調和的な関係性が重視されますが、同時に親・子それぞれの異なる戦略に基づくコンフリクトを生じさせる関係でもあります。しかし、親子間コンフリクトは決して避けなければならないようなものではありません。コンフリクトを繰り返しながら、親・子であっても自分とは異なる他者であることを段階的に認識し、その関係性を基盤に、徐々に外の世界へと導かれていくのではないでしょうか。

参考文献

・ボウルビィ，J．『親子関係の理論Ⅰ【新版】愛着行動』黒田実郎他訳　岩崎学術出版社　１９９１
・Bowlby, J. Maternal Care and Mental Health. WHO. 1951.
・黒田公美「抱っこして歩くと——脳生理学の視点から保育を科学する～」『保育と保健』Vol.20 No.1 １３０−１３２ ２０１３
・黒田公美・吉田さちね・Esposito, J.「親に対する子の愛着の脳神経基盤」『分子精神医学』Vol.13 No.4 ２７８−２８６ ２０１３
・Landers, M. S. & Sullivan R. M. The development and neurobiology of infant attachment and fear. Developmental neuroscience. 34 (2-3). 101-114. 2012.
・マーラー・M・S・他著　高橋雅士・織田正美・浜畑紀訳『乳幼児の心理的誕生』黎明書房　１９８１
・マイケル・トマセロ著　橋彌和秀訳『ヒトはなぜ協力するのか』勁草書房　２０１３
・Teicher, M. H. & Blass, E. M. First suckling response of the newborn albino rat: the roles of olfaction and amniotic fluid. Science. 198 (4317). 635-636. 1977.
・Trivers, R. L. Parent-offspring conflict. Integrative and Comparative Biology. 14 (1). 249-264. 1974.
・吉田さちね，黒田公美「親に運ばれるときに子が示す協調的反応『輸送反応』の意義と神経機構」『心身医学』55（8）９５８−９６６ ２０１５
・参考動画　抱っこして歩くと赤ちゃんがリラックスする仕組みの一端を解明
・https://www.youtube.com/watch?feature=player_embedded&v=VNCfbFErwII

白石優子（しらいし・ゆうこ）——理化学研究所脳神経科学研究センター親和性社会行動研究チーム研究員。早稲田大学大学院人間科学研究科博士後期課程満期退学。

黒田公美（くろだ・くみ）——理化学研究所脳神経科学研究センター親和性社会行動研究チームチームリーダー。大阪大学大学院医学研究科博士課程修了。カナダ・マギル大学博士研究員として留学した２００２年から親子関係の研究を始める。

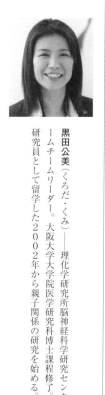

幼児のさまざまなストレスと自己の育ち

廣利吉治◉東海学院大学客員教授

現代の環境と子どものストレス

筆者が幼少の頃、戦後のベビーブームで、子どもたちの遊び集団が空き地や路地裏などあちこちで見られ、そこでは異年齢の子どもたちが群れになって日が暮れるまで遊んでいました。高度経済成長が始まり、親は子育てどころではなく、子どもたちは自由に遊び、子ども同士のトラブルもたくさんありましたが、小さな問題は兄弟や近所の子ども同士で自然に処理していました。まだ物資は乏しく今ほど豊かでない経済のもと、兄弟も多く欲しいものがあってもすぐに買ってもらえないため、小遣い銭を2年間一所懸命貯めてやっとトランジスターラジオを買った覚えがあります。その時の嬉しさは今も忘れません。4人兄弟の末のため、いつもお下がりで、勉強机を与えられたのは中学生になってから、長兄が6年間使った物でした。やっと自分の机を持つことができた嬉しさと、自分専用のスペースが得られ、家族の中で自分の存在が認められたような嬉しさを感じました。物や情報の乏しい時代に、たくさんの子どもが競争を乗り越えて成長していくには、さまざまなストレスを抱え、自らが考え自分なりの対処をしていかなければなりませんでした。

一方、物が溢れ、ＩＴの発展により必要な情報も困難なく得られる現代社会においては、欲しいものを得るプロセスが、昔とは随分と違ってきました。物の獲得や情報収集にかかるストレスは極めて少なくなったと言えるでしょう。その代償として真に重要なものをどれほど犠牲にしてきたかを、確認しておかなければなりません。自己の欲求を満たすためのさまざまな方略と、そのために費やす労力と時間は、その過程で心の耐性やストレス保持力、自己の抑制力を養うでしょう。つまり、目標達成に至るまでに「物の性質や価値を見極める」「方策を立案し実行する」「失敗の原因を考える」「適正に向けて調整する」そして、「結果や作品を評価する」といったさまざまな能力が養われ、また、情報を得るための関わりや支援を求めたり、協力関係や対人関係を保持・調整したりするなど社会性の成長にもつながるのです。

幼児の対人トラブルと自己抑制

自閉スペクトラム症（以下ＡＳＤ）児は、認知的特徴として、規則的なものや1対1対応の刺激を選択的に好み、不規則なものや絶えず変化するものへの回避傾向があります。そのためＡＳＤ児にとって集団の中は、自分が興味を持つ遊びを延々と続けることが難しい環境となります。他児が関心を持ち、見に来たり、介入してきたりすることなどもよくあります。グループプレイセラピー（以下ＧＰＴ）の場面では、このような時、セラピスト（以下Ｔｈ）が両者の関係を調整するわけですが、仲裁したりルールを守らせたりするといったことではなく、子どもとＴｈがいるこの場で生じたダイナミクスを利用して、子どもの自我が育つ場となるように展開させていくのです。

ＧＰＴでは、ＡＳＤ児に限らず「先に使っていた」「いつも使っている」など、自己中心性、子ども自身の融通のなさ、こだわり、マイルールなどによって生じる子ども同士のトラブルから、時には自己の正当性を主張し一歩も譲らず膠着状態に陥ることがあります。さらに、この状態から暴力行使に発展することもあります。その時、Ｔｈは、中立的な態度と表情で子どもの手を制止し、さらなる暴力を阻止します。また、他児におもちゃを取られた時には、Ｔｈが一緒に取り返しに行きます。「返して」「貸して」と状況によって訴えは異なり、子どもによっても反応はさまざまです。相手が自分より大きくても、果敢に自ら取り返しに行く者、何もできずＴｈに寄り添って取られた悔しさにじっと涙を浮かべて耐えている者、相手の隙を狙って素早く取り返しに行く者もいます。

このような様々な事態でも、Ｔｈは基本的には安全の確保以外は手も口も出さずに成り行きを見守るのです。子ども同士の間で生じた問題です。子ども自身がなんらかの処理を行うのをＴｈは見守りながら待ちます。保育園などの集団では、このようなトラブルが起こった場合、周りの大人がなんらかの形で阻止しトラブルの原因を追求したり、注意をしたりするなど社会的ルールに則った関わりをしていくでしょう。しかし、ＧＰＴのプレイルームという一定の「枠」の中での介入は、随分異なります。

親子教室での一場面です。４歳男児が他児にプラレールの列車を持って行かれた時、御両親の目の前で取っ組み合いの大喧嘩が始まりました。父親が大泣きするわが子を引き離し、抱っこをしながら何とか怒りを抑えようとするのですが、男児は持って行かれた列車を指差しながら「あれを返してほしい！」とさらに激しく泣きます。父親は困り果てて、別の列車を持ってきて「これで遊びなさい」と提示しますが、「いやだ！」と床に投げ捨ててしまいました。父親はどうしょうもなく、一所懸命子どもの気持ちに答えようと「はいはい、わかった、わかった」としっかり抱っこして何とかなだめようとしますが、一向に泣きやみません。

そこで、Ｔｈが「列車、取られちゃったね！」「返してもらいに行こうか？」ときくと、男児は泣きながら「うん」と言ってついて来ました。Ｔｈは、列車を手に持った他児のところまで一緒に行き、「返してもらおうか！」と男児を促します。しばらくは黙ってじっと相手を睨んでいたのですが、何回か促すと自分から小さな声で「返して」と言いました。事態を察し少し身を固くした相手の子は、再度まっすぐに見つめられ、さらに強い口調で「返して！」と言われて、ついに手に持っていた列車を差し出しました。思わず男児の口から「ありがとう」という言葉が出て、やっと列車を返してもらったのです。一部始終を見ていた父親は、子どもの気持ちをないがしろにしていたことに気がついたようで、「先生、いい勉強になりました」と仰いました。

しかし、いつもこのようにはいきません。時にはつかみ合いの喧嘩になることもあります。その時は側で危険のない状態を保ちながら取り合いをさせます。ある程度勝負がつく頃に、それぞれの子どもの処理の仕方を見ながら必要に応じてサポートするのです。負けた子は、悔しい気持ちをＴｈに泣きながら訴えてきます。その時はそのまま受け止めて、holdingする（包み込む）ことによって、子ども自身がつらい気持ちをそのまま自己のものとして受け入れ、それを保持できる自我を形成する手伝いをするの

廣利吉治（ひろとし・よしはる）――東海学院大学客員教授。関西大学修士課程終了後、１９７６年から東大阪市保育研究室にて障害児の養育相談および自閉症児のプレイセラピーや保育・教育現場への巡回相談に携わる一方、大阪大学大学院医学研究科精神医学教室にて自閉症児の研究を続ける。１９９１年に「自閉性障害幼児における愛着行動の形成について」学位取得。その後、宮城学院女子大学教授等を経て現職。臨床心理士として小学校や保育所との連携・支援活動を続け、愛知県岡崎市で「子どもの発達とこころの相談室」を主宰。【ＨＰ・主な著書】http：//okabenkyou.s2.weblife.me/pg91.html.『気になる子どもの保育と育児』（共著／福村出版　２００１）、『発達心理学』（共著／丸善出版　２０１６）など。

です。ここで形成された自我の領域は、これからの長い人生でどれほど役に立つかは計り知れないでしょう。

子どもを「叱る」こと

我々は日常生活の中で、ついつい子どもに「しつけ」や「社会性を身につける」という大義に基づいて、厳しく叱ったり、注意をしたり、分け合うことや、順番を守らせることを強いたりすることで、子どもの自己洞察や主体の育ちのチャンスをどれだけ逸しているかを知らなければなりません。

最近、判決が下された裁判の記事で、ネット上で物議を醸したものがあります。3年前、5歳の女児がF市主催の祭で、卓上に置いてあった祭りの景品（駄菓子）を手に取ったことを、高齢のボランティア男性に大声で叱責され、その後、女児にPTSDが発症したとして、主催のF市に賠償金を命じたというものです。

筆者もGPTの場面では他児への危害や本人が危険な場面などでは大声で注意することもあり、人ごとではないと感じました。ニュース報道からは詳細は分かりませんが、脳研究の結果などから、強い叱責がPTSDを引き起こすという因果関係は証明されているそうです。しかしこのケースでは、叱責のみがその原因でしょうか。さまざまな要因がそこには関与していると思われます。判決文でも「女の子のPTSDは、男性に注意されたことが契機となり、その後の父親と男性の口論を見て、相当に強い精神的ショックを受けたために発症したものと認めるのが相当である」と結論づけています（弁護士ドットコム　２０１７年12月）。

また、子どもの行為に対する叱責はさることながら、その後、子ども自身が主体的な関与ができないところで大人同士が「叱責」を巡り口論するのを目の当たりにしたことや、警察まで来るという本児が引き越した事態の大きさに対する自責の念と、その男性が父親から責められていることなどによって、混乱状態になっていたと思われます。ここで、叱り方の問題はあるとしても、子ども自身が自分から「ごめんなさい」と言える場面があったとしたら、事態はまったく違った展開になったでしょう。社会性を身につける絶好のチャンスだったはずが、PTSDを引き起こし長期にわたって抱えていかなければならない葛藤とつき合わされることになってしまったのです。

もう一つのPTSD発症のエピソードがあります。ロスアンゼルスの震災後、子どものPTSDが多く発症したことの教訓から、阪神淡路大震災の時は、多くの臨床心理士が巡回相談などの対策を講じていましたが、重篤な症状は意外に少なかったことをよく耳にしました。その一員として筆者が震災後2年間ほど携わっていた巡回相談の中でも同じ経験をしました。その理由の一つとして、川の字で寝る日本の慣習が大きな救いになったのではないかと言われています。突然に襲ってくるショッキングな事態と家具や建物が崩れてくる恐怖は、無防備な子どもの心に大小さまざまな傷を与えるでしょう。しかし、その時側にいた最愛の両親が子どもの上に覆いかぶさって多くの子どもたちが助かっています。つまり、命だけではなく心の傷も守られたのです。特に幼児の場合、強い恐怖やショックそのものだけではなく、その時子どもの心が守られる状況にあったのかどうかがPTSD症状の深さに大きく関わっていると言えるでしょう。

PTSDを発症した5歳女児の話に戻りますが、見知らぬ男性に叱責されたことは、恐怖の体験だったでしょう。その女の子は、どうして景品の駄菓子に手を出したのでしょう。子どもの心の内に何かが起こったのだと思いますが、そこにまず、目を向ける必要があったのではないでしょうか。「どうして、そのお菓子持って行くの？」と一言聞けば済むことです。しつけはそれからでもできるはずです。

実体験における積み重ねの効果

GPTでは、子ども自身が引き起こした問題や、他から受けた妨害や攻撃など、直面する事態に自分なりの処理や解決方法を探り、自分の力だけではどうしようもできない時に、子どもが出す支援要請に即時に応えることができる態勢を整えておきます。また、Thは事態を見守り必要ならば子どもの要求に応え、子どもの主体が立ち上がるような環境を作っていきます。

ここで、子どもが不安定な状況でも自発的な行動を可能にするためには、失敗や困難に直面した時に寄って立つことができる安全基地が重要なのです。それは、側にいる養育者、あるいはThです。安全な基地を確認できていれば、子どもは冷静に事態を観察し状況に応じた判断をし、さらに次の行動を取るかもしれません。もし、それが事態の悪化につながる、あるいは危険な目に遭うことが予測される行動であれば、適切な方向に修正や回避ができるよう支援するのです。

たとえば、奪ったおもちゃの返還を迫られ、そのおもちゃを窓ガラスに向けて投げつけようとした時などです。Thは、その手をつかんで阻止します。手が届かない時は、瞬間に「あぶない！」「ガラスが割れる！」「Aちゃん、投げないで！」と大声でその行動を止めるために注意します。子どもがその行動を止めれば、そのまま遊びが続きます。しかし、万一ガラスを割ってしまった時は、感情的に叱ったり罰を与えたりするのではなく、子ども自身が引き起こした事態への直面化を図ります。周りの子どもたちを避難させ、ガラスの破片から守ると同時に、Aちゃんには周りの人たちの不安な表情や困った様子、箒を持ってきて大きな破片を片付ける人、掃除機で小さな破片を吸い取る人を見せます。誰一人楽しそうな表情の人はいません、皆、困惑した表情です。他の子どもたちが怪我をしないように、一片の小さなカケラも見落とさないよう大人が注意深く掃除をしている様子は子どもの目にしっかりと焼きつくでしょう。

このような場面では、一般的には、子どもは厳しく叱られ、泣きながらもうしないことを約束させられたり、打ちひしがれたりしていて、その間、周りの状況は子どもの目には全く入っていないのです。このような情景が記憶に残るためには、冷静に事態を見ることができる状態が必要です。この時に、子どもの心の中に湧き起こる自責の念や叱られることへの回避や防衛、自分はどうすればよいのかわからない不安からくるストレスを一緒に抱える役割をThが担うのです。

人の心を読む力の未熟なASD児は、口頭での説明や物語などのイメージでの理解は極めて難しいでしょう。このような実体験の積み重ねによって、自分の引き起こした問題と周りの人たちの心の状態を結びつけることが徐々にできるようになっていくのです。

GPTでは問題やぶつかりが起きないような配慮をするのではなく、偶発的に起きた問題を契機に自分がどのように処理すればいいのかを、そこで生起する人々の情緒的なダイナミクスを子ども自身が体験的に感じ取ることで学んでいくのです。そして、列車を取り返す場面でも述べたように、Thは自己や他児に向けられた子ども自身の攻撃的あるいは拒否的態度、そして恐怖や不安などをニュートラルに受け止め、そのまま抱え込むのです。1人では心の中に保持できない強い感情は、共に抱えてくれる母性的対象の助けによってしばらく保持することにより低下し、冷静な感情と共に自主的判断が立ち上がってくるのです。激情を相手にぶつけることは簡単なのですが、それを一時的に自己の内に抱えこむストレスに耐えることは、幼児や発達障害の子どもたちには極めて難しいことです。そこで、それを共に抱えてくれる対象との関係性が自我の成熟に重要な意味を持つのです。

引用文献

・R．D．レイン著　志貴春彦・笠原嘉共訳『自己と他者』みすず書房　1975
・鷲田清一『じぶん・この不思議な存在』講談社現　1996
・弁護士ドットコムニュース https://www.bengo4.com/internet/n_7040/　2017

子どもの発達と向き合う ④

障害のある子どもを持つということ

わかりきったことですが、子どもをもつことには大きな喜びとともに大きな責任と苦悩を伴います。障害のある子どもたちを育てるたくさんの家族に関わってきて、「子どもに障害があってもなくても子育てって大変だけど、楽しいよ」と自信をもって言いたいと思ってきました。でも本音を言えば、今の日本で、障害のある子どもを授かり育てることは、普通の子育てとは比べ物にならないくらい大変なことだという考えを拭いきれませんでした。たしかに、障害のある子どもをもったことで豊かに実る人生もあるでしょうが、終わることのない世話と、尽きることのない心配の中で、思い描いていた夢をあきらめ、手に負えなくなったわが子を前に途方に暮れ、こんなはずではなかったという失意からなかなか立ち直れない家族も見てきました。

しかし、この10年足らずの間にも障害のある子どもたちのための支援制度が大きく進歩し、「子どもに障害があってもなくても子育てって大変だけど、楽しいよ」と言える日に少し近づいているように思います。

障害がある子どもたちの放課後

石井正子◉昭和女子大学大学院准教授

白鳥のお堀にて

２０１７年12月、福島県相馬市の「障がい児放課後支援ゆうゆうクラブ」で3日間を過ごしました。２０１１年の東日本大震災後に「日本発達障害ネットワーク」（注1）が行った被災地への専門家派遣事業でボランティアにうかがったご縁です。

本来なら臨床心理学の専門家として、なにがしかの貢献をしてこなくてはならないのですが、逆にいろいろ学んで、たくさんの刺激と癒しをもらって帰ってきました。このところの臨床の仕事は、保育者や教員の皆さんへのコンサルテーションが主だったので、ひさびさに子どもたちとの思いきり体を張ったおつきあいにテンションが上がり、すっかり若返ってしまったのでした。

震災後の２０１２年３月にうかがった時は、仮住まいのカルチャーセンターのホールの片隅をダンボールのパーテーションで仕切って子どもたちの支援が行われており、ホールで他のイベントがある時には、道具一式を持って会議室に移動するというような状態でした。それでも目を見張ったのは教材や検査用具の豊富さで、都会の療育センターなみの教材が揃っていました。何しろ、私が訪問する前のおよそ10か月間に発達障害ネットワークに関わる療育関連の専門職（作業療法士、言語聴覚士、心理士等）の職能団体から、ベテランの専門家が入れ替わり立ち代わり派遣されて支援を行っていたので、あの頃の「ゆうゆうクラブ」

には障害児療育の最先端の資材とスキルが投入されていたのです。

さて、現在の「ゆうゆうクラブ」はどうなっていたかというと、私が子どもだったら通ってきたいなあと思える場所でした。場所は代表者の菅野さん所有の民家を修繕した場所に移り、屋外に広々とした遊び場があります。自閉症の子どもたちに配慮した空間の区切り方や、クールダウンのスペース、工夫を凝らされた教材の数々もさることながら、そこには一人ひとりの子どもたちがくつろげる「居場所」があり、「友達」がいます。

学校から帰ってきたMちゃんがおやつを食べながら「テンテ（先生）、テンテ、クワー、クワー」と言いながら手を大きくばたばたと上下させています。スタッフが「Mちゃん白鳥見に行きたいの？」と返すと、にこにこしながら「クワー、クワー」と羽ばたきを繰り返します。そこでその後は、みんなを誘ってワゴン車に乗り込み、白鳥を見に行くことになりました。途中のスーパーで白鳥にあげる食パンを買います。白鳥が飛来しているお堀に行くには、狭い路地を入らなければならないのですが、Mちゃんは道順をよく覚えていて曲がり角が近づくと「ココ、ココ」と指示を出します。お堀に到着すると、待ってましたとばかりにたくさんの白鳥が寄ってきて、私たちが投げるパンを次々にお腹に収めていきました。楽しいです！　ゆうゆうクラブに帰ると中学生の2人組男子が対戦ゲームに興じています。並んで寝そべって、「くそー、やられたぁ」だの「よっしゃあ！　倒した」などとつぶやきながらゲームに興じている様子は、ごくごく当たり前の中学生。庭では、小学生3人組が荷物用の台車に載って疾走するという遊びを展開中。

もちろん、こんなに平和な状態がずっと続いているわけではなく、様々な問題が起きるのですが、とにかく子どもたちが安心して、のびのびと、自分らしくいられる場所を作るために代表者の菅野さんをはじめとしたスタッフは知

ゆうゆうクラブ

石井正子（いしい・まさこ）――昭和女子大学大学院生活機構研究科人間教育学専攻准教授。1985年日本女子大学大学院修士課程修了、2011年昭和女子大学大学院博士課程修了。学術博士、臨床心理士、言語聴覚士。千葉市療育センター、千葉県中央児童相談所、四街道市総合福祉センター他で臨床心理士、言語聴覚士として発達臨床に携わる一方、1992年より植草幼児教育専門学校（現植草学園短期大学）、2006年より昭和女子大学で、保育者養成に携わる。【主な著書】『障害のある子どものインクルージョンと保育システム』（福村出版　2013）他。

恵を絞り、保護者と協力して工夫を重ね、あらゆる努力を惜しまないのです。

閉じ込められたエネルギー

大学院を出てしばらく、非常勤で児童相談所の心理判定の仕事をしていました。療育手帳の更新のための定期的な心理判定の仕事の中で、忘れられない事例があります。

B君は小学校6年生の男の子で、記録を読むと、重度の知的障害を伴う自閉症という診断がついており、精神薄弱養護学校（現在の特別支援学校）に在籍しているとのことでした。

応接セットしか置いていない相談室に、B君とお母さんが入室してきました。まずお母さんに挨拶し、2人が腰を下ろしたしたところで、B君を見て「こんにちは」と声をかけますが、B君はこちらを見ようとしませんし、返事もありません。体を前後にゆすりながらこぶしを口にあてて、何かぶつぶつ言っているようです。お母さんにお家での様子を聞くと、とにかくB君が家にいる間は危なくて目が離せない。雨戸を締め切って、B君に開けられないように玄関の鍵を二重にかけて監視している状態である。家の中もひどい有様で、ドアやふすまはほとんど壊されてしまって、カーテンで部屋を仕切っている。このところ、急に体が大きくなって暴れると手が付けられないので、いつか殺されるのではないかと思う、というようなことを淡々と話されるのです。お母さんの手には無数の傷があり、憔悴を通り越して無表情に至ったと思える様子からは心理的にかなり追いつめられていることが読み取れました。話を聴きながら、深刻な内容に打ちのめされていると、突然B君が席を立って私につかみかかろうとするのです。お母さんは「B！　ダメ！　やめなさい！」と叫んでB君に抱きついて椅子に座らせましたが、B君は腕を振りほどくと、唸りながら座っていた椅子の背をかじりだしました。

B君親子が帰った後、上司に相談し、家族全体がかなり危険な状態にあることを説明して支援をお願いしました。当時、知的障害児の入所施設はどこも満杯で、申し込んでもすぐに入れる状態ではなかったのですが、なんとか数か月後にB君が入所できたという話を聞いてほっとしたことを覚えています。

その後も障害のある子どもたちが放課後や長期休みに過ごす場所が無くて困るという話を耳にするたびに、B君とお母さんが閉め切った部屋の中で過ごした日々のことが思い浮かびます。成長のエネルギーに溢れた小学校高学年の子どもが、母親と2人きりで家の中で何もすることがなかったら、そのエネルギーは暴力的に物や他者、あるいは自分に向かっていくしかありません。危なくて外に出せないから閉じ込めるというお母さんのやむを得ない選択がB君をますます追い込み、問題行動を大きくしていたのだと思います。

放課後等デイサービス

乳幼児期の子どもを育てる保護者が自分の時間を持てない悩みは、時に「育児ノイローゼ」という状態を引き起こすほど深刻なものです。それでも一般的には、子どもの成長に伴って物理的な子育ての大変さは日に日に楽になり、小学校に上がれば、親といるよりも友達と遊ぶ方が楽しいという時期がやってきます。

しかし、障害のある子どもたちについては、乳幼児期よりも学童期、学童期よりも青年期に至って悩みはより深刻になっていきます。周りの子どもとの違いが鮮明になり、体が大きくなって、活動エネルギーも大きくなっていくのに、十分に気持ちも体も満足できる活動に取り組むことが難しい場合が多いのです。

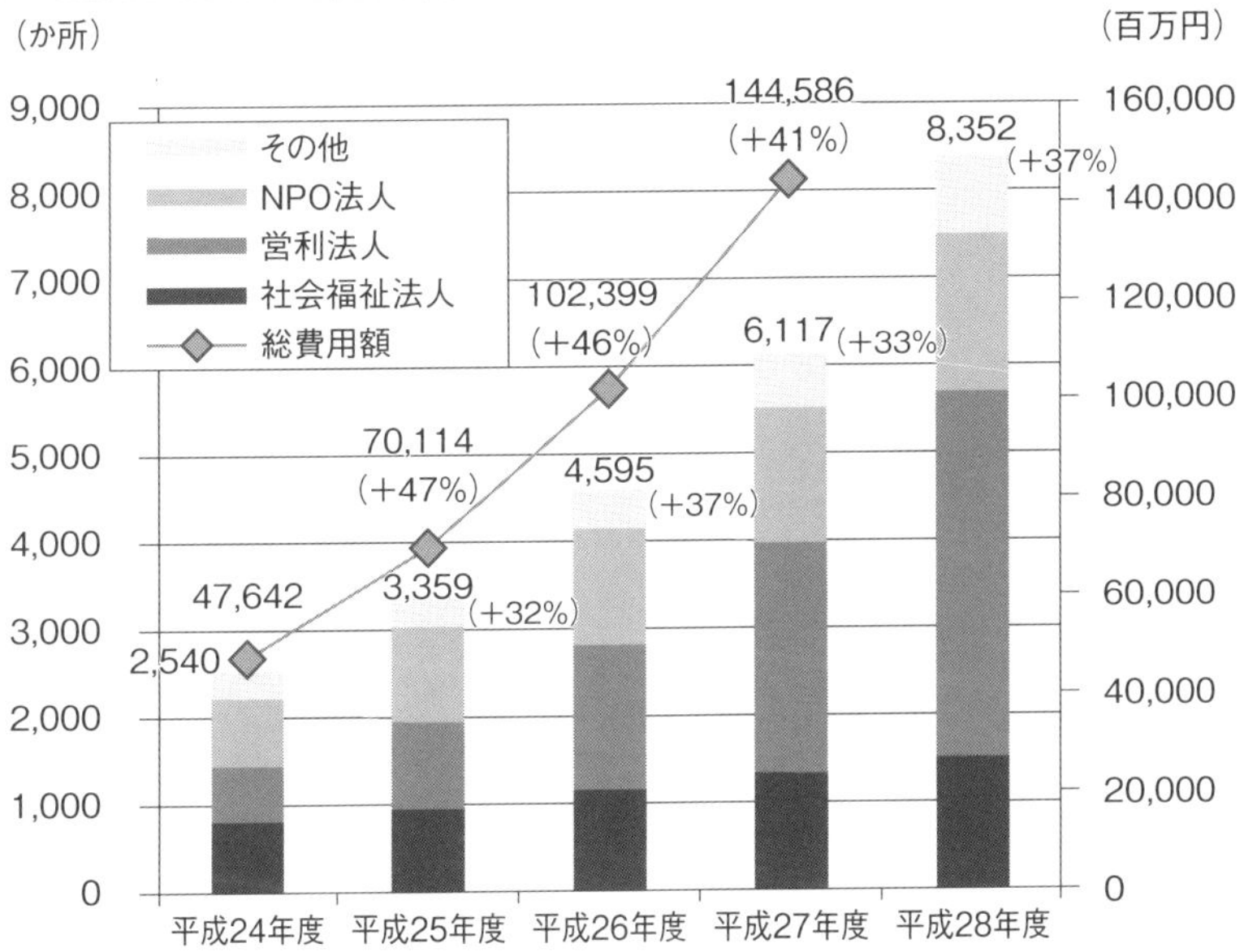

図１　放課後等デイサービスの事業所数と総費用額の推移（厚生労働省　2017）

１９７９年に実施された「養護学校義務制」によって、それまで「就学猶予」あるいは「就学免除」の名のもとに学校教育の対象から外されていた障害のある子どもたちすべてに、学校教育の場が保障されました。どんなに重い障害がある子どもも「学校」に通えることになった（注２）わけですが、学校への送り迎え、放課後、長期休みのことを考えると、障害のある子どもを育てる保護者の負担はあいかわらず、重いものでした。

２００５年に施行された障害者総合支援法において、「児童デイサービスⅡ型」として始められた放課後等の障害児支援は２０１２年に改正された児童福祉法において「放課後等デイサービス」として位置づけられ、事業所数、利用者数ともに急増しています（図１）。

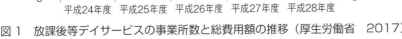

厚生労働省は、利潤を追求し支援の質が低い事業所や適切ではない支援を行う事業所が増えているということを危惧し、適切な運用に課題が多いことを指摘していますが、この制度がＢ君のような子どもとその家族にとって大きな救いになっていることは間違いありません。

ゆうゆうクラブのスタッフに同行して、特別支援学校に子どもたちを迎えに行き、放課後の駐車場の光景に目を見張りました。そこには、放課後デイサービスの事業所のワンボックスカーがずらりと並んでいて、特別支援学校の先生方が予定表に従って子どもたちを車に送り届けていきます。子どもによっては、複数の事業所を利用して、個別の療育プログラムを受けたり、スポーツ活動に参加したりしている場合もあるそうです。

これもインクルージョン

ゆうゆうクラブを利用する子どもたちの在籍する学校は、特別支援学校、特別支援学級、通常学級とさまざまです。年齢も障害の種類や程度も異なる地域の子どもたちが、発達の遅れや社会適応の困難を抱えて、特別な配慮や支援を必要としているという共通点でつながって、放課後を一緒に過ごしている状況を見て、これもまた「インクルージョン」の一つの形ではないかと思いました。

一般的には障害があっても可能な限り地域の学校で障害のない子どもたちと一緒に教育を受けることこそが「インクルージョン」だと考えられています。しかし「インクルージョン」を同年齢の子どもたちと一緒に通常学級で教育を受けることに限定して捉えてしまうと、子どもたちも先生も保護者も負担が重かったり、窮屈だったり、かえって孤独だったりすることがあります。それぞれの時期に、いろいろな形で、さまざまな子どもたちがつながりあうことだと考えると、もう少し現実的で楽しい方法が見えてくるような気がするのです。

障害があってもなくても、気の合う仲間と一緒に過ごす放課後は楽しいです。そして子どもに障害があってもなくても、みんなで一緒に育てていければ、子育ては大変だけど楽しいものになるはずです。

注1）日本発達障害ネットワーク（JDDネット）

一般社団法人日本発達障害ネットワーク（JDDネット）は、2005年に発足した発達障害のある人およびその家族に対する支援、啓発活動を行う全国連合会組織である。発達障害関係の全国および地方の障害者団体や親の会、学会・研究会、職能団体などを含めた幅広いネットワークであり、東日本大震災後には、日本臨床心理士会、日本臨床発達心理士会、日本作業療法士協会、日本言語聴覚士協会等、様々な職能団体が協力して、被災地への専門家派遣を行った。

注2）児童福祉法第六条の二の二の4

この法律で、放課後等デイサービスとは、学校教育法（昭和二十二年法律第二十六号）第一条に規定する学校（幼稚園及び大学を除く。）に就学している障害児につき、授業の終了後又は休業日に児童発達支援センターその他の厚生労働省令で定める施設に通わせ、生活能力の向上のために必要な訓練、社会との交流の促進その他の便宜を供与することをいう。

引用

・厚生労働省　第83回社会保障審議会障害者部会（2017年1月6日開催）配布資料3　http://www.mhlw.go.jp/stf/shingi2/0000147372.html　参照2018年1月15日

このコーナーでは、臨床心理士が実践の場で使用する種々のチェックリストについて、その目的や効果、使用時のポイントについて、専門の先生に解説していただきます。

育児不安尺度――3歳児の母親用モデル

吉田弘道
◉ 専修大学人間科学部心理学科教授／本誌編集委員

1. 育児不安について

初めて子どもを育てるときには、幾分不安を感じるのが普通です。多くの母親は、不安の程度が軽かったり、だれかに相談して助けてもらったりしながら子育てをし、育児不安を乗り越えているのではないかと考えられます。ところが、母親の中には、いつまでも不安が軽くならずに、子育てに楽しさを感じることができない人もいます。厚生労働省は10年ごとに、「乳幼児身体発育調査」を行っていますが、それと併せて「幼児健康度調査」を行っています。平成22年度に実施された調査によると、「育児に自信がもてない」と回答している母親は23％、「子育てに困難を感じる」と回答している母親26％ということです[3]。約4分の1の母親が、子育てに不安を感じているようです。ところで、育児不安が高い母親に対応し、また支援の効果を検討するためには、育児不安をきちんと測れる尺度が必要です。

2. 育児不安尺度

筆者は、共同研究者と協力して、これまでに生後1・2か月児、4・5か月児、10・11か月児、1歳半児、2歳児、3歳児、4歳児の母親用の、計7種類の育児不安尺度を開発してきました[2][5][6][7]。このように多くの尺度を開発することにしたのは、予備研究において、育児不安の因子構造を調べたところ、育児不安因子に含まれる項目が、育てている子どもの月齢や年齢によって異なることと、同じ項目の得点を見ていった場合に、項目得点が、1・2か月児よりも4・5か月児、その後も2歳児までに、高くなる傾向がみられたからです[1]。このことは、1種類の育児不安尺度で、幅広い月齢や年齢の子どもを育てている母親の育児不安を測定するのは適当ではないことを意味しています。先に本誌第9号で1歳半児の母親用モデルを紹介しましたので[9]、今回は3歳児の母親用育児不安尺度をご紹介します。

3. 3歳児の母親用育児不安尺度[7]

この尺度は、「育児不安」（11項目）のほかに、「自信のなさ」（6項目）、「育児満足」（9項目）、「夫のサポート」（7項目）、「相談相手の有無（相談相手がいる程度）」（3項目）、「子どもの育てやすさ」（5項目）、の6因子計41項目から構成されています（表1）。それぞれの因子の合計得点の信頼性を示すアルファー信頼性係数は、順に、0・86、0・83、0・87、0・85、0・78、0・76であり、信頼性が確認されています。「育児不安得点」については、平均値を基準に、標準偏差の値を基に5段階に分けて整理する方法を用いています（表2）。この5段階分類については、不安を測定する尺度のSTAIを用いて測定した状態不安の5段階分類との間に有意な比較的高い相関（r＝.54）が確認され、妥当性についても確認されています。

内部の因子との間の関連をみると、「育児不安」と「自信のなさ」因子は、「夫のサポート」「育児満足」「子どもの育てやすさ」「相談相手の有無」因子との間がマイナス相関となっています。「育児満足」に対しては、「夫のサポート」「子どもの育てやすさ」「相談相手の有無」がプラスの相関となっています。[8] つまり、夫からのサポートや相談相手がいること、そして、子どもを育てやすいと思っていることと、育児不安の低さと育児満足が関係しているということです。

4. この尺度の使い方

表1に示した項目をランダムに並べ替えて質問紙を作ります。これに対して次の教示を提示します。「このアンケートは、あなたとお子さんの日頃の様子をお聞きするものです。以下の項目についてあなたにあてはまる番号を○で囲んで下さい。以下の番号は、全くそう思わない（1）、いくらかそう思う（2）、ときどきそう思う（3）、よくそう思う（4）となっています。」4件法で回答を求め、それに対して、1点から4点の得点を与えて整理します。その際、逆転項目に注意して得点をつけてください。その後因子ごとに得点の合計点を求めます。

「育児不安得点」については、表2にならっ

表１　３歳児の母親用育児不安尺度（因子及び項目）

因子1：	育児満足　9項目　α＝.86
1	子どもを育てるのが楽しいと思う
6	子どもを産んでよかったと思う
14	母親として子どもに接している自分も好きに思える
18	子育ては自分にとってやりがいのあることだと思う
20	子どもを育てていながら自分はこの子にとって必要な存在だと思う
22	子どもをもつ母親としてしみじみとした幸せを感じる
28	子どもを宝物のように大切に思える
30	子どもと一緒にいるとゆったりとした気分になる
36	子どもの相手をするのは楽し。
因子2：	育児不安　11項目　α＝.87
17	子育てをするようになってから社会的に孤立していると思うことがある
23	毎日生活していてなんとなく心に張りが感じられない
24	疲れやストレスがたまっていてイライラする
26	ゆったりとした気分で子どもと過ごせない気がする
27	子どもを育てていて自分だけが苦労していると思う
31	なにか心が満たされず空虚であると感じる
38	子育てを離れて一人になりたい気持ちになることがある
39	一人で子どもを育てている感じがして気持ちが落ち込むことがある
41	体の疲れがとれずいつも疲れている感じがする
43	だれも自分の子育ての大変さをわかってくれないと思う
46	育児や家事など何もしたくない気持ちになることがある
因子3：	夫のサポート　7項目　α＝.85
＊5	家族と気持ちがよく通じ合っていないと思うことがある
12	夫は家事に協力的である
15	夫と自分の二人で子どもを育てている感じがする
37	夫といろいろなことを話す時間がある
40	夫は子どもの相手をよくしてくれる
45	夫は自分のことを理解してくれていると思う
47	家庭内の重要な決定をするのに夫がいてくれてよかったと思う
因子4：	自信のなさ　6項目　α＝.83
8	自分はうまく子どもを育てていないと思うことがある
19	子どもを育てる自信がないと思うことがある
29	子どもを育てていてどうしたらいいかわからなくなることがある
33	自分の子どもの育て方はこれでいいのだろうかと思うことがある
35	自分は子どものことをわかっていないのではないかと思うことがある
42	子どもをたたいたりしかったりしたときにいつまでもくよくよと考えることがある
因子5：	子どもの育てやすさ　5項目　α＝.76
48	育てやすい子どもであると思う
49	わかりやすい子どもであると思う
＊51	育てるのに大変手がかかる子どもであると思う
53	機嫌のよいことが多い子どもだと思う
55	子どもの発育発達はおおむね順調である
因子6：	相談相手の有無　3項目　α＝.78
7	子どものことで相談できる人がいてよかったと思う
＊11	子どものことでだれも相談する相手がいなくて困ることがある
34	何でも打ち明けて相談できる人がいてよかったと思う

＊印　逆転項目

表２　育児不安５段階評定

	段階	第Ⅰ段階： 不安低い	第Ⅱ段階： 不安比較的低い	第Ⅲ段階： 不安中等度	第Ⅳ段階： 不安比較的高い	第Ⅴ段階： 不安高い
	範囲	〜−1SD未満	−1SD〜 −1/2SD未満	−1/2SD〜 ＋1/2SD	＋1/2SD超える〜 ＋1SD	＋1SD超える
3歳児	得点範囲（点）	〜16	17〜20	21〜26	27〜31	32〜
	分布割合（%）	15.2	25.8	29.3	16.4	13.3

て5段階に分けてください。第Ⅴ段階の割合が13・3%となっていますが、前述した平成22年度の「幼児健康度調査」では、「からだ良、精神不調」「精神良、からだ不調」「心身ともに不調」が合わせて14%ほどみられています。第Ⅳ段階と第Ⅴ段階を併せると約30%ですので、実態とかけ離れている数値ではないと考えられます。この育児不安第Ⅴ段階は、最も不安が高いので、まずこの段階にいる母親に手厚い支援が必要であると考えられます。不安段階の変化をみながら、推移を見ていくとよいでしょう。

次に、「夫のサポート」「子どもの育てやすさ」「相談相手の有無」の得点を見てください。「夫のサポート」は7項目ですので、21点以上の得点があれば、質問項目に対して（3）ときどきそう思う、（4）よくそう思う、に回答していることが多いということになります。14点以下だと、（2）いくらかそう思う、（1）全くそう思わない、に多く解答していることになります。「子どもの育てやすさ」「相談相手の有無」の得点についても同じように見てください。これらの得点を見ると、不安が高いのは、夫のサポートが少ないからなのか、子どものことを育てにくいと思っているからなのか、あるいは、相談相手がいないからなのか、などについて知ることができ、この結果を参考にして、子育て支援をすることができます。

引用文献

（1）Yoshida, H., Yamanaka, T., Khono, G., Ota, Y., Nakamura, T., Yamaguchi, K., Ushijima, H. (1999a). Differences in anxiety variables of mothers rearing first-born infants: A pilot study of the maternal anxiety screening scale. in M. Matsushita & I. Fukunishi eds. Cutting Edge Medicine and Liaison Psychiatry. Psychiatric Problems of Organ Transplantation, Cancer, HIV/AIDS and Genetic Therapy. 193-202. Elesevier Science. Amsterdam.

（2）吉田弘道・山中龍宏・太田百合子・巷野悟郎・山口規容子・中村孝・牛島廣治（1999b）「育児不安尺度の作成に関する研究——1・2カ月児の母親用試作モデルの検討」『小児保健研究』58（6）697-704　日本小児保健協会　1999b

（3）衞藤隆他『幼児健康度に関する継続的比較研究』平成22年度厚生労働科学研究費補助金、成育疾患克服等次世代育成基盤研究事業　平成22年度総括・分担研究報告書　2011

（4）吉田弘道「育児不安研究の現状と課題」『専修人間科学論集　心理学篇』（2）1-8　専修大学人間科学学会　2012

（5）吉田弘道・山中龍宏・巷野悟郎・太田百合子・山口規容子・牛島廣治「育児不安尺度の作成に関する研究　その1——4・5か月児、および、10・11か月児の母親用モデル」『小児保健研究』72（5）680-689　日本小児保健協会　2013a

（6）吉田弘道・山中龍宏・巷野悟郎・太田百合子・山口規容子・牛島廣治「育児不安尺度の作成に関する研究　その2——1歳半児、および、2歳児の母親用モデル」『小児保健研究』72（5）680-689　日本小児保健協会　2013b

（7）吉田弘道「育児不安尺度の作成に関する研究　その3——3歳児、および、4歳児の母親用モデル」『小児保健研究』72（6）780-788　日本小児保健協会　2013c

（8）吉田弘道、山中龍宏、太田百合子、巷野悟郎、山口規容子、牛島廣治「育児不安尺度の作成に関する研究——因子間相関について」『専修人間科学論集　心理学篇』（4）39-44　専修大学人間科学学会　2014

（9）吉田弘道「育児不安尺度——1歳半児の母親用モデル」『子育て支援と心理臨床』9、90-93　福村出版　2014

吉田弘道（よしだ・ひろみち）——専修大学人間科学部心理学科教授（発達臨床心理学専攻）。2000年より現職。資格：臨床心理士、日本精神分析学会認定心理療法士・認定心理療法士スーパーバイザー。【主な著書】『心理相談と子育て支援に役立つ親面接入門』（福村出版、2013）、『新しい時代の子どもの保健』（分担執筆／日本小児医事出版社、2014）、『実践保育学』（共編著／日本小児医事出版社、2014）、『子育て支援のための保育カウンセリング』（分担執筆／ミネルヴァ書房、2015）

地域とのつながりの中で考える子育て
――「やってみないとわからない」「やってみたらおもしろい」

中山栄美子◉栃木県立益子芳星高等学校教諭

本校は、栃木県の東部に位置する1学年4学級の全日制普通科高校です。校庭の南側には栃木県指定史跡の古墳があり、生徒たちは豊かな自然の中でのびのびと学校生活を送っています。2年生になると、自分の進路に合わせて選択できるコース（類型）が設定され、魅力あふれる学習内容となっています。本校では各コースの特色を生かした教育活動を展開するとともに、地域との連携を何より大事にしています。

「家庭総合」の学びから

＊赤ちゃんふれあい体験

2003（平成15）年から、2年生4クラスの生徒全員が益子町保健センターの12か月検診にて、赤ちゃんとふれあう場を設けてもらっています。楽しみにしている生徒がほとんどですが、中には「赤ちゃん、無理」と消極的な生徒も見受けられます。でも、実際に赤ちゃんに接してみると、かわいらしい笑顔やしぐさに魅せられ、人見知りされてもあやしたり手を握ったりしています。当初の目的は、赤ちゃんとふれあうことだけでしたが、お母さんに子育てについて話を聞くことも加えました。赤ちゃんが生まれた時の気持ちや子育てについて、お母さんへのインタビューをしていると、自分の母親へ思いをはせる生徒も少なくありません。

写真１　お母さんにインタビュー

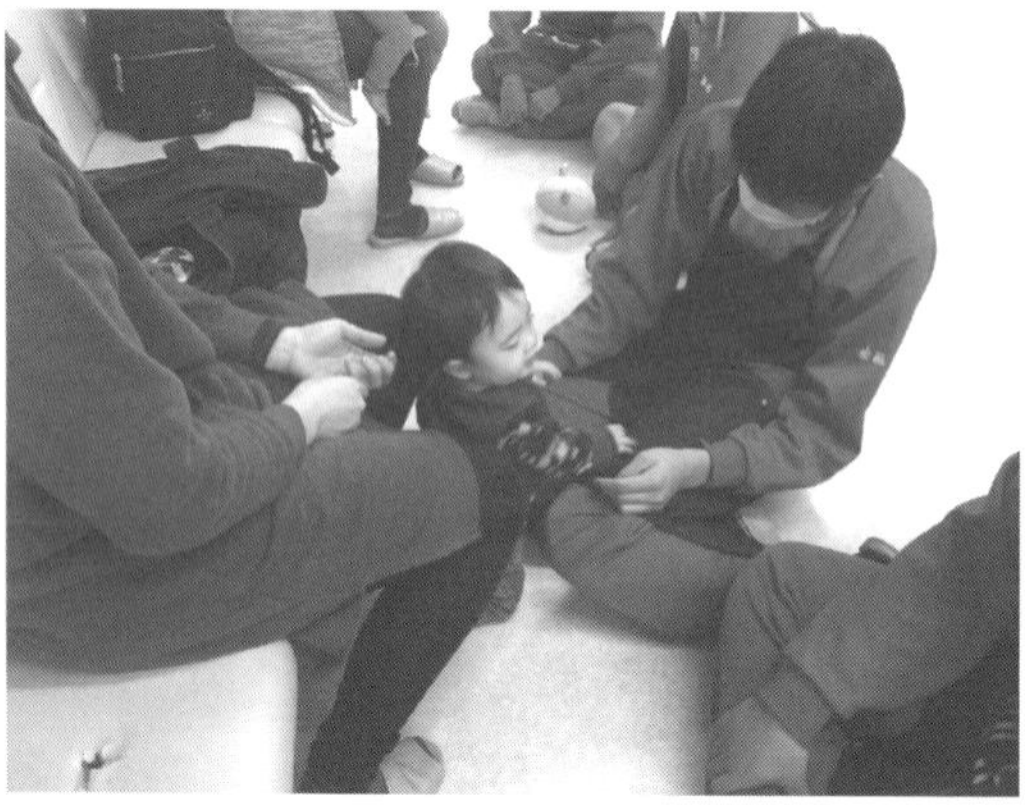

写真２　赤ちゃんとふれあう

栃木県の人口妊娠中絶件数が全国ワースト1になったことから、2008（平成20）年度からは保健師の思春期教育を加えてもらいました。さらに2013（平成25）年度からは、「子供を産み育てるということ」と題して妊娠出産適齢期の話をしていただいています。

《生徒のレポートより》

・笑顔がかわいくて接していてとても楽しかった。

・人見知りしている子やニコニコしている子など小さいのにいろいろな性格の子がいるのを知った。

写真３　保健師さんの話

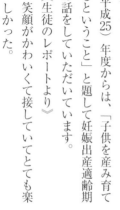

・いつもはあんな小さな子とふれあう機会がないのでとても新鮮な気持ちになりました。お母さんの話を聞いていても子育てを心から楽しんでいる様子がうかがえました。

・子育てをするのは大変だと思ったけれど、子育てをするからこその幸せや楽しさがあると思った。

・親になることの責任や大変さがわかった。

また、1年生は、保育分野の授業で壁面構成を製作しています。季節の行事や風景を、子どもが楽しいと感じてくれるように考えながら、折り紙や切り紙を中心に構成していきます。これを赤ちゃんふれあい体験の時に保健センターに持っていき、掲示してもらっています。

「子どもの発達と保育」「子ども文化」の学びから（生活文化コース保育専攻）

本校から歩いて15分のところに認定こども園七井幼稚園があります。2014（平成26）年より、保育専攻の2・3年生の保育実習を受け入れていただいています。

3年生は、1回目が保育技術検定3級の課題である紙芝居を、2回目は授業でつくったエプロンシアターを演じます。どちらも園児に楽しんでもらえるよう、しっかり準備をします。緊張の中で始まりますが、園児たちが集中してみていたり問いかけに反応したりしてくれるので、頑張って作ってよかったという充実感に変わっていきます。生徒も園児も生き生きとしている様子がうかがえます。

写真4　紙芝居

写真5　エプロンシアター

生徒が幼稚園に行く機会はたくさんあるので、園児にも高校に来てもらう機会を作ろうと、10月に行われた体育祭に招待しました。当日は年長児に「よさこいソーラン」を踊ってもらう予定で準備も念入りにしたのですが、雨に降られ中止になってしまいました。園児も園児のお母さんたちもとても楽しみにしてくださっていたとのことで、とても残念でした。園児と高校生が相互交流していく中で、子どもをもっと身近に感じられるようにできるのではないかと期待しています。

家庭クラブ活動

＊保育ボランティア

「将来保育士になりたい」「子どもが好き」などの理由で子どもともっとかかわりたいという生徒が増えてきました。七井幼稚園に相談してみると、預かり保育を手伝ってほしいとのお話を頂いたので、2016（平成28）年より保育ボランティアを始めました。最初は、夏休みや春休みなどの長期休暇のみでしたが、2017（平成29）年の1月からは、平日も3～5人の生徒が幼稚園に行ってお

写真６　鬼ごっこはじめるよー

り、１年間でのべ約４５０名の生徒がかかわりました。幼稚園の先生たちが、わからないことを丁寧に教えてくれたりわかりやすい指示を出してくれたりするので、安心して参加できています。生徒たちは、園児と遊んだり、着替えやトイレの世話・片付けなどをしたりしています。幼稚園の先生からは、園児たちと元気よく遊んでくれて本当に助かっているというお褒めの言葉もいただいています。

《生徒の感想》

・子どもたちが頼ってくれたり、また遊んでねと言ってくれたりするのでとてもうれしかった。

・子ども一人一人遊び方やおもちゃの使い方に違いがあるので、見ているだけでも楽しかった。

・子どもたちからたくさんの「楽しい」の言葉を聞くことができてよかった。

・幼稚園の先生たちは、掃除などをしながらもいつも子供たちの安全を確認していて改めて大変さがわかった。

じぶん未来学

２０１６（平成28）年より、栃木県内すべての高校生が「じぶん未来学」で自分自身のこと、親・家族・家庭のこと、地域社会で子育てをすることを学んでいます。その中から家庭科では、「視点2　親を考える」「視点3　子どもを考える」「視点5　地域で子育てを考える」を学習します。ワークシートを使って意見交換をしながらグループの考えをまとめていきます。クラスメートの意見に共感したり新鮮さを感じたりしながら、自分なりに子育てを考えている姿が見受けられます。

写真７　アクティブラーニング

「やってみないとわからない」「やってみたらおもしろい」

家庭科では、一生を見通し生活の主体者として自分らしい生き方暮らし方をしてほしいと思い授業を展開しています。その中において、出産・子育ては人生の大きなターニングポイントです。教科書を読んでもＤＶＤをみても、本当の子どもの姿を理解することはできません。赤ちゃんに触れてみて、子どもといっしょに遊んでみて初めてわかることがたくさんあり、生徒たちはそれを敏感に感じとっています。地域のつながりの中で体験することで、より現実的に考えられるのではないかと思っています。

スポットライト

子育て支援の現場から ⑩

早川たかし

「遊び力」・「こども力」支援の実践成果

▼はじめに

私の考える「遊び支援」とは、多くの大人たちがこどもと「一緒に遊ぶこと」によって、大人たちの「こどもへの育児姿勢や向き合い方」が変わるように手助けすることです。つまり、「子どもたちの暮らしの中に、『遊び』を取りもどす」（児童精神科医　渡辺久子氏）ために、身近にいる大人が果たすべき役割ことなのです。

本誌13号では、私が実践する「遊びのワークショップ付き子育て支援」の概要について書きました。今回はその講演の受講者が「一緒に遊べる」大人になることによって、どのように「子どもへの育児姿勢や向き合い方」が変わったかを報告します。

私への講演依頼は保育園や幼稚園、認定こども園が多く、対象は保護者（お母さま方が多い）です。講演会の最後には必ず、「早川たかしへの感想・レポート」用紙を配り、1週間後の提出を目途に執筆のお願いをします。当初（6年前）は、「遊びのワークショップ付き子育て支援講演」が、家庭でどのように生かされたかを知るために始めたアンケートでした。しかし、それは次第にお母さんたちの「育児の悩み」や「育児ノート」のようになっていきました。回収率は約20％くらいですが、忙しい日常の中で時間を割いて書いてくださっています。中には800字以上で裏面にまで及ぶ大作もあります。毎日を一生懸命生きているお母さんたちの想いが溢れていて、読んで涙することもたびたびです。

以下の文章は「遊びのワークショップ付き子育て支援講演」を聴いたお母さんたちのレポートです。親が子どもと一緒に遊ぶことで子どもはあっという間に変身し、家庭が変わる様子が読みとれます。

▼I　「遊び力・子ども力」支援で家族が変わる——親たちのレポート

親子遊びのレッスンで胸がいっぱいに

講演で一番心を揺さぶられたのは、子どもを「赤ちゃんに戻らせる」レッスンでした。ライトが消され、「今からみんな赤ちゃんになっていいよ」と先生が言われ、わが子が生まれたばっかりの瞬間にタイムスリップしました。おっぱいをあげて、寝顔を1日中見ていても飽きず、わが子を命のかたまりだなと思って、幸せな気分だった時代を思い出しました。ずいぶんかくなったなー。何も変わらないのに、最近の私はいつも子どもに怒ってばかりだなー。いろんなことが頭を巡って胸がいっぱいになりました。子どもが赤ちゃんになって抱っこされる顔は本当に嬉しそうな表情でした。

子どもへの〝怒り〟を鎮めた〝抱っこ〟

怒らない子育てをしたいと思っています。しかし、1週間に1回のペースで娘のわがままに対して怒りのコントロールができなくなり、言い過ぎてしまいます。講演のあった日も家で、娘が何かがきっかけで憎まれ口をたたき、あげくに弟を叩きました。私も怒りの感情が湧いてきましたが、講演での先生の話を思い出し、とりあえず娘を抱き上げてぎゅっと抱きしめました。すると、娘の表情が一瞬のうちに和らぎました。と同時に自分の高ぶっていた感情も不思議に落ち着きました。抱っこするだけで、こんなに気持ちが楽になるのかと新しい発見でした。

母に抱っこしてもらった記憶がない私が……娘にも

私は母に抱きしめられた記憶がありません。私は3人姉弟の一番上で、弟たちに手がかかるため、仕方なかったのだと思います。早川先生の講演を聞いて、私の娘との接し方にハッとさせられました。私は一番上の娘に対して、抱きしめるどころか、「〇〇手伝って!」とか「〇〇して!」と下の子の世話を頼んだり、大人と同等に接し、甘えさせていませんでした。（略）「お母さん、ぼくは今日ね　まだ一回も　抱っこされていないよ」（富田富士也『ねえ、ぎゅっとして』北水　1999）という言葉が娘の悲鳴のように感じ、涙が出そうになりました。

娘はまだ5歳。たくさんたくさん甘えたい年齢のはずです。これからは娘をもっと抱きしめ、この先娘が困難にぶつかった時、「お母さん苦しいよ!」と素直にうち明けてもらえるような親子関係を築きたいと思います。

小学校5年生になっても抱っこが大好き!

わが家には小5の息子がいます。昔から甘えん坊です。夏休みに入ってから特に、私にくっついてきます。「ママはオレの充電器なんだぜ。今日は3点充電だ」と言い、私に「手」と「足」と「頭」をくっつけて、抱きついてきます。「これで30分充電完了」と言って終わります。私は身体も大きい息子がそうしてくると、ついつい「早く終わってよ」と少し嫌がっていましたが、今日のお話しを伺って、これからも「ぎゅう!」と抱っこをしてやろうと思います。

私の育児バロメーターは「ぎゅ〜っ、足りてる?」

わが家では、下の子が生まれてから、年長のお兄ちゃんに「ぎゅ〜っ、足りてる?」と聞くようにしています。すると、「足りてない!」と言って、私のところへ飛び込んでくるので、その時は下の子に「今はお兄ちゃんの時間」と言って、お兄ちゃんを抱きしめてあげます。しばらくすると満たされた顔で、自然に離れていきます。（略）

お父さんが変わった!

講演会で、私や子どもよりも主人がとても変わりました。今までは、子どもの遊びにただ付き合っているだけ、見ているだけだったのが、一緒に笑い、楽しみ、みんなで遊べるようになりました。仕事上ほとんど家を留守にしているのですが、一緒に遊ぶ時間が多くなって、自然と私も子どもも笑顔でいる時間が多くなりました。たっぷり子どもと遊ぶように心がけるようになったら、子どもの方から「ママがお片づけ終わってから遊ぼうね」と私を気遣うようなことを言ってくれるようになりました。今までは家事をしようとしても、すぐに「早く!」「こっちきてよ」とわざと家事をさせないように仕向けるようなことばかり言って私を困らせていましたが、不思議と子どもの方から家事をする時間をもらえるようになりました。

主人が中級の皿が回せた!

主人が中級の皿が回せるようになったので、初級も中級も買って帰りました。（略）中級が回せるようになった主人は子どもに自慢げに披露し、どちらが大人で子どもかわからないくらいでした。そういう経験ができたことで、子どもとの遊び方、子どもが遊びから得る喜びや学びを見つけることができました。最近では子どもが「お父さんと遊ぶの楽しい!」と言って、私と遊んでくれません。私も負けずに遊びにどんどん参加していきたいです。私の実家に遊びに行った時に、皿回しで遊んだら、じいちゃんもばあちゃんもみんなが遊びの虜でした。この皿回しをきっかけに遊びの輪が大きくなりました。

父と娘は抱き合って喜ぶ

皿を買って家に帰ると、小学1年生の娘は興味を持ってやり始め、15分くらいでできるようになりました。夜に父が帰ってきたので、娘は自慢げに見せようとしたのですが、どうしても上手く回らず悔しくて泣き出してしまいました。家族全員で応援して見守りました。焦りでなかなか成功せず、それでも真剣に回そうとする姿に感動しました。そして、30分後にようやく回すことができました。父と娘は抱き合って喜びました。今後も子どもと向き合って、子育てをがんばっていきたいと思いました。

できないとかんしゃくを起こす息子が

家に帰るといつもテレビゲームを始める息子(6歳)に、皿を買って帰りました。何度やっても上手くいかず、回せるようになるまで2時間くらいはかかりました。もともと感情の激しい子ですが、泣きじゃくりながら、がんばっていました。回せるようになった時は晴れやかな顔をしていました。何でもすぐにできないとかんしゃくを起こす彼ですが、何度も練習してやっとできるようになるんだと、体感してくれたのではないかと思います(翌日、また回せなくなり、怒って棒を折ってしまいましたが、よい経験になったと思います)。

子どもと「一緒に」が大切なことに気付きました

私の子どもは言葉の発達が遅く、「集団生活をすることで、いろんな刺激を受けて、早くおしゃべりできるのではないか」と期待して、未満児さんのクラスから入園したものの、期待した程の成果はみられませんでした。現在は幼稚園とは別に発達支援センターに通い始めようかという所です。幼稚園や発達支援センターに頼るだけではなく、家庭で何かできることはないかと考え、子どもが興味を持つことは積極的にやらせてはいるのですが、アイディアが思い浮かばなくなって、悩んでいるときに今回の講演を聞きました。皿回しは、思いの外楽しくて童心に返った感じがしました。「これを子どもと一緒にやれたら楽しいだろうな」と思いました。「子どもと一緒に親子で遊ぶというのは子どもにものすごく刺激になるのではないか?」そう考えさせられた講演会でした。

後日、子どもと公園に行った時に、一緒にブランコに乗りました。最初、1人で乗っていても楽しそうにしていたのですが、「ママも」と私が隣のブランコに乗ると凄く嬉しそうな顔を

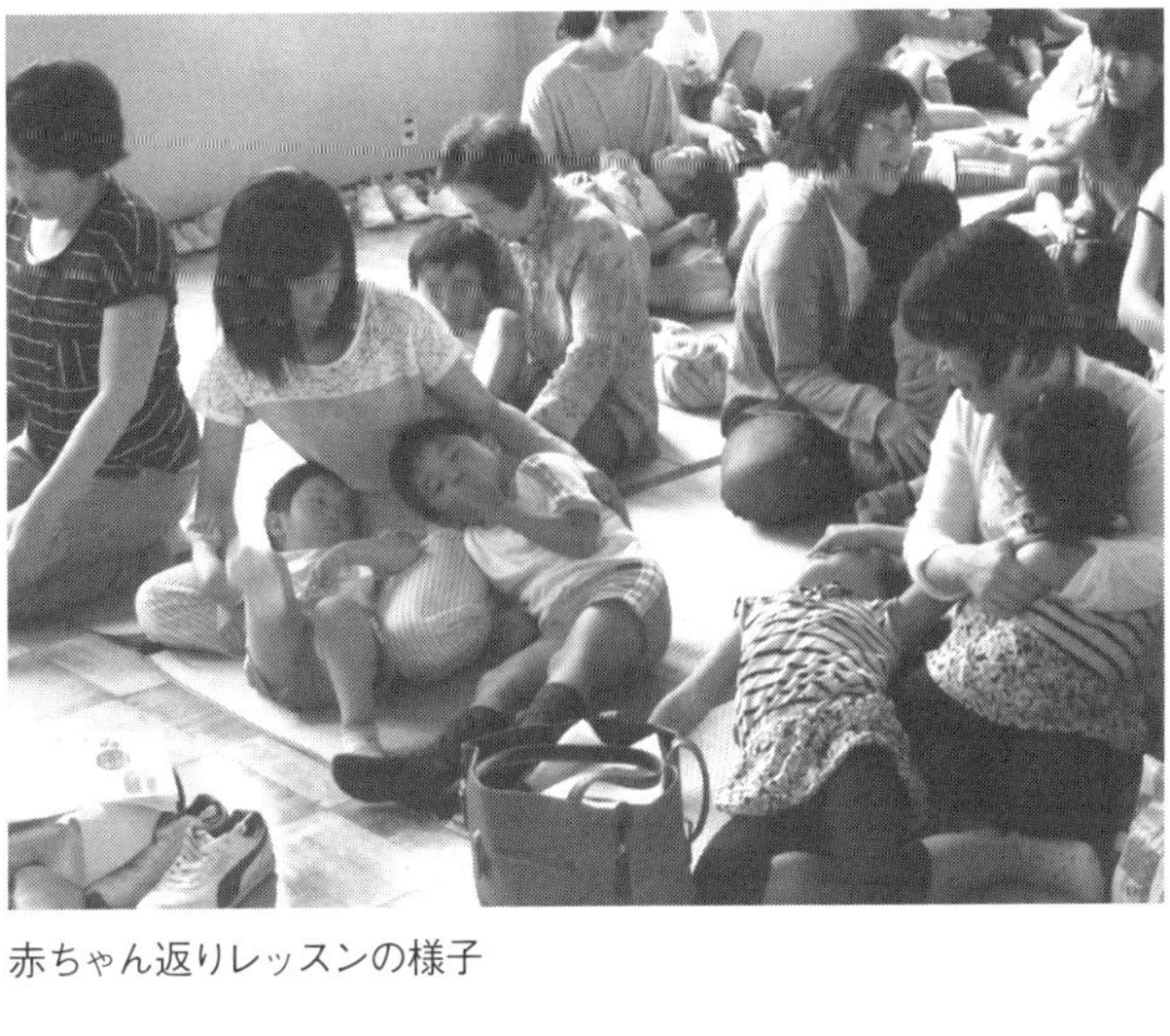

赤ちゃん返りレッスンの様子

早川たかし(はやかわ・たかし)――1951年富山市生まれ。日本福祉大学卒業。富山県内で障害児支援学校に勤務。かたわら1983年富山県八尾町に廃屋を購入し、子どもの自由な遊び場「子どもイタズラ村」開設。その後教員を辞職し、NPO法人 富山・イタズラ村・子ども遊ばせ隊を創設。「皿回しワークショップ付き子育て支援」講演を全国で展開。富山大学・福井大学・日本福祉大学非常勤講師。
【主な著書】『子どもイタズラ村づくり』(教育史料出版会 1986)、『わんぱくたちの独立宣言』(国土社 1994)、『明日の遊び考』(久山社 2000)など。

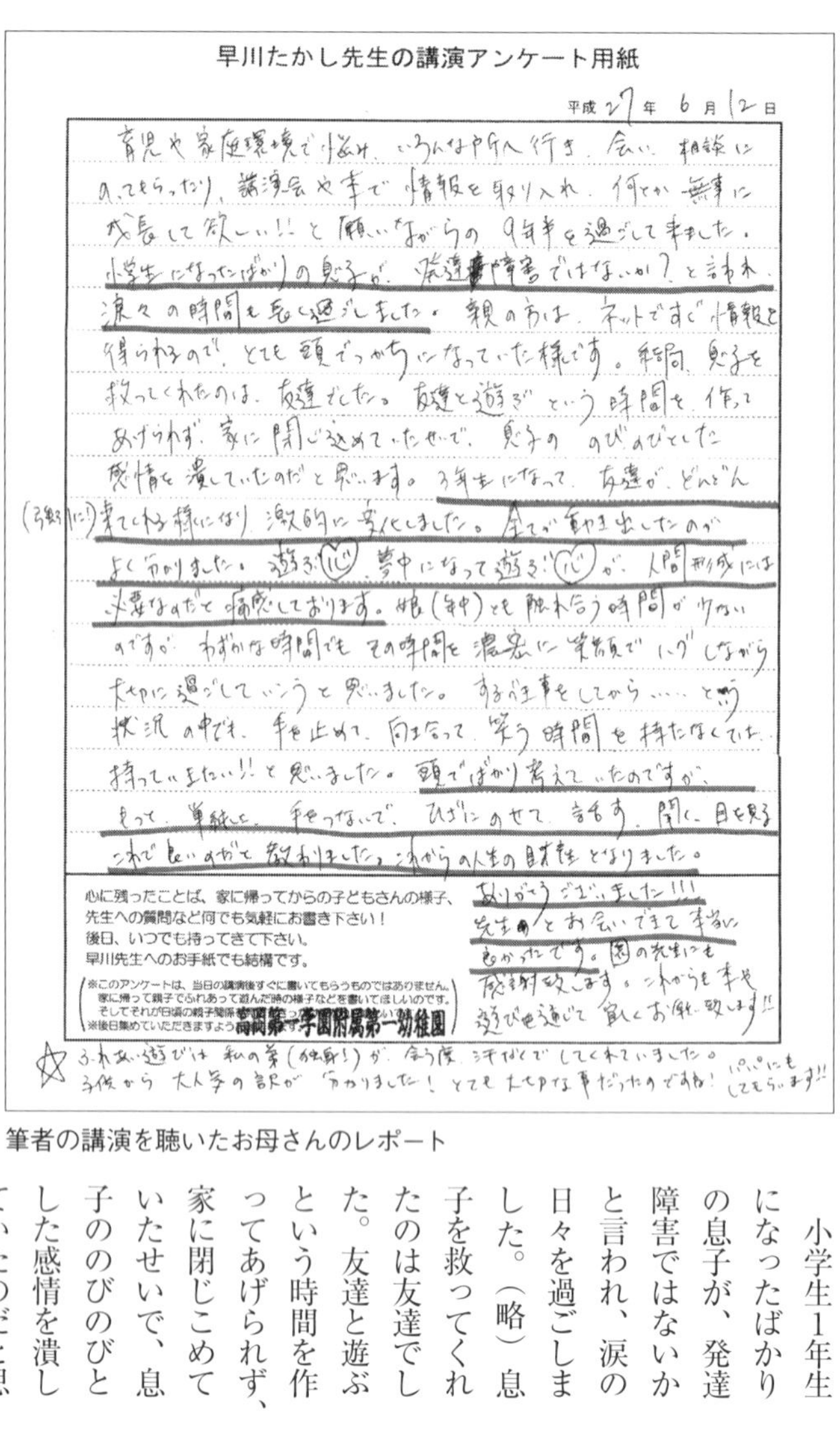

筆者の講演を聴いたお母さんのレポート

しました。それを見て、やっぱり〝一緒に！〟というのは大切なんだなと思いました。今までは、外で遊んでいる時は見ているだけ、アパートに住んでいることもあってなるべく静かにしていないと……と、子どもと遊ぶ機会が少なかったのかなと、思いました。今後は私も楽しく遊べるものを探して、『子どもと一緒に遊ぶ』を増やしていきます。

発達障害ではないかと悩んでいたけれど遊び仲間ができて劇的変化！

小学生1年生になったばかりの息子が、発達障害ではないかと言われ、涙の日々を過ごしました。（略）息子を救ってくれたのは友達でした。友達と遊ぶという時間を作ってあげられず、家に閉じこめていたせいで、息子ののびのびとした感情を潰していたのだと思います。3年生になって、友達がどんどん（強引に？）来てくれるようになり劇的に変化しました。全てが動き出したのがわかりました。夢中になって遊ぶことが、子どもの人間形成にどれだけ大切か、その時気付きました。講演会ではまだまだ育児を頭で考えていたのですが、単純に、手をつないで膝に乗せて話す、聞く、目を見る。これでよいのだと教わりました。これからの財産になりました。

追伸　私の弟（独身）が家に来る度に汗だくで遊んでくれます。

友人の子どもが不登校になって考えたこと

先生のお話を聴いて、あれを試してみたいとか、誰かに話したいと、何人かの子とそのお母さんたちが思い浮かびました。この春入学し、しばらくして学校に行けなくなった子がいます。お母さんたちは目の前の大きな問題に思い悩んで、涙混じりで話しました。自分の息子と同い年で、同じ幼稚園やプールで過ごしてきた子たちです。学校はちがっても他人事とは思えませんし、いつか自分たちも直面するかもしれません。そして、学校へ入学して一番変わったことは何かと考えると、それは、遊び時間が減ったことだと思います。（略）学校の中でも家庭でも遊び時間がなくなっている実態があり、これでは子どもの心の電池がきれて不登校になるのも当然だと思います。

Ⅱ　お母さんたちのレポートから学んだこと

「抱っこ」の効用　家庭で生まれたドラマの豊かさや多様さ

『脳は抱っこで育つ』を著した山口創は、「肌と肌の触れ合いや皮膚を通して感じる刺激こそが、子どもの心や身体の育ちに必要」だと唱えています。私は講演の後半で子どもたちに会場に入ってもらいます。「親子遊びのレッスン」をするためです。その中で人気なのが「赤ちゃん返りのレッスン」です。「親子遊びのレッスンで胸がいっぱいに」にあるように、抱っこが自分の子育ての原点だと思い出し、胸をいっぱいにするお母さん。その文章に私は心打たれるのです。一方、抱っこは子どもにとって必要なだけではなく、子どもを育てる親にとっても、必要なことです。「子どもへの〝怒り〟を鎮めた抱っこ」や「母に抱っこしてもらった記憶がない私が……娘にも」などの記述はまさにそれを私たちに教えてくれています。

「小学校5年生になっても 抱っこが大好き」では「これで30分 充電完了!」という子どもらしいことばとほほえましい親子のふれあい場面のイメージは、圧巻です。心があたたまります。「私の育児のバロメーターは『ぎゅう~、足りてる?』」には、抱っこを大事にしたい賢いお母さんの知恵が読みとれます。

今回の報告にはありませんが、こんなレポートもありました。「私が仕事(保育士)から帰って、疲れた顔をしていると、中一の息子が、『お母さん疲れとるみたいやね』と言って、私をハグしてくれます」。「三点充電」や「バロメーター」で育った子どもは、こんな優しい子どもに育つのかなと思いました。

お母さんへの育児支援は「お父さんが子どもと遊ぶこと」

小学校低学年向けに「作文」「読書」「思考力」「野外体験」を主眼に置いた学習塾「花まる学習会」を設立した高濱正信の調査によると、お母さんがお父さんに求める育児支援の一番目に挙がるのが「子どもと一緒に遊ぶ」だそうです。「お父さんが変わった」や「主人が中級の皿が回せた」や「父と娘は抱き合って喜ぶ」には、そのお父さんの姿にお母さんが喜んでいます。「子どもがお父さんと遊ぶのが楽しい!と言って、私と遊んでくれません」という文章にも、お母さんの喜ぶ気持ちが表れています。

「一緒に遊ぶ」ことが「発達障害」支援

「わが子が発達障害ではないか」ということが、多くの親御さんたちの心配事です。

「できないとかんしゃくを起こす息子が」「子どもと『一緒に』が大切なことに気付きました」や「発達障害ではないかと悩んでいたけれど遊び仲間ができて劇的変化!」には、一緒に遊ぶことで、発達に課題を抱える子どもたちへのケアの可能性を見出すことができます。子どもが皿回し遊びをしている様子を2時間もじっと見守るお母さんはすごいです。隣のブランコに乗って一緒に揺れてみようと思い、一緒に遊んだお母さんも素敵です。悩みながら、わが子の育ちから多くの気付きができたお母さんはとても賢い人です。

「友人の子どもが不登校になって考えたこと」には、自分の子育てだけでなく、他の家庭の子どもの問題まで考えることのできるお母さんがいることに驚きました。

お母さんたちのレポートは私にとって宝物です。これらのレポートはほんの一部に過ぎません。お母さんたちはちょっとした「きっかけ」(支援)さえあれば、こんなにも素敵な、多くの子育て世代をも感動させる「子育てエッセイ」が書けるのです。もしかしたら、「子育て理論」をも生み出せる可能性があるかもしれません。

参考文献

・滝川一廣『子どものための精神医学』医学書院 2017
・サイ・モンゴメリー著 杉本詠美訳『テンプル・グランディン 自閉症を生きる』汐文社 2015
・小林隆司『あまのじゃくと精神療法――「甘え」理論と関係の病理』弘文堂 2015
・渡辺久子『抱きしめてあげて――育てなおしの子育て』太陽出版 1988
・高濱正伸『子どもを伸ばす父親、ダメにする父親』角川学芸出版 2013
・山口創『子どもの「脳」は肌にある』光文社 2004
・岡田尊司『発達障害と呼ばないで』幻冬社 2012

『子育て支援と心理臨床』では
皆様からのご意見、ご感想、リクエストをお待ちしています。

◉本誌のご感想

本誌を読んでのご意見やご感想等がありましたら、お寄せください。参考にさせていただきます。

◉リクエスト

特集や特別企画などで取り上げてほしいテーマ、又は、今後、このような内容を取り上げてほしい等のご要望がありましたら、お寄せください。参考にさせていただきます。

◉送付方法

原　稿　原稿は500字以内で、巻末のコミュニケーションシートにお書きください。
送付方法　お名前（匿名希望の場合は○をつけてください）、職業、年齢、性別、連絡先をご記入のうえ、下記宛てでファックスにてお送りください。メールでの投稿は受け付けておりません。
送り先　福村出版編集部『子育て支援と心理臨床』係　FAX 03-5812-9776

全国子育て支援ひろば MAP

子育て中の親子の交流を促進する、全国の子育て支援ひろばを紹介します。

奥山千鶴子（NPO法人子育てひろば全国連絡協議会理事長）

宮城

NPO法人

ベビースマイル石巻

マタニティから未就園児親子の子育て支援として石巻市で活動。「地域子育て支援事業」「利用者支援事業」を中心に「父子手帖作成事業」や、親子で中学校へ訪問し交流する「親になるための教育事業」を市より受託し、行政、医療、企業、団体、個人など多様な連携を作りながら子育てを主体的に楽しめる環境作りを行っています。

２０１１年東日本大震災、石巻は大地震と大津波の被害を広域に受けました。生死を分けた経験は多くの方の人生を変えました。地域が暗く沈む中でも、新しい命が産まれ、子どもたちは育ち、このことこそが地域の希望、また歩みだす力であるとまぶしく思えました。「命を大切に。子どもの笑顔いっぱいのまちづくり」は当団体のスローガンです。

震災当時、私たちは妊婦や乳幼児を子育て真っ最中でした。おむつやミルク、お水など、赤ちゃんに必要なものがなかなか手に入らず、特化した情報もありませんでした。少し後になって、子育てサークルや子ども会などの子どもや子育てが外部から形が見えるところへは直接物資や情報が届いていることを知りました。団体や、場所の必要性を感じました。

また、震災によってご近所さんとの日ごろの関係の大切さも学びました。妊婦や子どもが赤ちゃんの頃は家に閉じこもりがちの生活になることや、現在では近所付き合い自体が減っている中で、子育ては地域から孤立してしまっていることを感じている中で震災があり、みんなで支え合ったことで地域力の必要性を感じました。

石巻はもう元に戻らないのではないか。そんな不安な中でしたが、「何か自分たちにできることはないか」「子どもたちが安心して過ごせる場所、ママたちがおしゃべりできてホッとする場所なら自分たちで作ることができるのでは」という想いから、道路はまだボコボコ、土埃で空気が茶色い中、乳幼児を抱えて集まったことが活動の始まりでした。

私たちは、この大きなダメージを受けた地域の中で、子どもを産み、育てることができる、地域が元気になる鍵を握っている、という感覚がありました。だからこそ、子育てしやすいまちにしたい。そのためにはたくさん

マタニティ子育てひろばスマイル（石巻市蛇田）

ひろばで過ごす子どもたち

のママたちとつながって「子育てはここにあり！」と声を大きくして混乱の中の復興へ届けていきたい！　とつながりをどんどん広げていきました。子育ての居場所や情報はみんなが必要としていました。一気につながりは広がっていきました。そして、２０１２年４月私たちはさらに地域に根付いた活動をとNPO法人を設立しました。

はじめは場所を借りて2時間の子育てサロンやイベントを行っていました。震災で使える場所も限られていましたが、少しずつ増えるに従って、サロンやイベントも月に15回実施するまでとなりました。私たちは震災のケアも活動の内容に掲げていましたが、内容は子どもと楽しい時間を過ごしたり、ママが子育てについて学んだりなど。特別なことはしていないけれど、その日参加することを楽しみに過ごす、それこそが心のケアになっていました。

２０１５年子育て新制度。これまでの活動を信頼していただき、地域子育て支援拠点事業を受託。マタニティ・子育てひろば「スマイル」の運営に至っています。

いつでも来ることができて温かく迎えてくれる場所、そして帰りも温かく送り出してくれるホッとできる場所。ちょっとおせっかいなスタッフたち。毎日15～20組の親子が来所し、過ごしています。初めて赤ちゃんと外出する機会にもなる0才講座が人気で、子育てママの防災についてもプログラムに盛り込んでいます。悩みや辛さも生きているからこそ。命を育てているのだ。今この時の自分とわが子に根本的な肯定感をもち、その日の出会いを大切にして絆をつなげていくことを、プログラム全体を通してお伝えしています。

現在、石巻では仮設住宅の集約がはじまり移転先の新しいコミュニティでまた孤立した子育て環境になっている方もおります。当団体で利用者支援事業を受託し、「スマイル」で拾ったつぶやきや困りごとを相談につなげ見守る機能が強化されました。震災から7年。子育てひろばで何気なく話している当時者の声が、確実に地域を変え子育て環境は充実してきました。これからも当時者目線を大切に、地域と共に楽しんでいきます。

荒木裕美（NPO法人ベビースマイル石巻代表理事・児童館「石巻市子どもセンターらいつ」館長）

ベビーマッサージの様子

イベント「作ってあそぼ」の様子

NPO法人

せたがや子育てネット

2001年に区内の団体や支援者のネットワーク「ママパパぶりっじ」を設立。子どもと大人、個と社会それぞれが多様性を認め合い、すべての子どもと親が生き生きと心豊かに暮らせるコミュニティの形成に寄与することを目的に、2004年法人格を取得、区内子ども子育て活動の中間支援を目指しています。世田谷区の地域子育て支援拠点を3か所運営し、2つの利用者支援事業（基本型）を受託しています。（2018年4月現在）

年間8000人生まれる街だからこそ

世田谷区は人口90万人と、大きな自治体です。ゆえに、それぞれの地域が協働することが求められています。ネットワークはそれぞれの活動を知り、つながり、活動を高め合いたいという必要性から生まれました。支援される側と支援する側を分けず、循環していくこと。「たとえ過ごす場所がそれぞれ違っても、同じ地域で子育てする仲間だよ。おたがいさまの気持ちで助け合おう」と呼びかけています。「こんな居場所があったらいいな」を具体化するために地域子育て支援拠点事業を自ら運営もしつつ、区内の空白地に、その地域の団体と協力して拠点をつくっていきます。また、「なんでもないときからつながっている」ところからうまれる身近な相談を受け止めていきたいと、利用者支援事業を受託しました。

「産前産後のセルフケア講座」は、区直営の児童館25館を2回ずつ、年間50回巡回します。妊婦さんと産後の方が一緒に講座を受けることで、出産前から「赤ちゃんと過ごす」体験もできる人気講座です。妊娠期から地域の居場所につながり、いずれは子どもが大きくなった時に支える大人として出入りしてもらいたいという意図もあります。

セルフケアチラシ

私にも役割がある

２０１３年の年末に、区内で活動する団体の代表や子どもを支援する若手のワーカーなどが集まって、「フューチャーセッション」を行いました。「こんな子どもたちと関わっている！」「地域で子どもが育つ大切さ」など、熱く語られました。これを皮切りに「区民版子ども・子育て会議」が発足。区の正式な「子ども・子育て会議」の裏バージョンとして年11回開催しました。区の計画の目指す姿が「子どもの生きる力をはぐくむ」から、ワークショップでだされたキーワードを元に、「こどもがわくわく・いきいき育つまち」と変更されたことが成功体験となりました。以降、年6回程度開催しています。テーマは「外遊び」「妊娠期からの切れ目のない支援」「若者の居場所」「新制度ではじまる利用者支援をわがまちではどのようにやっていくか」「保育の質の担保は」「働き方改革」「乳幼児家庭の防災」など多岐にわたりました。時には、行政の担当部署からの持ち込み企画もあります。この会議体からさまざまな取り組みが生まれました。

多世代の夕食会「ろかめし」

あたたかい目と手と、仲間が、ここには、あります

京王線芦花公園駅近くの団地内にて、UR都市機構との協働事業で世田谷区の「おでかけひろばぷりっじ@ｒｏｋａ」を運営しています。ちいさなひろばにかかわらず毎日たくさんの親子が集まります。ひろばの中ではのんびりとおしゃべりしながら子どもたちの遊びを見守ります。少し歩けるようになった子どもたちの活動量にあわせて、「ちょっと大きめさんの会」が始まりました。毎週ひたすら公園であそびます。月に1度はプレーパークまで遠征し、かまどで火をおこして、すいとんや、焼きいもなどを体験しています。決まった曜日以外でも、出会った親子が連れ立って外遊びする姿がよく見られるようになりました。他にも療育に通っている子がいる家族のためのおしゃべりカフェ、ふたご、多胎児の家族のためのビーンズカフェなど、ピアサポートの場、あやしかたや語りかけ、赤ちゃんの発達のみちすじをみんなで学ぶ場など、折々に声をかたちにしてきました。

「ゆるりはーとタイム」では臨床心理士の久野美智子さんが月に1回、相談の場をひらいてくれています。電話や来所での事前予約も可能、当日ふらりと相談することもできます。他愛もないつぶやきや今の気持ちを語ってみることで、驚くほど肩の荷がおりることがあります。臨床心理士さんの存在は、スタッフの支えにもなっています。

身近で、「場」があたたかく、いつでも応えてくれること。子育てをはじめるすべての家庭にすべからく保障されるべきだと考えます。また、その営みが街にもあふれだして、街全体が子ども・子育てにあたたかいまなざしであることを目指し、取り組みはまだまだ続きます。

松田妙子（ＮＰＯ法人せたがや子育てネット代表理事）

地域子育て支援センターぐりぐらひろば(いの町立)

いの町は高知市西隣に位置し、人口約2万3千500人、年間出生数は約110人前後の小さな町です。ぐりぐらひろばは、子どもたちの健やかな成長を支援するとともに、子育て中の保護者や家族を見守り、地域ぐるみで子育てを支援する基盤や環境を作ることを目的としています。保育士や相談員、子育てソーシャルワーカーが配置され、子育て支援に関する様々な活動に取り組んでいます。

活動の紹介――地域の方の力添えをいただきながら

日常的な遊びや生活のほか、散歩や水遊び、七夕やクリスマスの集いなど、季節を感じられる行事を実施します。妊婦から就園前親子対象の講座は、小児科医や助産師、救急救命士、栄養士や食生活改善推進員、地域の方などを講師に迎えベビーマッサージやヨガ、食育、救急法、リース作りや読み聞かせなど、体験を通して気づきや学びが得られる機会になっています。参加者の心の負担の軽減を願い、座談会形式を取り入れ育児や生活の戸惑いや不安、悩みを出し合い、講師への個別相談もできるよう配慮します。

また、地域の方に育児支援員として講座中の子どもの見守り体制への協力をお願いしています。直接的な関わりを通して、地域の方と保護者が子どもたちの成長を喜び合う良好な関係が見られます。

講座に集中し、一時的に育児や家事を忘れリラックスすることで、「来た時よりも帰る時が、子どもを可愛いと思える」という母親の声も聞かれます。

保護者による自主的・主体的なサークル活動も展開され、ひろば内外で支え合いの子育てが見られる姿は、いの町の宝物です。

次世代の親の育成につながればと願い、中学生ふれあい体験や学生のボランティア活動、実習、卒業研究などを受け入れ、乳幼児期の子どもや子育て、子育て支援にふれる機会を提供します。一方、ひろばの設置場所『総合健康センター』を利用される高齢者との出会いや交流の機会にも恵まれ、地域のささやかなコミュニティの場にもなっています。

ぐりぐらひろばの寄り添う支援

親子にとって居心地の良い場所となるよう、ひろばの環境設定に配慮し、出迎えや見送り、職員からのさりげない関わりで不安や緊張の緩和に努めます。親子一人一人の気持ちに寄り添うために、心が響き合う間主観的な関わりと信頼関係を基盤に、温かく包み込むようなホッとする雰囲気を何よりも大切にします。何気ない日常会話からの相談対応や、継続的な見守りから、職員は親子に対する信頼や理解を深めるとともに、愚痴の受け皿や駆け込み寺になりたいとの思いを深めます。

安心して過ごせる居場所あってこそ、保護者から「手伝って、助けて。」と打ち明けてもらい、親子の気持ちや実情に沿った支援につながると考えています。

連携体制による妊娠期からの切れ目のない子育て支援～予防的な支援～

「子どもと二人でいると煮詰まってしまう」「大泣きされると、思わず口を塞ぎそうになる」など、母親の困り感が伝わります。ぐりぐらひろばでは、2016年度から町教委と行政による施策〝子どもをはじめとする一人

いつものひろば――陽だまりの中で

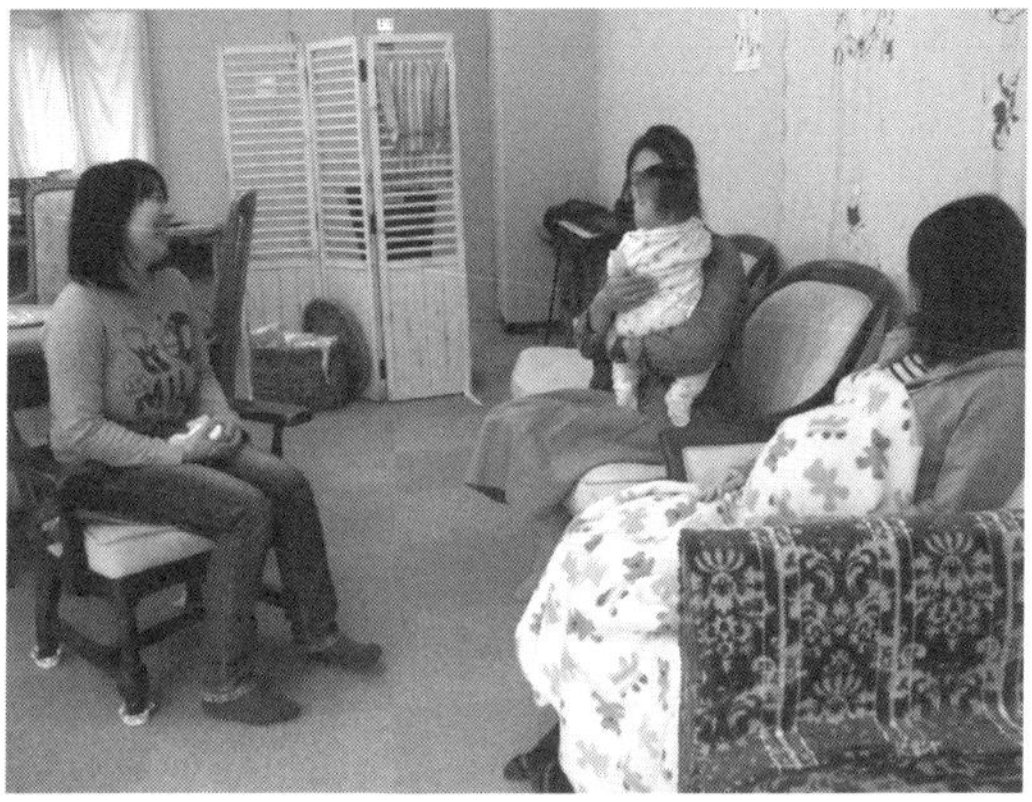
産前産後のママが憩うプレママほっとルーム

保護者会いちごサークル活動――夏祭

食育講座――絵本と食のコラボレーション

一人の自尊感情を高める取組〃の一環で、子育ての孤立化を防ぎ妊娠期からの安心な子育てを支えるため、『プレママほっとルーム』を開設しました。産前産後の母子が気軽に集いほっとする憩いの場で、育児仲間との出会いや交流を図ります。妊娠期の不安を軽減し育児中の母の心身を癒すことで、日々の生活や育児に意欲がもてるような支えを心がけています。

また、ほけん福祉課による乳幼児健診や育児相談、マタニティ教室に参加し、定例会や関係機関とのケース会で情報共有や親子支援のための検討を行います。今後は中山間地域への出張ひろばや連携体制による家庭訪問など、ひろばから出向いての予防的な支援が求められます。

畠山あゆみ（いの町地域子育て支援センターぐりぐらひろば　保育士）

14 嗅覚（におい）と子どもの表現

奥 美佐子

1 防虫剤のにおいがする

クリスマスが近い日、保育室の一室で子どもたちがクリスマスリースを作っていました。アトリエのように広い場所と、机の上には樅ノ木の小枝、まつぼっくり、赤や茶色の実など、飾る素材が整理されて置かれています。部屋へはいると子どもたちが熱心に作っている手元に目が行くと同時に、樅ノ木から香ってくる独特の匂いが部屋の雰囲気を包んでいることに気付きます。爽やかな、少し刺激的な匂いでした。

アトリエから出て廊下を歩いていると、4歳児の男児が園庭から戻ってきて、「防虫剤の匂いがする」といって通り過ぎていきました。「防虫剤?」と園の保育者に聞き返すと、以前園児たちと防虫剤を精製した経験があったというのです。子どもたちは日常のにおいを経験していますが、発語として聴けるのは食べ物のにおい、お風呂のにおい、ウンチのにおいなど、特別な経験はにおいの記憶として鮮明に残っているのですね。

2 においが覚えている

美術はビジュアルな要素が強い表現活動ですが、五感の働きは人の感性の働きにつながり、表現や構想の要因の一つにもなりますので、乳幼児の造形活動では五感に働きかける素材体験を重視しています。0、1、2歳児の「ものとのかかわり」では五感の中でも感触的なかかわりを扱うことが多く、3歳以上においても嗅覚を特別に意識した造形活動は少ないと思われます。

筆者は森林や木材のにおいの中に入ると、木場（原木を積み上げたり製材した木材を立てかけたりして保管する空間）で楽しんだ幼少期の遊びが思い出されます。このように特定のにおいを嗅ぐと、ある場面が浮かんだり記憶が蘇ったりすることはありませんか。この現象を精神医学では「プルースト現象」と呼びます。小学校中学年を対象とした実践では、描くモチィーフを触覚的に確認したグループと嗅覚を使って確認したグループとでは、描画に相違が出て、感触よりも嗅覚からのイメージは、過去経験と強くリンクしているという研究結果が報告されています。嗅覚が造形表現のイメージ形成に強く作用していることがあると思われます。

3 おかあさんのにおい

嗅覚は人の発達の中でどの時点から敏感に働くのでしょうか。赤ちゃんの嗅覚は、生まれた時点では大人と同じくらい鋭いといわれています。嗅覚は味覚と同じように危険を察知する大切な感覚であり、母乳を嗅ぎ分けるためにもとても重要だからです。0歳児にとって母乳のにおいがおかあさんのにおいを代表するものです。たぶんこのにおいはずっと子どもの中に記憶されていくものだと思われます。

ある時、5歳児を対象におかあさんのにおいを色で表現して欲しいという提案を試みました。おかあさんのにおいの色は、赤系からオレンジ、濃いピンクにかけての暖色系等でまとまっていたのが印象的でした。

4　自然の中でにおいを探す　橙のにおい（においに敏感）

2歳児クラスの保育者がお散歩に行くたびに、金木犀のにおい、草のにおいなど道で出会うにおいを子どもに気付かせていたことがありました。初夏にお散歩の途中で「いいにおいがする」というので、見上げてみると橙の小さな花がたくさん咲いていたのです。「橙の香りに気が付いた」と保育者は感動していました。子どもの気付きは保育者の気付きでもあるのですね。

そこで、保育士・幼稚園教諭を目指す学生にも嗅覚と表現の体験を目的に、筆者のゼミで次のような実践をしていますので、紹介します。

手続き1．学内の自然を採集しに行こう（1グループ3種類以上）

手続き2．すり鉢で擂って匂いを嗅いでみよう

手続き3．描画で表現しよう

手続き4．文字で記録しよう

結果は、「草や葉っぱ、枯葉より、苔が一番臭い」「渋柿は、香りは甘いけれど、渋は強烈」静止を振り切って舐めてみた学生の実感でした。（写真1、2）

「臭い」はよくないにおい、「匂い」「香り」はよいにおいを表します。環境にいる大人が興味・関心を持っていなければ、子どもに伝わる環境は創れません。においに興味を持つとともに、嗅覚が造形表現のイメージ形成に強く作用していることを覚えて、表現と向き合っていくことも必要でしょう。

写真１　すり鉢で擂ったところ

写真２　描画材を選択してにおいを描く

奥　美佐子（おく・みさこ）——京都市に生まれる。京都市立芸術大学美術専攻科修了。現在、神戸松蔭女子学院大学子ども発達学科教授。保育現場における実践を重視した研究を継続し、保育者研修にも携わる。乳幼児の造形活動を対象にした「描画における子ども間の模倣」で2004年日本保育学会研究奨励賞を受賞。現在「子どもの表現における色と音の交感」についての研究を継続中。【主な著書】『0・1・2歳児の造形あそび』（ひかりのくに　2016）『3・4・5歳児の造形あそび』ひかりのくに　2017）『新・保育実践を支える　表現』（福村出版　2018）など。

『いいから　いいから』

瀬川未佳

作／長谷川義文
絵本館／2006
定価1200円＋税

絵本の分類の仕方はいろいろありますが、先日、200冊近い我が家の絵本を整理していて「子どもが好きな絵本」「親の私が好きな絵本」「親子ともに好きな絵本」という分け方もあるなと思いました。

振り返ってみれば、「これは気に入るだろう！」と意気込んで買ってきても子どもの反応が薄かった絵本もあるし、「え？　この絵本のどこがおもしろいの？」と言いたくなる絵本を何度も読まされたこともあります。それはそれで良くて「親子でも、好みってここまで違うのね」とか「名作と言われる絵本でも、万人が好きになる訳じゃないのよね」と感じ入るいい機会でしたが、やはり「親子ともに好きな絵本」が見つかるとうれしいものです。そして、その絵本がシリーズものだともっとうれしい。揃えていく楽しさがあるからです。

今回、ご紹介する「いいから　いいから」もシリーズで4冊出ており、親子ともに好きな絵本です。

「いいから　いいから」は、主人公のおじいちゃんのセリフです。おじいちゃんは、息子夫婦と孫（男の子）の4人で、一軒家に暮らしています。その日常に、珍客（1冊目がカミナリ、2冊目がおばけ、3冊目が貧乏神、4冊目が落ちこぼれの忍者）が舞い込むのですが、誰が来ても「いいから　いいから」。どうぞどうぞと家に招き入れ、一緒に過ごす中で何が起きても、これまた「いいからいいから」なのです。

カミナリ親子がやってきて、おへそを取られても「いいから　いいから」。

孫と温泉旅行で泊まった宿で、おばけが出ても「いいから　いいから」。遠路はるばる出て下さったと、温泉やビールを勧めます。

貧乏神がやってきて、本当に貧乏になっても「いいから　いいから」。落ちこぼれの忍者に手裏剣の的にされても「いいから　いいから」。（ちなみに手裏剣はあたりません。そこは落ちこぼれ忍者なので。）

さすがに、絵本のなかのお孫さんも、読み聞かせをきいていた娘も、時に「よくないよー」と突っ込んでいましたが、とにかく、何事も目くじら立てずに、受け入れていくのです。

そして、そこにまったく無理がない！

受け入れていくというより、起こったできごとにすべて乗っていくという表現があっているかもしれません。結局、おじいさんも家族もどこか楽しんでいるのです。

◆読んでいて気持ちがいい絵本

我が子はきっと、ユーモアあふれるこの展開が好きなのでしょうが、読み手の私は、とにかく読んでいて気持ちがいいのも、好きな理由です。

この絵本を読むときだけは、小さな声では読めません。どうしても、おじいちゃん口調になりきって、必要以上に大きな声で、感情をこめて言ってしまうのです。

「いいから　いいから」

途中からは、気分が乗ってきてジェスチャーつきになります。首を横に振りながら

「いいから　いいから」

すると、なんだか本当に「いいから　いいから」な気分になっていくのです。終わらない家事に対しても「いいから　いいから」。早く寝かしつけて仕事せねばと焦る自分にさえも「いいから　いいから」。無理なく、ゆるんでいく感じ。何かにあらがうのが馬鹿馬鹿しくなっていく感じが、とてつもなく心地よいのです。

この本を読んだ友人が「おじいちゃんたち、みんなこんなおじいちゃんだったら、この日本は明るくなるねぇ」とつぶやいていました。確かに。みんなじゃなくてもいいから、自分の身の回りに、ひとりいてくれたら楽だろうな。子どもの泣き声も、びっくりするようないたずらも、「いいから　いいから」。そんなことを思いながら、子どもの育つ環境が、いかに子どもにとって生きづらいかに思いを馳せました。公園でボール遊びは禁止され、道で遊んでいたら危ないと言われ、群れて騒いでいたらうるさいと言われ。私たち大人が、あたり前にしていたことを、当たり前にできない。その中で、育つはずの力を育てられない。それは大人の責任であり、親としても臨床心理士としても、放置せず動いていきたいと改めて思いました。

◆いいから　いいからの言葉の力

気がつけば、我が子も絶妙なタイミングで、「いいから　いいから」を使うようになっていました。

先日、家電を同時に使い過ぎてブレーカーが落ちて、部屋が真っ暗に。早く戻さなきゃと焦っていると、娘が「いいから　いいから」。私もふ〜っと力が抜けて、「いいから　いいから」。しばし、真っ暗を楽しんだのでした。

絵本を通して、ぜひこのおじいちゃんに会ってみてください。そして、つぶやいてください「いいから　いいから」。なかなかパワフルな言葉です。

瀬川未佳（せがわ・みか）――臨床心理士。武蔵大学非常勤講師。江東区東陽子ども家庭支援センター「みずべ」家族問題専門相談員兼スーパーバイザー。アライアント国際大学カリフォルニア臨床心理大学院卒。専門は“家族と子ども”。子育て支援における“子育てひろば”と“心理臨床”の連携に関心があり、子育て支援者や保育者の研修も積極的におこなっている。元絵本編集者で、現在も絵本編集オブザーバーとして編集企画に携わっている。1児の母。

心理臨床家のあなたへ
——ケアをするということ

・皆藤　章（編著・訳）
・福村出版／２０１８
・本体２４００円＋税
・A５判　並製　１７６頁

「青年期を生きるある女性が心理臨床の場にやって来た。体ごと苦しげな空気感を漂わせている。寡黙でほとんど語らないその女性は、自身の出生が受け容れられずにいた。自分がどうしてこの家系に生まれてこなければならなかったのか。それがわからなかったのである。（中略）このひとは、自身の「生きる」を身体から切り離して、身体を自分とは別物であるとして生きていこうとしていた。そうした〈生きる〉は〈死〉に近い距離にある。（中略）心理臨床の場を訪れるひとの、そうした体験の語りを受けとめる感性。当時のわたしにはそれがなかった。いったい、そうした感性が磨かれるには、心理臨床家に何が必要なのだろうか」。

本書は、静謐な文章からなる心理療法家としての著者の40年の集大成ともいえる著作です。公認心理士という新しい国家資格が動き出すいま、他者であるクライエントの心の悩みに向き合うこと、また、患者が心理臨床家に悩みを打明けるということの意味と奥深さを知ることが、心理臨床の専門性を身に付けることに通じるのではないでしょうか。

公認心理師の基礎と実践 1〜3巻【全23巻】

・野島一彦、繁桝算男（監修）
・遠見書房／２０１８
・１巻本体２０００円＋税、２・３巻本体２４００円＋税
・A５判　並製　１９２頁

国家資格「公認心理師」の試験が今年の9月から始まる。大学での養成も、今年度4月に入学した大学生からスタートしている。これに合わせて、養成用のテキストシリーズが刊行した。野島一彦（九州大学名誉教授、跡見学園女子大学）・繁桝算男（東京大学名誉教授、慶応義塾大学）監修『公認心理師の基礎と実践』（全23巻）だ。まずはそのうちの1巻『公認心理師の職責』（野島編）、2巻『心理学概論』（繁桝編）、3巻『臨床心理学概論』（野島・岡村達也（文教大学）編）が刊行された。

大学の養成カリキュラムに沿った内容であり、試験対策本ではないが、1巻「職責」は他に類書もなく、関心のある方ならば読むべき本になっている。2巻の「心理学概論」は手堅い基礎系心理学のテキストだが、養成を見据えて、臨床との関係を常に念頭に置いた編集である。また、3巻のアメリカ心理学会のテキストシリーズの考えを踏襲し、そこに日本の心理臨床文化に合わせた内容になっている。同じようにアメリカ心理学会の考えは、公認心理師試験のブループリントにも反映されているように思われ、その点も興味深い。

情動学シリーズ8
情動とトラウマ
——制御の仕組みと治療・対応

・奥山眞紀子、三村 將（編）
・朝倉書店／2017
・本体3700円＋税
・A5判 並製 244頁

根源的な問題であるトラウマに伴う情動変化について、そのメカニズムを明らかにし、症状とその関係を提示するとともに、治療や予防に関してトラウマ体験の深刻さとその対処法を平易に解説する。臨床・教育現場関係者、待望の書。〔内容〕単回性・複雑性トラウマ／児童思春期（虐待、愛着形成、親子関係、非行・犯罪、発達障害）／成人期（性被害、適応障害、自傷・自殺、犯罪、薬物療法）

別冊発達33
家族・働き方・社会を変える父親への子育て支援
——少子化対策の切り札

・小崎恭弘、田辺昌吾、松本しのぶ（編著）
・ミネルヴァ書房／2017
・本体2600円＋税
・B5判 並製 227頁

「育児をしない男を、父とは呼ばない」から「イクメン」まで、10年あまりの間に父親を巡る状況は大きく変化し、男性が育児に参加するのはあたりまえのこととなった。しかし一方で、母親たちの子育ての実態は「ワンオペ育児」といわれている。
本書では、端緒についたばかりの父親への子育て支援について、最先端の研究結果と全国からの事例を紹介し、その全体像にせまる。

誰もが知りたいADHDの疑問に答える本

・ステファン・P・ヒンショー、キャサリン・エリソン（著）石坂好樹、林 建郎（訳）
・星和書店／2018
・本体1800円＋税
・四六判 並製 328頁

ADHDを理解するために重要な科学的な基礎理論を紹介するだけでなく、最新の医学的情報も満載である。特定の学説や治療法に偏らずに、それらを公平に、わかりやすく解説する。誰もが聞きたいADHDにまつわる疑問にやさしく答えるスタイルで書かれているため、読みやすく、わかりやすい。ADHDのことを知りたい、すべての人のために。

「超高齢社会の子どもたち」へ(5)
学習指導要領改訂

◉

工藤由貴子
(日本女子大学大学院家政学研究科客員教授)

はじめに——新しい学びのかたちの導入

昨年3月、次期学習指導要領が告示され、小学生は2020年から、中学生は移行期間を経て2021年から新しい学習指導要領のもとで勉強することになりました。今回の改訂では、子ども一人ひとりの豊かな学びの実現に向けて、いくつかの新しいコンセプトが入りました。単なる知識・技能の習得ではなく、実際の社会において活用できる「資質・能力を育成」すること、子ども自らが能動的に行う探究のプロセスを大切にした「主体的・対話的で深い学び」の導入です。

日本の子どもたちの、学びを自分の生活の中に生かしていく力の欠如については、これまでも様々なところで指摘されており、そうした課題への対応として、ここ数年「自ら主体的に学ぶこと」の具現化が模索されてきました。今回の改訂はその成果を一つのかたちにしたものといえるでしょう。

これによって、学校側でも、これまでの「教育」の見直しを迫られているということになります。これまでのように知識を教え、技能を身につけさせることから、課題解決の授業をつくっていくことが求められています。生活をみわたし、その中から問題状況を把握し、課題を設定し、解決方法を考え、実際にそれを行い、人生に生かしていく、という一連の学びのプロセスすべてを教育の中で展開することが要求されているともいえます。

そして、このことに関して私には気がかりなことがあります。

教室での光景から

ここ数年、大学で教えていて、学生の大きな変化に気付きます。私の授業では講義ではなく演習というかたちをとることも多いのですが、学生たちのグループディスカッションや発表がたいへん上手だということです。テーマに関する知識獲得のために情報収集し、それをまとめて発表資料をつくり、それを美しい絵柄や楽しいアニメをつけたパワーポイントにして発表するという一連の作業を実に手際よく、分担して進め、限られた時間の中で、見事なプレゼンテーションをみせてくれる力をつけたという変化です。近年導入されてきた「主体的な学び」の一つの成果といえるかもしれません。

一方で、その一連の学生の対応に私は教師として大きな危惧と不満をもちます。一つには「知識の獲得」の誤解です。彼らは、スマホ等の情報機器を駆使して実に広範囲な情報を素早く収集します。しかし多くの場合、それらを自分の考え方、生活経験に基づいて咀嚼するという段階を経ないまま、収拾した情報をそのまま自分の知識として使います。例えば、女性の就労に伴う課題をテーマにしているグループがあったとしましょう。彼らは、関連するいくつかのキィワード検索をして、政府の公表しているデータ、様々に展開されている支援策についての情報を得ます。この種のテーマは現在の日本のホットトピックなので、話題に事欠きません。データを基に課題を抽出し、それへの対応について論じる一連の流れは、ほとんどの場合、現在までに政府主導で行われている育児支援策、女性に多い非正規労働者の待遇改善策等々について羅列して説明し、結論としては、しかしまだ支援策は十分ではない、より一層の充実が必要だ、というところに落ち着きます。

多くの人が同じ方法論で課題を進めているので、異議を唱える人も少なく、多くの対話は生まれません。ここには、最も重要な「知識の獲得」過程がありませ

ESSAY

気になる周辺の話 ⑮

ん。

　ここでの期待は、教師の発する問いに対して、学生自らの知識と経験を総動員して自分の課題を発見すること、そしてその自ら設定した課題について客観的に現状認識し、自分の意見をもつことですが、学生たちの意識はそこには向かいません。その段階を省いたまま、習熟している作業の進め方に沿ってプレゼンすることに集中していきます。

　二つ目には、全過程の見事な分担の仕方です。この種の学習の目的の1つには異なる意見をもつ人同士の会話、ディスカッション、コミュニケーション、合意の形成という一連のプロセスを経て各自が獲得するものへの期待がありますが、学生たちはその時間を節約し、個々人で作業を分担し、合体させる、それによってグループの合意形成ができたと思い込んでしまうことです。これではあらかじめ完成図が与えられているジグソーパズルをしていることとかわりません。目的を共有していない人たちが、分担したパーツを埋め合わせても全体はできあがりません。意見の異なる人と議論を尽くし、その結果得られる「主体的・対話的で深い学び」の獲得によって、はじめて全体が創り上げられるのだと思います。

「知識を得ること」「知識を使うこと」から「知識の獲得」へ

　リンダ・グラットンの言葉を待つまでもなく、これからの時代を生きていく子どもたちは、人生の決定の基準にしているロールモデルより長い人生を送り、社会の制度が前提にしているより長く生きる人たちです。お手本のない時代に、どうすれば個人家族地域全体の恩恵を最も大きくできるか、そのためにどのような選択をすべきか、いますぐに考えはじめ、新しい行動に踏み出さねばならない人たちです。

　その際、新しい行動に踏み出す一歩、の背中を押してくれるのは、主体的な学びによって獲得した知識を論拠とする自分の意見をもつことだと、私は思います。

　今回示された「資質・能力の育成」「主体的・対話的で深い学び」という新しい学びのかたちを実現させていくには、非常に多くの時間と、教える側・教わる側の目標の共有と熟練が必要です。新しい学びのかたちのもとで問われている「表現力」は、見事なプレゼンを行うことではなく、確固とした論拠をもった自分の意見をもつこと、それが対話的であるようにプレゼンをする力だと思います。これから拓ける新しい光景に期待します。

工藤由貴子（くどう・ゆきこ）――日本女子大学大学院家政学研究科客員教授。お茶の水女子大学大学院家政学研究科修了。千葉大学大学院社会文化科学研究科博士後期課程単位取得満期退学。家政学修士。国際長寿センター主任研究員、文部科学省、横浜国立大学教授などを経て現職。研究領域は家政学、生活経営学、老年学。**【主な著書】**『老年学――高齢社会の新しい扉を開く』（角川学芸出版　2006）、『老人と子ども統合ケア――新しい高齢者ケアの姿を求めて』（共著／中央法規　2000）、『少子化社会の家族と福祉』（共著／ミネルヴァ書房　2004）、『暮らしをつくりかえる生活経営力』（執筆分担／朝倉書店　2010）など。

編集後記

　特集では、子育て支援のなかでも発達障害に焦点を当て、その支援に関わる多くの専門職について紹介しながら、臨床心理士との連携を考えてみました。他職種の実践活動を通して、逆に臨床心理士の役割や立ち位置が浮かび上がってきたようにも思います。関係を作ること、繋ぐこと、そして寄り添い、支えること。

　関係を繋いでいくには、繋ぐ相手（連携機関）についてよく知ること、そして相互の信頼関係を作っていくことが求められます。本特集がそのための足がかりとなれたら、と願います。

　今回はおもに乳幼児期から児童期前半までが中心となり、思春期・青年期以降についてはあまり触れられませんでした。しかし高齢化社会を迎え、成人の発達障害の子どもを抱える高齢者の親をどう支援していくかは、これからの大きな課題となるのではないでしょうか。このテーマについては新たに機会を設け、議論してみたいと思います。

（特集責任編集者　菅野信夫）

　本誌の目標は、①子育て支援の様々な専門家が、支援の時に必要となる、身近な心理的支援の知識や専門的なアイディアを提供すること、②子育て支援に関わる様々な人たちが、自分とは異なる視点からの子育て支援や課題を考える機会を提供すること、です。

　いざ実践が始まると、誰もが目の前の支援を行うことに精一杯。多分野協働と言いながら、実態は、まさにタコつぼの中。専門性が高ければ高いほど、そうなりがちではないでしょうか。支援者が孤立すれば、結局のところ、質の良い子育て支援をできなくなってしまいます。

　だからこそ、本誌は、自分と異なる専門家のとらえる子育て支援を知る機会を提供していくことを三番目の大事な目標と考えるようになりました。

　おかげさまで第15号も、心理職はもとより、保育者、教師、医師、子育ての当事者、行政と、多彩な視点から優れた論考が集まり、大変充実した内容となりました。

　関係者の皆様に、厚く御礼申し上げます。

（編集長　青木紀久代）

次号予告　2018年10月発売予定

子育て支援と心理臨床 vol. 16

特　集

思春期の子育て支援①

若者支援の現場

子育て支援講座

離婚・再婚家庭を巡って

子育て支援最前線

ほか

※諸事情により企画が変更になる場合もあります。

子育て支援と心理臨床　vol.15

2018年6月10日　第1刷発行

監　修　子育て支援合同委員会
（公益財団法人日本臨床心理士資格認定協会
一般社団法人日本臨床心理士会
一般社団法人日本心理臨床学会）

編　集　『子育て支援と心理臨床』編集委員会
（青木紀久代・亀口憲治・菅野信夫・髙橋幸市・
滝口俊子・馬場禮子・繁多進・平野直己・
深津千賀子・吉川眞理・吉田弘道）

発行者　宮下基幸

発行所　福村出版株式会社
〒113-0034
東京都文京区湯島2丁目14番11号
TEL　03-5812-9702
FAX　03-5812-9705
https://www.fukumura.co.jp

表紙・本文デザイン　公和図書株式会社デザイン室

表紙写真　奥 美佐子（協力園：京都市共栄保育園）

印刷・製本　シナノ印刷株式会社

Printed in Japan　ISBN 978-4-571-24546-6　C3011

『子育て支援と心理臨床』定期購読申込みシート

FAX 03(5812)9705

FAX送信方向

『子育て支援と心理臨床』定期購読のご案内

『子育て支援と心理臨床』は年 2 回発行です。定価（本体 1,700 円＋税）

◉ 定期購読のお申込みはお近くの書店へ

定期配本になりますので毎号刊行と同時に受取れます。

送料不要、いつからでも開始でき、いつでも止められる便利なシステムです。

◉ 直接小社にお申込みいただく場合

下記空欄に必要事項をご記入のうえ、ファックスにてご注文下さい。代金引換「ブックサービスコレクト便」でお送りいたします。代金は配達の方にお支払い下さい。書籍代に加え、手数料（230 円）がかかります。

福村出版　TEL 03-5812-9702　　FAX 03-5812-9705

切り取り

『子育て支援と心理臨床』

［　　］号から［　　］部ずつ　定期購読を申込みます。

お名前 ＿＿＿＿＿＿＿＿＿＿

お届け先 〒 ＿＿＿＿＿＿＿＿＿＿

＿＿＿＿＿＿＿＿＿＿

＿＿＿＿＿＿＿＿＿＿

お電話 ＿＿＿＿＿＿＿＿＿＿

FAX ＿＿＿＿＿＿＿＿＿＿

『子育て支援と心理臨床』コミュニケーションシート

◉ 該当箇所にチェックして下さい。

□ 特集（リクエスト）　□ 本誌へのご意見・ご感想　□ その他

お名前　　　　＊匿名希望（希望の方は○を記して下さい）

職業　　　　年齢　　　歳　　性別

TEL　　　　FAX　　　　E-mail

切り取り

FAX 03 (5812) 9776

FAX送信方向